DARREN LEVINE • JOHN WHITMAN • RYAN HOOVER

KRAV MAGA FÜR EINSTEIGER

Die wichtigsten Selbstverteidigungs- und Kampftechniken Schritt für Schritt erklärt

DARREN LEVINE • JOHN WHITMAN • RYAN HOOVER

KRAV MAGA FÜR EINSTEIGER

Die wichtigsten Selbstverteidigungs- und Kampftechniken Schritt für Schritt erklärt

riva

Bibliografische Information der Deutschen Nationalbibliothek
Die Deutsche Nationalbibliothek verzeichnet diese Publikation in der Deutschen Nationalbibliografie.
Detaillierte bibliografische Daten sind im Internet über http://dnb.de abrufbar.

Für Fragen und Anregungen
info@m-vg.de

Wichtige Hinweise
Sämtliche Inhalte dieses Buches wurden – auf Basis von Quellen, die die Autoren und der Verlag für vertrauenswürdig erachten – nach bestem Wissen und Gewissen recherchiert und sorgfältig geprüft. Trotzdem stellt dieses Buch keinen Ersatz für eine individuelle Fitnessberatung und medizinische Beratung dar. Wenn Sie medizinischen Rat einholen wollen, konsultieren Sie bitte einen qualifizierten Arzt. Der Verlag und die Autoren haften für keine nachteiligen Auswirkungen, die in einem direkten oder indirekten Zusammenhang mit den Informationen stehen, die in diesem Buch enthalten sind.

Ausschließlich zum Zweck der besseren Lesbarkeit wurde auf eine genderspezifische Schreibweise sowie eine Mehrfachbezeichnung verzichtet. Alle personenbezogenen Bezeichnungen sind somit geschlechtsneutral zu verstehen.

5. Auflage 2026

Türkenstraße 89
80799 München
Tel.: 089 651285-0

Übersetzung: Max Limper
Redaktion: Dr. Ulrich Korn
Umschlaggestaltung: Marc-Torben Fischer
Umschlag- und Innenteilabbildungen: © Andy Mogg
Abbildung auf Seite 12: © Krav Maga Worldwide, Inc.
Layout: Daniel Förster, Belgern, in Anlehnung an das Originallayout
Satz: Daniel Förster, Belgern
Druck: Florjančič Tisk d.o.o., Slowenien
Printed in the EU

ISBN Print 978-3-7423-0141-3
ISBN E-Book (EPUB, Mobi) 978-3-7453-0181-6

Zum Andenken an Marni

Die englischsprachigen Fachbegriffe zu den Kampf- und Verteidigungstechniken finden Sie im Glossar am Ende des Buches erklärt.

Inhalt

Zum Zweck dieses Buches

Krav Maga für Einsteiger ist als Vorbereitungskurs für Darren Levine: _Krav Maga – Das umfassende Handbuch mit über 230 Selbstverteidigungs- und Kampftechniken_, Riva, München 2016 gedacht. Mit dem letztgenannten Buch wollten wir einen umfassenden, detaillierten und praxistauglichen Leitfaden zum Lehrplan von _Krav Maga Worldwide_ vorlegen. Darin wurden sämtliche Techniken vom Gelb- bis zum Braungurt behandelt – also die ersten fünf Grade des Systems.

Im Nachhinein merkten wir jedoch, dass das Buch für manche Anfänger zu sehr in die Breite und nicht genug in die Tiefe ging. Daher beschlossen wir, noch ein Buch zu schreiben, das sich auf die ersten beiden Grade des Systems, Gelb und Orange, konzentrieren sollte. In diesem Buch sind die Techniken nicht nur in ihrem Ablauf beschrieben, sondern auch mit pädagogischen Hinweisen und häufigen Schülerfragen versehen. Das umfassende Handbuch ist also ein detaillierter Leitfaden, den Sie befolgen können, während *Krav Maga für Einsteiger* Ihnen quasi einen Kursleiter zur Seite stellt, der auch Fragen beantwortet und Hintergründe erklärt.

Letzteres ist uns besonders wichtig. Wir wollen grundsätzlich nicht, dass Kampftechniken angewendet werden, weil wir es so gesagt haben. Jede Bewegung sollte einen guten Grund haben, und wenn es keinen guten Grund dafür gibt, sollten Sie diese Bewegung hinterfragen dürfen.

In jedem Kurs fordern wir unsere Schüler dazu auf, nach dem Warum zu fragen, denn genau daran wachsen wir alle. Meistens können wir auf solche Fragen logische und zufriedenstellende Antworten geben. Aber ab und zu stellt uns ein Schüler oder eine Schülerin eine Frage, die uns ins Grübeln bringt – eine Frage, die neue Möglichkeiten eröffnet und die Technik womöglich verbessert und vereinfacht.

Wer weiß? Vielleicht sind Sie so ein Schüler.

Was ist Krav Maga?

Krav Maga sieht nicht hübsch aus. Es hat nichts Elegantes und ist gewiss keine »Kunst« im Sinne einer traditionellen Kampfkunst. Es schadet bestimmt nicht, anmutigere Kampfmethoden wie Kung-Fu oder Tai-Chi zu erlernen, aber das System von Abwehrtaktiken, das wir Krav Maga nennen, verzichtet auf jede Schönheit und sucht im Straßenalltag einfache, aggressive Bewegungen, die unmittelbar den Zweck der Selbstverteidigung erfüllen.

Krav Maga (hebräisch für »Nahkampf«, die Betonung liegt auf der letzten Silbe) wurde ursprünglich von Imi Lichtenfeld für das israelische Militär entwickelt. Damals benötigte man eine schnell erlernbare Nahkampfmethode, bei der es nicht auf Alter, Geschlecht, Fitness oder Körperbau ankam. Krav Maga wurde in feindseligen Zeiten entwickelt, als sich Rekruten nicht lange mit der Nahkampfausbildung aufhalten konnten. Es gibt keine Formen, keine Regeln und auch keine festgelegten Konter als Reaktion auf Angriffe. Im Krav-Maga-Training lernt man einfache Selbstverteidigungstechniken, die den natürlichen Körperreaktionen entsprechen.

Anders als viele andere Kampfkünste oder Kampfsportarten ist Krav Maga eine Überlebenstechnik, bei der es nur um die eigene Sicherheit geht. Es ist eine moderne, sorgfältig ausgearbeitete Methode der Selbstverteidigung gegen unbewaffnete und bewaffnete Angreifer, die womöglich in Überzahl sind.

Krav Maga beruht mehr auf Prinzipien als auf bestimmten Techniken. Dies ist ein wichtiger Unterschied, denn technikbasierte Systeme berücksichtigen nicht, wie unterschiedlich bei gewalttätigen Konfrontationen bestimmte Variablen sein können: Angriffsart, gegnerische Reaktionen, Körperbau, physische Einschränkungen, Umgebungseinflüsse und dergleichen.

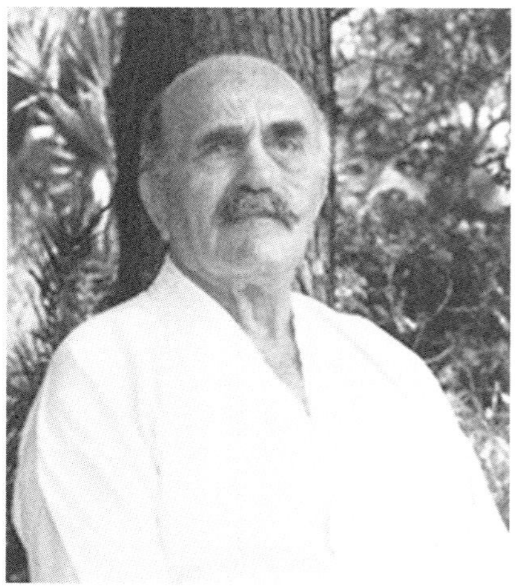

Imi Lichtenfeld, der Gründer von Krav Maga

Da Krav Maga ein ganzheitliches System ist, lässt sich jede gelernte Technik in mehr als nur einer Situat on anwenden. Wer Krav Maga lernt, kann also mit wenigen Abwehrtechniken viele unterschiedliche Angr ffe kontern. Dabei ist Krav Maga nicht nur ein Gemisch aus anderen Kampfstilen, sondern ein präzise konstruiertes und durchdachtes System, das über alle Leistungsstufen hinweg in sich stimmig ist.

Krav Maga ist kampferprobt. Im Training müssen die Lernenden auch unter Druck und Stress agieren, camit sie »da draußen« besser bestehen können. Stressübungen sind ein wichtiger Teil des Trainings, denn dabei wird die Verteidigungsbereitschaft unter Druck getestet. In diesen Übungen wird der Stress eines gewalttätigen Konflikts durch mentale, körperliche und emotionale Überforderung so realitätsnah wie möglich nachgebildet.

Immer mehr Menschen auf der ganzen Welt finden zu Krav Maga Worldwide und entdecken in Krav Maga die ideale Kombination von echter, alltagstauglicher Selbstverteidigung und anspruchsvoller Fitnessalternative, die Spaß macht. Über 200 Polizeistandorte haben Krav Maga in ihr Training aufgenommen und die über 200 Partnerinstitute machen Krav Maga Worldwide zum führenden Anbieter von Krav-Maga-Training in den USA.

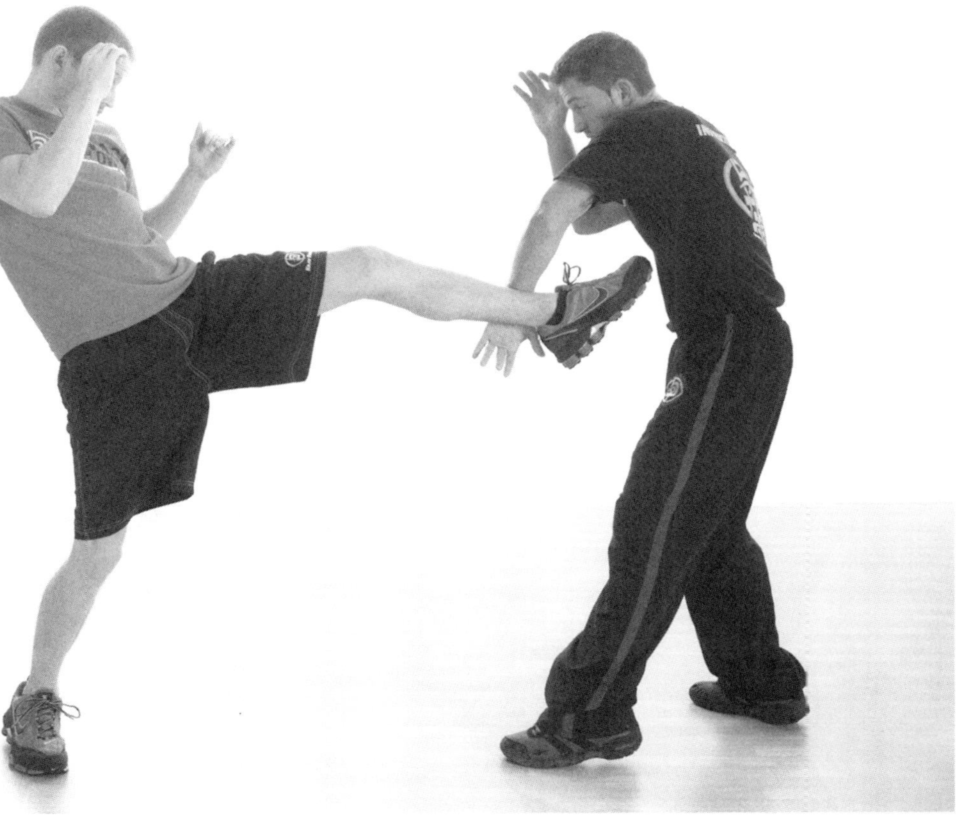

Eignet sich Krav Maga für mich?

Das Hauptziel von Krav Maga besteht darin, Menschen unabhängig von Alter, Körpergröße und Geschlecht in relativ kurzer Zeit eine gewisse Selbstverteidigungskompetenz zu verschaffen. Zwar wurden die Methoden und Techniken für Soldaten entwickelt, denen die Zeit für eine ausführlichere Nahkampfausbildung fehlte, aber sie passen ebenso gut in den vollen Terminkalender heutiger Zivilisten, die nicht Jahre ihres Lebens dem Kampftraining widmen können oder wollen.

Krav Maga ist für alle. Wirksame Selbstverteidigung kann sich nicht nur auf Kraft und Geschick verlassen. Krav Maga wurde für eine Armee entwickelt, in deren Reihen Bürger jeden Alters, jeder Statur, jeden Geschlechts kämpften. Daher nahm man explosive Bewegungen in das System auf. Derartige Bewegungen erschweren es dem Angreifer nämlich, sich an die Abwehr anzupassen. Außerdem setzt Krav Maga Schläge gegen leicht verletzliche Körperregionen wie Augen, Kehle und Geschlecht ein, um mit minimalem Krafteinsatz maximalen Schaden anzurichten.

Mit Krav Maga erreicht man Selbstverteidigungskompetenz ohne jahrelanges Training. Der Krav-Maga-Lehrplan von heute wurde auf die Bedürfnisse von Bürgern und Polizeibeamten zugeschnitten, deren Leben auch andere Interessen und Pflichten kennt. Daher eignet sich Krav Maga perfekt für Erwachsene, die wenig Zeit haben, aber dennoch ihre Lebensqualität, ihr Selbstbewusstsein und ihre persönliche Sicherheit verbessern wollen. Alle diese Ziele sind mit der Krav-Maga-Methode in relativ kurzer Zeit erreichbar.

Krav Maga bietet Erwachsenen Selbstverteidigung und Fitness pur. Heutzutage interessieren sich viele Erwachsene nicht für die Förmlichkeiten traditioneller Kampfkunst. Bei Krav Maga geht es einfach nur um Selbstverteidigung und Fitness und die Trainingszeit ist ganz diesen Zielen gewidmet. Eine typische Kurseinheit umfasst Aufwärmübungen, Kampftechniken, Abwehrtechniken und Stressübungen. In jeder Minute geht es darum, die Überlebenschancen bei einer gewalttätigen Konfrontation zu erhöhen. Es ist wichtig, dass das Training zu den selbst gesetzten Zielen passt, und Krav Maga schafft eine Umgebung, die diesen Zielen dient.

Krav Maga macht fit und baut Stress ab. Viele Schauspielerinnen und Schauspieler, darunter Jennifer Lopez, Brendan Fraser, Kristanna Loken, Lucy Liu, Jennifer Garner, Leonardo Di Caprio, Dennis Haysbert, Brad Pitt und Hilary Swank haben Krav Maga trainiert, um auf der Leinwand fitter zu wirken und besser zu kämpfen. Immer mehr Menschen suchen jenseits von Hantelbank und Laufband nach originellen und aufregenden Methoden, um in Form zu bleiben, und viele davon landen bei Krav Maga. Auch der Stress, den eine hektische Lebensweise mit sich bringt, lässt sich in Krav-Maga-Kursen hervorragend abbauen. Im Krav-Maga-Training werden Körper und Geist durch funktionelle Trainingselemente gestärkt, gestrafft und in Form gebracht. Dies bereitet die Lernenden auf Überfälle in dunklen Gassen, auf nervige Vorstandssitzungen und besonders anstrengende Tage mit den Kindern vor.

Wo man Krav Maga trainieren kann

Bei Drucklegung dieses Buches listet Krav Maga Worldwide international 240 offiziell lizensierte Trainingsorte auf. In diesen Trainingszentren müssen zertifizierte Kursleiter Krav Maga unterrichten. Kursanbieter wie Kursleiter werden an sehr hohen Lehrstandards gemessen. Das Zertifikationsverfahren ist so anspruchsvoll, dass in der ersten Trainingsphase 30 bis 40 Prozent aller Kursleiterkandidaten durchfallen.

Eine aktuelle Liste aller Trainingszentren ist auf www.kravmaga.com unter *locations* zu finden.

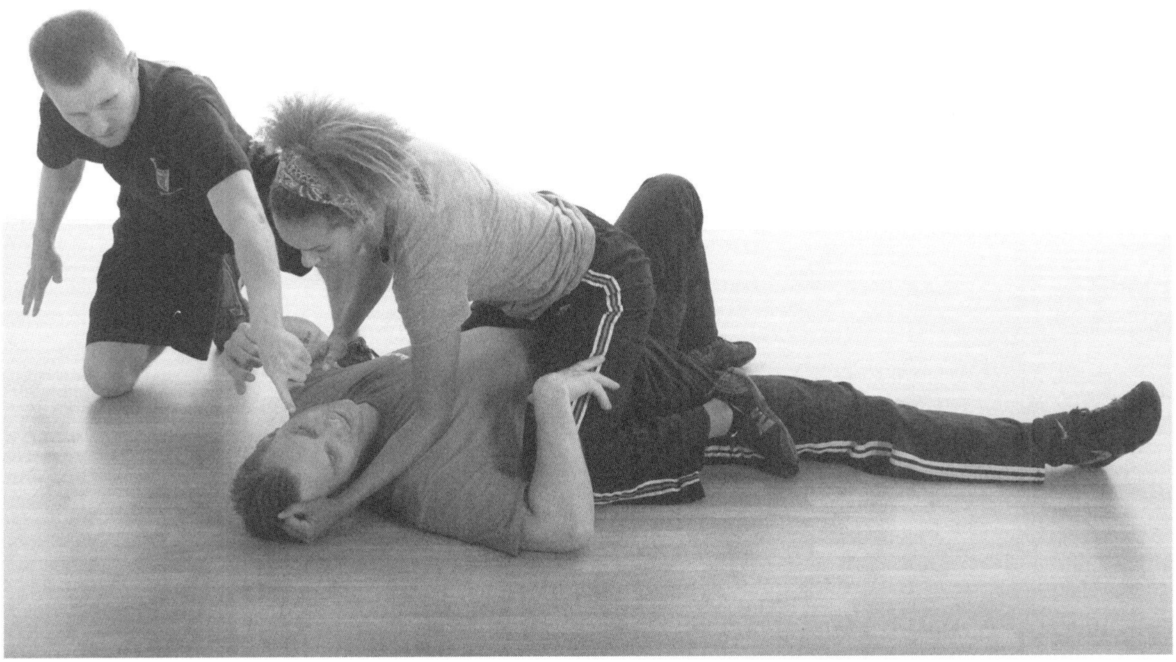

Ryan Hoover, einer der Autoren, zeigt auf einen Angriffspunkt beim Angreifer

Die Prinzipien hinter Krav Maga

Letztendlich geht es bei Krav Maga um die Lösung von Problemen. Zwar besteht der ursprüngliche Zweck in der Auseinandersetzung mit Gewaltangriffen, aber dieselbe Philosophie lässt sich auch auf andere Lebensbereiche übertragen. Krav Maga ist ein System ohne jeden Firlefanz, das in jedem Lernenden Kampfgeist und Furchtlosigkeit fördert. Selbstverteidigung darf natürlich nicht in Selbstjustiz umschlagen. Aber auch wenn es letzten Endes darum geht, unversehrt nach Hause zu kommen, gilt bei Krav Maga der Grundsatz, dass dies am besten durch aggressives und entschlossenes Handeln erreicht wird.

Unversehrt bleiben. Es mag selbstverständlich klingen, aber dieses Ziel hat weitreichende Konsequenzen. Es verlangt nämlich, dass wir unser Möglichstes tun sollten, um Konflikte irgendwie zu vermeiden. Wer verstehen lernt, wie Gewalt entsteht und wie Gewalttäter ticken, verhält sich wachsamer und vorsichtiger. Wenn dies jedoch nicht hilft, muss der Verteidiger unbedingt aggressiv sein, um die Bedrohung auszuschalten, den Angreifer zu neutralisieren und das eigene Verletzungsrisiko zu minimieren.

Mit schlechten Karten trainieren. Von Natur aus passieren selbst dem wachsamsten Menschen Momente der Ablenkung. Ob aus Irrtum, Arglosigkeit oder – schlimmer noch – Abgestumpftheit: Jeder Mensch ist mal zerstreut. Krav Maga berücksichtigt dieses Faktum und zwingt Trainierende dazu, aus der Zerstreutheit heraus zu reagieren.

Da es sehr wahrscheinlich ist, als Angegriffener völlig unvorbereitet handeln zu müssen, werden Techniken in der Regel mit einer neutralen Ausgangshaltung geübt. In dieser Haltung sind die Lernenden gezwungen, Techniken auszuführen, ohne auf richtige Fußstellung, Handhaltung, Balance, Gewichtsverlagerung und so weiter zu achten. Da Krav Maga in der Realität effektiv sein soll, darf man hinsichtlich der Techniken und Taktiken nicht davon ausgehen, dass man schnell reagiert oder kampfbereit ist. Dies ist ein ganz wichtiges Element des Krav-Maga-Trainings.

Die unmittelbare Gefahr erkennen. Keine »Technik«, keine »Lösung« kann je zum Erfolg führen, wenn sie das wahre Problem nicht angeht. Oft wird wertvolle Zeit durch die Beschäftigung mit Nebenschauplätzen verschwendet. Krav Maga lehrt, zuallererst die nächste, direkteste Bedrohung zu beseitigen, und zwar auf wirksamste Weise.

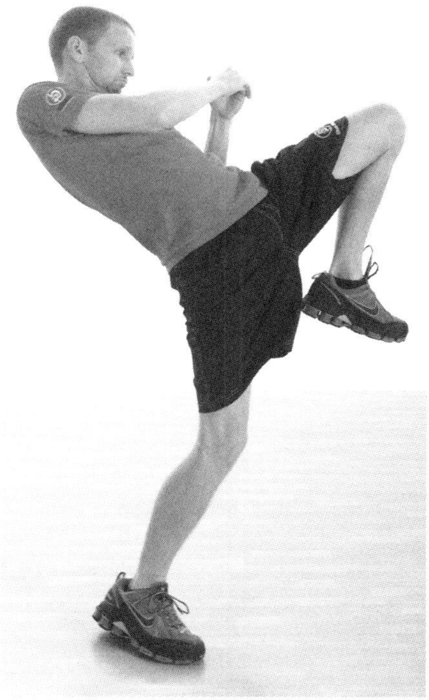

Natürliche Körperinstinkte nutzen. Andere Kampfstile mögen Techniken lehren, die in bestimmten Situationen »besser« zu funktionieren scheinen. Aber meistens widersprechen diese Techniken den natürlichen Reaktionen des Körpers und müssen daher langwierig eingeübt werden. Ob solche Techniken unter dem Stress einer Gewalterfahrung funktionieren, ist viel weniger wahrscheinlich.

Krav Maga geht davon aus, dass die Feinmotorik während des Adrenalinschubs, der mit einer Stresserfahrung einhergeht, weit weniger effektiv ist. Deshalb sind die Abwehrtechniken absichtlich grobmotorisch und machen sich das zunutze, was der Körper von Natur aus tun würde. Dieses Prinzip erhöht die Wahrscheinlichkeit, dass eine Technik unter dem Stress einer realen Gewalterfahrung erfolgreich abgerufen wird. Außerdem verringert es die Trainingszeit, die nötig ist, um die Technik ausreichend zu beherrschen.

Für durchschnittliche Menschen – und um solche geht es hier – ist ausgiebiges Training nicht praktikabel. Krav-Maga-Training trägt der Tatsache Rechnung, dass sich die körperliche Reaktion auf Gewalt in drei Kategorien teilt: Kampf, Flucht oder Erstarrung. Durch bestimmte Übungen fördern wir im Training das entschlossene Handeln unter Stress, damit der Verteidiger nicht länger untätig bleibt, sondern rasch aktiv wird.

Zweitrangige Gefahren wirksam abwehren. Eine erfolgreiche Verteidigung setzt voraus, dass man die unmittelbare Bedrohung eines Angriffs erkennt und ausschaltet. Aber auch zweitrangige Gefahren, die sich aus dem Angriff ergeben oder als Nebenwirkung der Abwehr entstehen, müssen gesehen werden. Zweitrangige Gefahren bekommt man am besten in den Griff, indem man eine vernünftige Taktik anwendet und sich an die anderen Prinzipien hält, also explosiv agiert und gleichzeitig abwehrt und angreift.

Möglichst rasch kontern, am besten gleichzeitig mit der Abwehr. Eine starke Gegenattacke ist für jede realistische Abwehr unerlässlich. Durch kraftvolles, aggressives Kontern kann man den Angriff stören. Dadurch wird der Angreifer gezwungen, auf den Angegriffenen zu reagieren, statt seine Attacke fortzuführen oder zu variieren. Je schneller der Gegenangriff kommt, desto eher kann der Verteidiger das Täter-Opfer-Schema kippen. Denn da fast alle Kriminellen nach einem Opfer und nicht nach einem Kampf suchen, schafft der aggressive und sofortige Gegenangriff einen Überraschungseffekt und damit Möglichkeiten zum weiteren Kontern oder zur Flucht. Reine Abwehr »gewinnt« keinen Konflikt!

Wunde Punkte angreifen. Noch einmal: Eine taugliche Selbstverteidigungsmethode darf sich nicht auf die Körperkraft des Verteidigers verlassen. Deshalb werden bei Krav Maga besonders verwundbare Stellen angegriffen, beispielsweise Augen, Kiefer, Kehle, Leber, Nieren, Geschlecht, Finger, Knie, Schienbeine und Fußrücken. Durch gezielte Angriffe auf diese Stellen kann ein Verteidiger mit kleinstem Kraftaufwand größten Schaden anrichten.

Umgebung analysieren und möglichst nutzen. Gewalttaten ereignen sich selten in neutraler Umgebung. Krav Maga lehrt, auf die Umgebung zu achten und dementsprechend zu handeln. Wer sich beispielsweise auf unebenem, instabilem oder rutschigem Boden verteidigen muss, sollte lieber schlagen als treten. Im Training wird auch die Einbeziehung von Alltagsgegenständen, die am Tatort vorhanden sind, eingeübt – entweder offensiv (zum Beispiel stumpfe Gegenstände zum Schlagen) oder defensiv (zum Beispiel Stühle als Schild) –, um die Überlebenschance zu erhöhen. Diese mentale Einstellung ist extrem wichtig, denn Kämpfe sind selten »fair«. Wenn ein Mensch anderen Schaden zufügen will, muss der Angegriffene alles zur Abwehr Nötige unternehmen und sollte alles ihm zur Verfügung Stehende nutzen (Lampe, Flasche, Teller, Tasche, Feuerlöscher, Kabel und dergleichen). Dieses Prinzip gilt unabhängig von momentanen Vorteilen oder Nachteilen im Kampf. Kämpfe sind dynamisch und die Lage kann sich plötzlich ändern (Einbeziehung von Waffen, von Dritten, Auftreten von Verletzungen und Ähnliches). Zu Krav Maga gehört, dass der Verteidiger alles tut, um unversehrt nach Hause zu gelangen.

Nicht aufgeben. Richtiges Krav-Maga-Training verfolgt mit eigens erstellten, aufwendigen Übungen das Ziel, den Kampfgeist aller Teilnehmer zu kultivieren. In der Realität ist es geboten, drohende Gewalt früh zu erkennen und flexibel zu handhaben. Der Ausgang eines Kampfes wird von vielen Faktoren bestimmt, die meisten davon kontrolliert der Angreifer, zumindest am Anfang. Der einzige Faktor, den der Angegriffene selbst bestimmt, ist womöglich sein im Krav-Maga-Training entwickelter Kampfgeist. Daher gilt es, diese Einstellung so zu fördern und zu nähren, dass sie verinnerlicht wird. Die Idee dahinter ähnelt einem Konzept, das in vielen Armeen angewendet wird, nämlich der sogenannten kognitiven Dissonanz. Diese führt dazu, dass sich innere Einstellungen nach äußerem Handeln richten. Krav-Maga-Übungen stärken die Lernenden körperlich und infolgedessen auch emotional. Systematisches Training unter immer neuen und wechselnden Stressfaktoren festigt auf Dauer die Fähigkeiten, die man in realen Notlagen braucht. Die Quintessenz von Krav Maga – das, was den Angegriffenen letztlich rettet – ist der Wille, alles Nötige zu tun, um zu überleben. Die im Training geförderte Durchhaltementalität ermöglicht es den Krav-Maga-Schülerinnen und -Schülern, sich in den schlimmsten Belastungssituationen zu behaupten und erfolgreich aus gewalttätigen Auseinandersetzungen hervorzugehen, egal, wie diese sich entwickeln.

Sich in Sicherheit bringen. Das Endziel ist, unversehrt nach Hause zu kommen. Im Krav-Maga-Training wird großer Wert darauf gelegt, dass man sich aggressiv verteidigt, um die Bedrohung effektiv auszuschalten. Allerdings wird man ebenso dringend dazu angehalten, nicht länger als nötig in der Gefahrenzone zu bleiben. Je mehr Zeit verstreicht, desto mehr Variablen (Waffen, zusätzliche Angreifer, Erschöpfung, Verletzung) können ins Spiel kommen. Daher sollte der Angegriffene den Tatort verlassen, sobald dies ohne Gefahr möglich ist. Nicht vergessen: Jeder gewalttätige Zusammenstoß ist einzigartig, Entscheidungen richten sich immer nach der Situation, auch die Entscheidung über den richtigen Zeitpunkt für eine sichere Flucht.

Niemals mehr tun als nötig. Wie bereits gesagt ist das Ziel von Krav Maga, das eigene Überleben zu sichern. Aus dieser Notwendigkeit heraus ist Krav Maga eine aggressive, brachiale Methode. Aber diese Adjektive beziehen sich nur auf die Selbstverteidigung und Selbstverteidigung darf nie in Vergeltung umschlagen. Die Bedrohung auszuschalten heißt, dass man genug unternimmt, um eine Flucht zu ermöglichen. Dem Verteidiger steht es nicht zu, Bestrafung oder Rache gegenüber dem Angreifer auszuüben. Das wäre nicht nur moralisch falsch, sondern vor allem taktisch unklug, denn dadurch bliebe der Verteidiger möglicherweise länger als nötig in den Kampf verwickelt und weitere Faktoren könnten ins Spiel kommen. Oft ist die beste Lösung der Rückzug.

Krav Maga und Fitness

Im Zusammenhang mit Krav Maga bedeutet Fitness Kampftauglichkeit. Anders gesagt haben alle Trainingsmethoden und Übungen den Zweck, körperliche Fähigkeiten auszubilden, die für die wirkungsvolle Selbstverteidigung wichtig sind. Fitnessübungen ahmen daher Bewegungen nach, die im Selbstverteidigungstraining vorkommen, und verfolgen ein bestimmtes Ziel. Kampforientiertes Fitnesstraining umfasst im Rahmen des Krav-Maga-Lehrplans unbedingt die Bereiche Krafttraining, Explosivität, Ausdauer und Beweglichkeit.

Die einzigartigen Trainingsmethoden von Krav Maga haben manchen Trainierenden schon zu einem strafferen Körper, stärkerem Selbstbewusstsein und besserer Fitness als je zuvor verholfen. Krav-Maga-Kursleiter haben als Selbstverteidigungsexperten die Sicherheit ihrer Schüler im Sinn. Anders als das übliche Fitnessstudio-Angebot bietet Krav Maga neben der Körperformung auch lebensrettende Techniken und Taktiken.

Krafttraining

Anders als beim Bodybuilding geht es beim Krafttraining nicht ums Aussehen. Ziel des Krafttrainings ist die Steigerung der Körperkraft, nicht der Muskelzuwachs oder ein bestimmter Look. Im Mittelpunkt steht die Förderung sportlicher Eigenschaften, und auch wenn es viele Wege zur Kraftsteigerung gibt, eignen sich manche davon für Krav-Maga-Zwecke besser als andere.

Im Sinne von Krav Maga soll Körperkraft beim Schüler die Fähigkeit steigern, Schaden beim Angreifer anzurichten und Angriffe wegzustecken. So wichtig und sinnvoll aggressives Kontern auch ist, muss man im Training aber auch lernen, sich aus unterlegener Position heraus zu behaupten, sich also auch nach einem Schlag oder während eines Treffers zu verteidigen.

Explosivität

Explosivität bezeichnet die Fähigkeit, in kurzer Zeit einen maximalen Krafteinsatz zu erreichen; diese hängt zwar eng mit dem Krafttraining zusammen, aber Körperkraft ist nicht gleich Explosivität. Übungen, die die Explosivkraft steigern, nennt man plyometrische Übungen. Dabei geht es darum, den Krafteinsatz zu steigern und gleichzeitig die dafür benötigte Zeit zu verkürzen.

Bei den meisten Abwehrtechniken ist die Fähigkeit, sie explosiv auszuführen, der Trick, der den Kraftvorteil des Angreifers unterläuft. Wenn die Kraft bei einer explosiven Reaktion ruckartig eingesetzt wird und nicht sukzessive, kann der Angreifer mit Abwehrtechniken und Gegenangriffen schlechter fertigwerden. Dies ist ein wichtiges Element von Krav Maga, da es kleineren Verteidigern erlaubt, sich gegen größere Angreifer durchzusetzen.

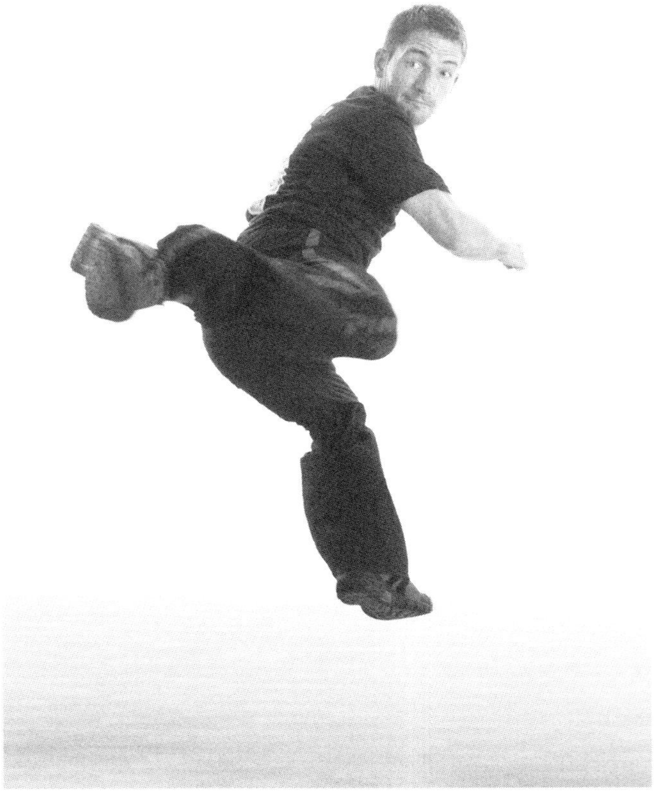

Beweglichkeit

Zwar spielen schwierige Kampftechniken mit hohem Schauwert bei Krav Maga keine Rolle, aber um die Bewegungen, besonders die Angriffstechniken, mit maximaler Wirksamkeit auszuführen, ist Beweglichkeit im Sinne eines erweiterten Bewegungsumfangs nötig. Unter Bewegungsumfang versteht man im Allgemeinen den Abstand, der zwischen der gebeugten und der gestreckten Stellung einer bestimmten Muskelgruppe oder eines Gelenks erreicht werden kann. Erhöhte Beweglichkeit beugt Verletzungen vor und trägt zu Kraft und Schnelligkeit bei, wenn man den Muskeln und Gelenken gestattet, sich vollständig zu dehnen und zu strecken.

Ausdauer

Ausdauer ist die Fähigkeit, über längere Zeit maximalen oder fast maximalen Krafteinsatz auf aerobe oder anaerobe Weise beizubehalten. Auch wenn die meisten gewalttätigen Konfrontationen nicht länger als eine Minute dauern, ist Ausdauertraining ein wesentliches Element jedes funktionellen Fitnessprogramms. Eine Gewalterfahrung löst Stress aus, die Reaktion darauf ist körperlich anstrengend, und beides zusammen ermüdet den Körper schnell. Aus diesem Grund muss das Fitnesstraining auch gezielt die Ausdauer fördern. Körper und Geist müssen in die Lage versetzt werden, so lange maximale Leistung zu erbringen, wie es für die Ausschaltung der Bedrohung und die Schaffung einer Fluchtmöglichkeit nötig ist. Außerdem sind Gewaltsituationen von Anspannung, Ungewissheit und Überraschungen geprägt. Die Dynamik eines Konflikts kann sich schnell ändern, neue Bedrohungen können auftreten und ausdauerndes Weiterkämpfen erfordern.

Wie Krav Maga in die USA kam

Die meisten Menschen in den USA hatten ihren Erstkontakt mit Krav Maga durch den Film *Genug – Jeder hat eine Grenze* mit Jennifer Lopez, dabei wird diese Methode seit 1981 in den Vereinigten Staaten praktiziert. Damals richtete der israelische Krav-Maga-Verband in Zusammenarbeit mit dem Bildungsministerium das erste internationale Trainerseminar im Wingate-Institut für Sport- und Leibeserziehung in Netanya, Israel, aus.

Ein Philanthrop aus New York, S. Daniel Abraham, sponserte die Teilnahme einer 23-köpfigen Delegation aus verschiedenen Städten der USA. Der Kurs fand unter der Aufsicht von Imi Lichtenfeld statt, der mit 71 Jahren seine Militärkarriere inzwischen beendet hatte. Darren Levine wurde aufgrund seiner Box- und Kampfkunsterfahrung und wegen seines Engagements für das Sportprogramm der Heschel Day School bei Los Angeles als Delegierter ausgewählt.

Das Seminar war ein sechswöchiger Intensivkurs mit acht Stunden Training pro Tag und freiwilligen Kursen am Abend. Die Teilnehmer trainierten sechs Tage in der Woche. In diesen sechs Wochen freundeten sich Imi und Darren an. Am Ende kündigte Imi an, er werde den folgenden Sommer in Los Angeles verbringen und Darren unterrichten und trainieren. Es waren anstrengende sechs Wochen und am Ende bestanden nur wenige Teilnehmer. Einer davon war Darren.

Darren bot an der Heschel Day School einen Krav-Maga-Kurs an, der jedoch schon 1982 so überlaufen war, dass Krav Maga in den regulären Sportunterricht aufgenommen wurde. Aufgrund der hohen Nachfrage gab es auch bald einen Abendkurs eigens für Erwachsene, in dem es um Selbstverteidigung, Kampftechnik und Fitness ging. Im Sommer 1982 hielt Imi dann Wort und kam nach Los Angeles, wo er einige Wochen bei Darren und seiner Familie wohnte, um Darren Krav Maga beizubringen sowie Kinder und Erwachsene zu unterrichten.

Auf Imis Drängen hin gründete Darren 1983 mit der Unterstützung von prominenten jüdischen Bürgern, darunter Joel Bernstein und Mark Lainer, einen amerikanischen Krav-Maga-Verband. Ziel dieser Dachorganisation sollte die Regulierung und Förderung von Krav Maga in den Vereinigten Staaten sein sowie die Pflege der amerikanisch-israelischen Beziehungen.

Nach Imis erstem Besuch reiste Darren zum Krav-Maga-Training entweder nach Israel beziehungsweise Imi kam wieder zurück in die USA, oder er schickte einen hervorragenden Trainer für den Militär- oder Zivilbereich in die Staaten, um Darren weiter auszubilden. Ende 1984 erhielt Darren seinen Schwarzgurt ersten Grades in Krav Maga. Bei seiner Gürtelverleihung übergab ihm Imi seinen eigenen schwarzen Gürtel. Im selben Jahr wurde Darren vom Wingate-Institut und dem israelischen Krav-Maga-Verband die volle Lehrbefugnis verliehen. 1985 ernannte Imi Darren in einem Brief zum Krav-Maga-Experten.

Im Auftrag des Krav-Maga-Verbands begannen Darren und seine besten Schüler, amerikanische Polizeikräfte in Krav Maga zu unterweisen. Darren passte dazu das Krav-Maga-System an die Anforderungen des amerikanischen Polizei- und Militärdienstes an. Imi kehrte 1987 in die USA zurück, um gemeinsam mit Darren die Polizeitruppe des Staates Illinois zu unterrichten. 1988 verfassten Imi und Colonel Ben-Asher eine weitere Urkunde, in der sie Darren zum Experten für Krav Maga im Polizeidienst erklärten.

Bis 1987 unterrichtete Darren an der Heschel Day School, danach verlegte er seine Kurse an die University of Judaism. Dort lehrte er bis 1996, bis die Nachfrage nach Krav Maga so groß wurde, dass in Los Angeles das Krav Maga National Training Center eröffnet wurde. Es war das erste Trainingszentrum seiner Art. Unter einem Dach vereinte es Krav Maga mit Fitnessangeboten und schuf eine gemeinsame Sportstätte für Zivilisten und Gesetzeshüter, wie sie nirgendwo auf der Welt existiert hatte.

Imi war stolz auf den Erfolg und die Ausbreitung von Krav Maga in den USA. 1997, kurz nachdem Darren seinen Schwarzgurt sechsten Grades in Krav Maga erhalten hatte, verlieh ihm Imi ein Gründungsdiplom für besondere Verdienste. Nur zwei Menschen erhielten jemals eine solche Auszeichnung von Imi: Darren und Eyal Yanilov, der Direktor des internationalen Krav-Maga-Verbands. Imi verlieh diese Diplome an diejenigen, denen er die Führung der Krav-Maga-Welt anvertrauen wollte.

Im Januar 1999 wurde die Firma Krav Maga Worldwide gegründet, um die Ausbreitung dieser Selbstverteidigungsmethode in den USA und in der ganzen Welt zu bewerkstelligen. Imi Lichtenfeld hat durch Wort und Tat Darren Levine die nötige Kompetenz und Kenntnis zugesprochen, um die Technik weiterzuentwickeln, Kursleiter auszubilden und Krav Maga an die Bedürfnisse amerikanischer Bürger und Vollzugsbeamten anzupassen. Krav Maga Worldwide hat daher unter der kundigen Leitung von Darren Levine die Integrität der Krav-Maga-Methode und ihrer Prinzipien im Sinne von Imi Lichtenfeld wahren können. Gleichzeitig hat Krav Maga Worldwide sichergestellt, dass die Methode relevant und zeitgemäß bleibt, gerade für die sich wandelnden Bedürfnisse von US-Amerikanern und anderen Bewohnern der industrialisierten Welt.

Krav Maga Worldwide hat Hunderttausenden von Menschen auf der ganzen Welt Krav Maga erfolgreich nahegebracht. Dabei wurde die Selbstverteidigungsmethode von mehr als 200 Polizeibehörden für einsatztauglich befunden. Außerdem arbeitet Krav Maga Worldwide bei der Ausbildung von Elite-Einsatzkräften eng mit dem US-Militär zusammen. Krav Maga ist überall im Kommen und Krav Maga Worldwide wird auch weiterhin so vielen Menschen wie möglich eine optimale Selbstverteidigungsschulung bieten.

Wichtige Vorüberlegungen

Wenn Sie den Entschluss gefasst haben, mit dem Krav-Maga-Training zu beginnen, sollten Sie ein paar Punkte beachten, um eine bestmögliche Lernerfahrung zu machen. Im Idealfall finden Sie einen von Krav Maga Worldwide zertifizierten Kursleiter (siehe dazu Seite 15), der sich diese Vorüberlegungen zu Herzen nimmt.

Vorbereitung des Trainings

Um möglichst viel Nutzen aus den Trainingseinheiten zu ziehen, müssen Sie körperlich und mental darauf vorbereitet sein. Besprechen Sie mit Ihrem Arzt, ob diese Art des Trainings für Sie geeignet ist.

Zur körperlichen Vorbereitung gehört, die Ernährung auf das Training abzustimmen. Eine kohlenhydratreiche Mahlzeit drei bis vier Stunden vor dem Training versorgt den Körper mit dem nötigen Treibstoff. Etwa eine Stunde vorher verschafft Ihnen ein leicht verdaulicher Imbiss noch zusätzlichen Antrieb. Da die meisten Krav-Maga-Kurse eine Stunde lang dauern, eignet sich Wasser am besten zum Durststillen. Wasser zu trinken ist wichtig, nicht nur während des Trainings, sondern über den ganzen Tag hinweg.

Eine typische Kursstunde nach dem Schema von Krav Maga Worldwide besteht aus Aufwärmen (siehe dazu Seite 41), Kampftraining, Selbstverteidigungstraining und Stressübungen. Durch das Aufwärmen soll der Körper physisch und mental auf die bevorstehenden Anstrengungen vorbereitet werden, aber niemand kennt Ihren Körper so gut wie Sie. Sollten Sie Problembereiche haben, die zusätzliche Aufmerksamkeit benötigen (zum Beispiel Dehnübungen), sollten Sie sich selbstständig vor Trainingsbeginn darum kümmern. Informieren Sie den Kursleiter unbedingt über eventuell bestehende Verletzungen.

Auch für die mentale Vorbereitung sollten Sie etwas Zeit einräumen. Ihr Kursleiter wird sich darum ebenso kümmern wie um die körperliche Seite, aber Sie sollten schon vor Kursbeginn eine Zeit lang über das Training und Ihre Trainingsziele nachdenken. Zum Training zu kommen ist an sich schon eine Leistung, aber eine bestmögliche Lernerfahrung stellt sich erst ein, wenn Sie konkrete Ziele haben und die Einstellung mitbringen, dass maximaler Einsatz maximale Ergebnisse bringt.

Hände bandagieren

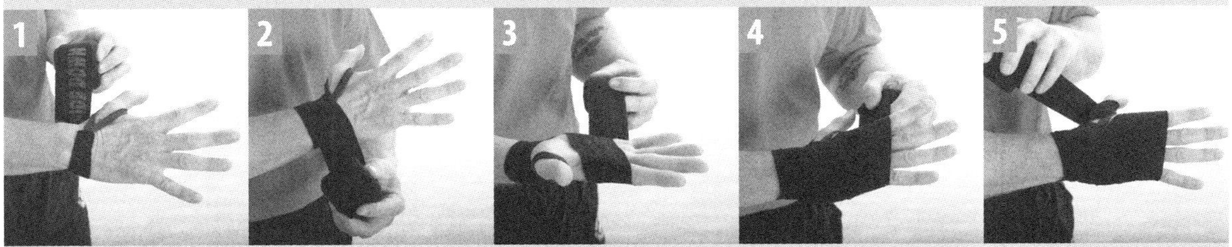

Um Handgelenke und Knöchel bei harten Schlägen zu schützen, bandagiert man sie. Dies kann auf vielfältige Weise geschehen, aber hier ist eine weitverbreitete und einfache Methode:

1–2 Hand entspannen und Finger spreizen. Die Daumenschlaufe um den Daumen legen und die Bandage über den Handrücken führen. Zwei- bis dreimal das Handgelenk umwickeln, dabei 5 bis 7 Zentimeter Unterarm mit einwickeln, um das Gelenk zu stabilisieren. Die Bandage sollte straff sein, aber auf keinen Fall den Blutfluss abschnüren. Achtung: Bandage nie verdrehen.

3 Bandage vom Handgelenk über den Handrücken zur Handfläche führen.

4 Mit der Bandage zwei- bis dreimal die Knöchel umwickeln. Dann schräg über den Handrücken führen, Handgelenk umschlingen, dann wieder über den Handrücken, sodass dort ein X-förmiges Muster entsteht. Das »X« zwei- bis dreimal wiederholen.

Empfohlene Trainingsausrüstung

Für eine ideale Lernerfahrung sind bestimmte Utensilien sinnvoll. Kampftechniken lassen sich besonders gut an unterschiedlichen Schlagpolstern einüben.

Das *Schlagpolster* (das wir auch *tombstone* – »Grabstein« nennen) ist vielseitig einsetzbar. Die meisten Schlagtechniken lassen sich daran erproben, aber auch einige Tritte.

Das *Trittpolster* eignet sich besser zum Einüben aller kräftigeren Krav-Maga-Tritttechniken. Auch Kniestöße lassen sich damit trainieren und es wird oft in Stressübungen eingesetzt.

Handpratzen werden im Kampftraining der mittleren und fortgeschrittenen Stufe verwendet, um Schlagtechniken zu üben.

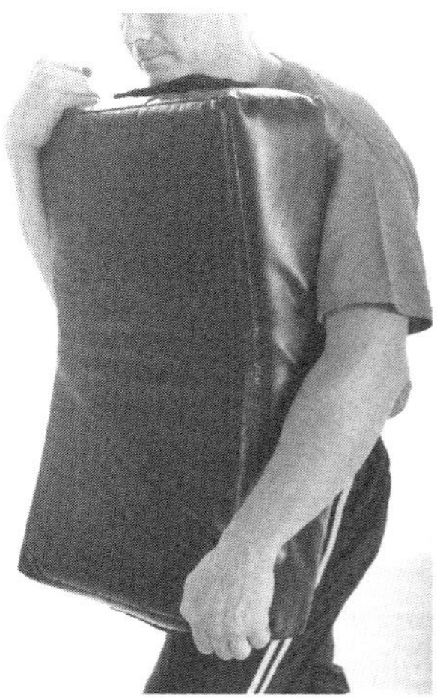

Trittpolster

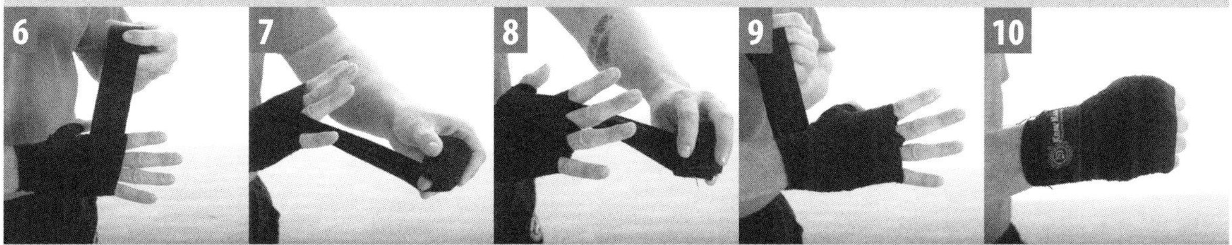

5 Bandage quer über die Handfläche zur Daumenwurzel führen. Daumen umwickeln und die Bandage auf der Handinnenseite zum Handgelenk führen. Dann vom Handrücken wieder zum Daumen gehen. Daumen erneut umwickeln (diesmal andersherum).

6 Vom Daumen aus über den Handrücken zum Handgelenk wickeln.

7 Handgelenk umschlingen und die Bandage über den Handrücken zwischen den kleinen und den Ringfinger führen. Dann über die Handfläche zurück zum Handgelenk. Die beiden anderen Fingerzwischenräume ebenso wickeln.

8 Vom Zeigefinger aus über die Handfläche zum Handgelenk wickeln. Dann über den Handrücken zu den Knöcheln.

9 Knöchel noch einmal umwickeln, dann über den Handrücken zum Handgelenk.

10 Mit der restlichen Bandage das Handgelenk umwickeln. Bandage festhaken beziehungsweise -kletten.

Um bei hartem Training Verletzungen zu vermeiden, braucht man bestimmte Ausrüstungsgegenstände. Bandagen, Boxhandschuhe, Mund- und Tiefschutz stehen hier an erster Stelle. Allerdings sollte man immer wieder auch ohne Schutzausrüstung trainieren, allerdings nur unter Aufsicht und unter streng geregelten Trainingsbedingungen.

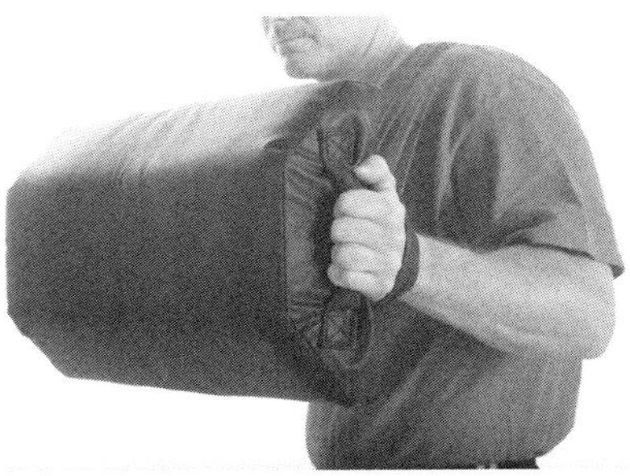

Schlagpolster

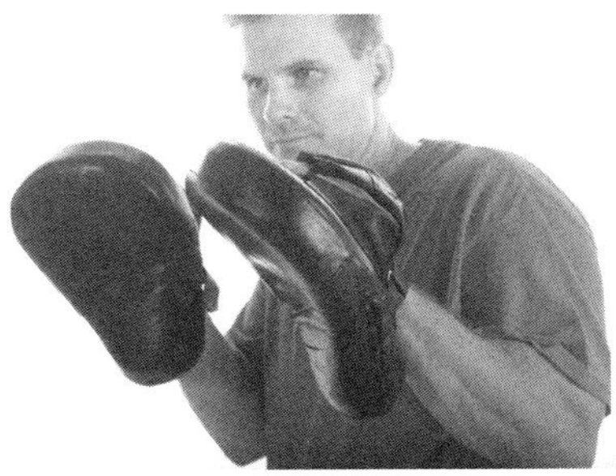

Handpratzen

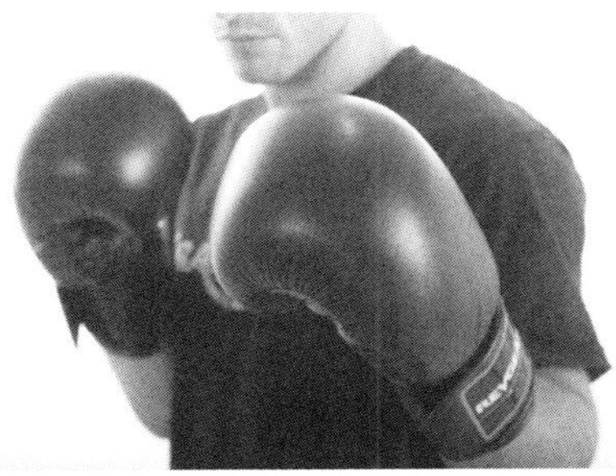

Boxhandschuhe

Boxhandschuhe gibt es in den unterschiedlichsten Größen und Ausführungen, je nach Trainingsziel. Für hartes Zuschlagen und kontrolliertes Sparring im regulären Krav-Maga-Training eignen sich am besten Handschuhe zwischen 12 und 16 Unzen, die mit oder ohne Bandagen getragen werden können. Zwar gibt es günstige Angebote, aber hochwertigere Boxhandschuhe halten länger und bieten besseren Schutz.

Sicherheit im Training

Auch wenn sich ein zertifizierter Kursleiter in einem lizensierten Trainingszentrum immer um sichere Trainingsbedingungen bemühen wird, liegt es doch an jedem einzelnen Schüler, auf seine persönliche Sicherheit und die Sicherheit seiner Trainingspartner zu achten. Sinn und Zweck von Krav-Maga-Kursen ist, Menschen auf die Selbstverteidigung im wirklichen Leben vorzubereiten. Das drückt sich auch in der empfohlenen Kleidung aus. Am besten eignen sich leichte Nylonhosen oder knielange Shorts, dazu ein T-Shirt und Crossfit-Schuhe. Im Sinne einer sicheren Trainingsumgebung und aus Rücksicht auf Mittrainierende sollte dieses Outfit unbedingt sauber gehalten werden. Ebenfalls aus Rücksicht sollten sich sämtliche Teilnehmer angewöhnen, T-Shirts zum Wechseln während des Kurses oder nach dem Kurs einzupacken.

In Krav-Maga-Kursen treffen die unterschiedlichsten Menschen aufeinander, mit sehr verschiedenen Erfahrungen, Beweggründen und Erwartungen. Diese Unterschiede gilt es im Training zu berücksichtigen und zu achten. Bei Partnerübungen sollte man sich möglichst einen Partner gleicher Größe aussuchen. Da dies nicht immer möglich ist, müssen eventuelle Größen- und Kraftunterschiede beachtet werden, um die Sicherheit aller Beteiligten und eine produktive Trainingsatmosphäre zu wahren. Auch wenn der eigene Fortschritt im Vordergrund steht, sollte man sich auch dafür einsetzen, dass die anderen Kursteilnehmer vorankommen. Und bei allem Bemühen um realistische Trainingsbedingungen darf dabei kein unnötiges Verletzungsrisiko in Kauf genommen werden. Falls Sie den Eindruck haben, dass einer Ihrer Trainingspartner nicht ganz verstanden hat, wie man sicher trainiert, sollten Sie Ihren Kursleiter ansprechen.

Das Training sollte in einer möglichst geordneten Umgebung stattfinden. In einer von Krav Maga Worldwide lizensierten Einrichtung ist dies selbstverständlich, aber auch Sie können dazu beitragen, indem Sie auf mögliche Gefahrenquellen achten. Entfernen Sie Hindernisse, die nicht unmittelbar für die gerade ausgeführte Übung notwendig sind. Überprüfen Sie Ausrüstungsgegenstände auf ihre Unversehrtheit. Schauen Sie sich beim Training im Freien um und entfernen Sie alle Gegenstände, von denen eine Verletzungsgefahr ausgeht. Während des Trainings sollte Erste-Hilfe-Material griffbereit sein (wie es in lizensierten Einrichtungen der Fall ist).

Gewalttaten erfolgreich überstehen

Selbstverteidigung besteht nicht nur aus dem Erlernen von Techniken. Gewalterfahrungen sind vom Wesen her furchterregend, sie erschüttern bis ins Mark und rufen auf mehreren Ebenen extreme Reaktionen hervor: auf der emotionalen/psychischen Ebene und auf der physiologischen Ebene. Gutes Training bereitet auch auf diese Aspekte der Gewalt vor.

Emotionale Reaktionen

Zu den emotionalen Reaktionen auf eine Gewalterfahrung (oder auch nur drohende Gewalt) zählen sämtliche naheliegenden Extreme der Angst (um sich selbst und um andere) und der Wut (darüber, in Gefahr geraten zu sein). Die Ehefrau eines der Autoren wurde einmal im Auto entführt und erinnert sich daran, nicht nur Angst, sondern auch Empörung und Verwirrung gespürt zu haben. Immer wieder fragte sie den Entführer: »Wieso machen Sie das? Wieso?« Sie erwartete keine Antwort, aber ihre Empörung verlangte danach (mehr dazu weiter unten). Einer der Autoren sah sich einmal mit der Schusswaffe bedroht (bevor er Krav Maga lernte) und weiß noch, dass ihn nicht nur die Angst packte, sondern auch Wut und der Widerwille, den Räuber gewähren zu lassen.

Aber emotionale Reaktionen sind in der Regel Probleme, mit denen man sich im Nachhinein beschäftigt, wenn man sich selbst oder andere Traumatisierte therapiert. Während der Konfrontation selbst sind emotionale Reaktionen meist Symptome starker körperlicher oder psychischer Reflexe und mit eben diesen werden wir uns im Folgenden befassen.

Kampf oder Flucht

Die Kampf-oder-Flucht-Reaktion, auch »akute Stressreaktion« genannt, wurde in den 1920er-Jahren erstmals von Dr. Walter Cannon erforscht. Bei der Kampf-oder-Flucht-Reaktion pumpt das Nervensystem Adrenalin und Noradrenalin ins Blut, wodurch die Herzfrequenz angetrieben, die Blutgefäße verengt und die Muskeln angespannt werden. Auf diese Weise macht sich der Körper für einen plötzlichen Ausbruch extremer körperlicher Anstrengung bereit. Interessant ist übrigens (besonders für eine instinktbasierte Methode wie Krav Maga), dass eine hohe Konzentration bestimmter Hormone (Katecholamine) an Neurorezeptoren den Körper dazu bringt, spontanen und intuitiven Impulsen zu folgen, die in Kampf- oder Fluchtsituationen oft hilfreich sind.[1]

Aber was passiert genau während der Kampf-oder-Flucht-Reaktion? Im Folgenden sind einige der häufigsten körperlichen und psychischen Reaktionen beschrieben.

Physische Reaktionen

Grob gesagt steigt die Körperkraft in intensiven Stressphasen stark an, während die Geschicklichkeit stark nachlässt. Man erlebt eine sehr kurze Zeitspanne extremer körperlicher Leistungsfähigkeit (was jedoch leider keinen Spaß macht!), allerdings ohne viel Feinmotorik. Aus diesem Grund müssen alle eingesetzten Abwehrtechniken ohne präzise Bewegungen auskommen. Zusammengefasst geschieht Folgendes:

- Herzfrequenz steigt,
- Blutdruck steigt,
- Atemfrequenz steigt,
- Schmerzempfindlichkeit sinkt,
- Körperkraft steigt (und fällt danach drastisch),
- Schnelligkeit steigt,
- Feinmotorik verschlechtert sich drastisch.

Psychische Reaktionen

Einige der interessantesten (und problematischsten) Reaktionen auf Stress- und Gewalterfahrungen sind psychisch begründet. Hier sind die häufigsten:

Tachypsychie: Tachypsychie bezeichnet die veränderte Zeitwahrnehmung des Hirns unter Stress. In Belastungssituationen schaltet das Gehirn in den Turbo-Modus und verarbeitet Informationen rascher. Als Folge scheint alles in Zeitlupe zu passieren, obwohl man sich wahrscheinlich sehr schnell bewegt (und der Gegner auch). Tachypsychie kann auch andersherum wirken, sodass ein vom Angriff überraschtes Opfer vom Tempo der Ereignisse überwältigt wird.

Tunnelblick: Vor lauter Konzentration auf die Bedrohung blendet das Gehirn alles andere aus. Die Ränder des Sichtfelds werden kaum oder gar nicht wahrgenommen, man blickt wie durch eine Röhre oder einen Tunnel. Um Dinge außerhalb des engen Sichtfelds zu sehen, bedarf es einer Willensanstrengung. Im Sinne des Überlebensinstinkts ist der Tunnelblick nützlich, denn er fokussiert die Aufmerksamkeit auf die unmittelbare Bedrohung. Allerdings kann er zum Problem werden, wenn man es mit mehreren Angreifern oder einer unberechenbaren Umgebung zu tun hat.

---

1 Zwar sind Kampf und Flucht – *fight* und *flight* – die bekanntesten Reaktionen, aber die Fluchtreaktion hat auch eine Variante namens *freeze* – »Erstarrung«. Bei manchen Menschen ist die physiologische Reaktion so heftig, dass sie einfach nichts tun. Sie kapseln sich ab und hoffen, dass es vorbeigeht, wie das sprichwörtliche Kaninchen vor der Schlange.
Wir sind der Überzeugung, dass die Erstarrungsreaktion unbedingt zu vermeiden ist, egal, welche Selbstverteidigung man trainiert. Beutelratten erstarren. Kaninchen erstarren in bestimmten Situationen in der Hoffnung, nicht entdeckt zu werden. Aber uns geht es nicht darum, nicht entdeckt zu werden. Wir gehen davon aus, dass der Angriff bereits begonnen hat. Weglaufen ist (wenn möglich) sinnvoll. Kämpfen ist oft nötig. Aber Erstarren kommt aus unserer Sicht nicht infrage.

Selektives Hören: »Tunnelgehör«, wenn man so will. Es handelt sich um die auditive Version des Tunnelblicks und um eine Extremform des Cocktailparty-Effekts, der Hintergrundgeräusche unterdrückt. Das Gehirn blendet alles aus, was nicht unmittelbar überlebensrelevant erscheint. Der Nachteil des selektiven Hörens ist, dass man möglicherweise Zurufe von Verbündeten überhört, die auf Gefahr von hinten oder auf Fluchtmöglichkeiten hinweisen.

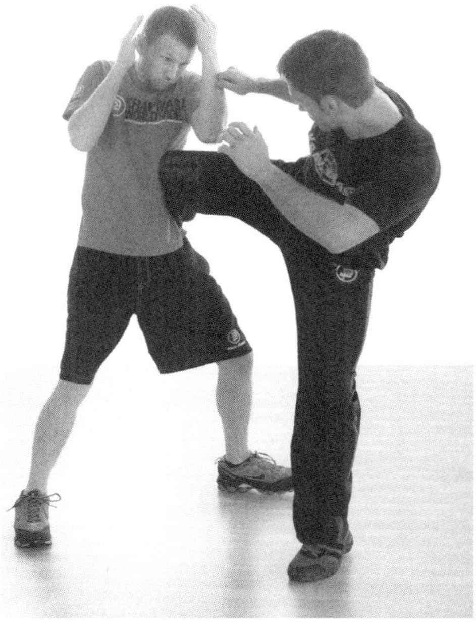

Vertauschte Prioritätenhierarchie: Das Gehirn speichert Erinnerungen in falscher Reihenfolge ab und dabei erhalten kleine Details (die Farbe von Schnürsenkeln, die Richtung eines Scheitels) große Bedeutung, während wichtige Informationen (Schusswaffenmodell, Augenfarbe, Nummernschild) verblassen und verschwinden.

Leugnung: Das Gehirn weigert sich einfach, die Gefahr wahrzunehmen (dies passt zur erwähnten Erstarrungsreaktion) oder schaltet angesichts drohender Verletzung auf Durchzug.

All diese Reaktionen geschehen instinktiv. Sie sind im Gehirn und im Körper fest verdrahtet und lassen sich nicht völlig ausschalten, egal, wie viel man trainiert. Allerdings können effektive Trainingsmethoden die schädlichen Seiten dieser Mechanismen (selektives Hören, Leugnung und Ähnliches) eingrenzen und nützliche Nebenwirkungen wie die Tachypsychie verstärken (sodass alles langsamer und beherrschbarer erscheint). Durch Training lässt sich auch die feinmotorische Leistungsfähigkeit erhöhen, da der Körper lernt, den mit einem Angriff verbundenen Adrenalinschub wegzuregeln.

Übungen zur Verbesserung unwillkürlicher Reaktionen

Richtig durchgeführte Stressübungen sollen den Lernenden an den physischen und psychischen Stress einer gewalttätigen Konfrontation gewöhnen. Selbstverständlich kann keine Übung jemals die Gefahr und den Stress einer echten lebensbedrohlichen Situation auf ungefährliche Weise simulieren. Aber immerhin können wir durch Übungen die typischen Empfindungen in geringerem Ausmaß nachbilden oder ein oder zwei Stresselemente hervorrufen. Nehmen wir zum Beispiel Tunnelblick und selektives Hören. Man kann ohne Weiteres den Schüler in einer Übung unter Stress setzen und ihm dann beibringen, weiterhin die Umgebung wahrzunehmen.

1. Beispiel: Für diese Übung braucht man drei Teilnehmer (einen Verteidiger und zwei Angreifer) und ein Schlagpolster. Der Verteidiger muss einfache Kampftechniken und mindestens eine Abwehrtechnik beherrschen (zum Beispiel den Würgegriff von vorn, Seite 136). Der Verteidiger steht mit geschlossenen Augen in neutraler Haltung (nicht in Bereitschaft). Sobald er die Augen schließt, bewegt sich der Angreifer mit dem Polster auf eine neue Position. Der unbewaffnete Angreifer greift mit einem Würgegriff von vorn an. Nun muss der Verteidiger wirksam und entschlossen reagieren und gleichzeitig mit den Augen den zweiten Angreifer suchen. Sobald sich dieser nähert, stößt sich der Verteidiger vom ersten Angreifer weg und wendet sich der neuen Bedrohung zu.

Anmerkung: Anfänger tendieren dazu, Kraft und Wirkung ihrer Gegenangriffe zu mindern, um nach dem zweiten Angreifer Ausschau halten zu können. Das darf nicht sein! Der Verteidiger soll lernen, explosiv zu kontern, den ersten Angreifer auszuschalten und gleichzeitig die Umgebung wahrzunehmen.

2. Beispiel: Um uns das selektive Hören abzugewöhnen, machen wir oft Stressübungen, bei denen der Verteidiger auf Anweisungen hören muss, die entweder vom Kursleiter oder einem Trainingspartner kommen. Auf die Tätigkeit kommt es dabei nicht an – es kann etwas Einfaches sein wie ein Sprint zum anderen Ende des Raums und zurück oder etwas Komplizierteres, wie das Ausführen einer neuen Schlagkombination auf Zuruf oder die schnelle Bewegung zu bestimmten Stellen im Raum. Entscheidend ist der kognitive Akt des Hörens und Verstehens. Er muss stattfinden, auch wenn man mit einer direkten Bedrohung beschäftigt ist.

3. Beispiel: Um neue Schüler an das Gefühl zu gewöhnen, geschlagen zu werden und trotzdem weiterzukämpfen, gibt es eine einfache Stressübung, bei der der Schüler eine Pratze treffen muss, während ihn ein zweiter Partner mit der Faust oder der offenen Hand traktiert. Anfangs sind die Schläge nur schwach, damit der Anfänger nicht aufgibt, aber sobald er sich daran gewöhnt, steigert man die Schlagkraft bis zu einem verkraftbaren Grad. Das ist zwar unangenehm, aber immer noch besser, als in einem echten Kampf durch den Schmerz eines Treffers in Schockstarre versetzt zu werden.

Wie gesagt sind diese Übungen nicht mit einer echten Gewalterfahrung zu vergleichen, aber sie simulieren einzelne Aspekte eines echten Kampfes. Polizeibeamte haben uns nach einigen unserer intensiveren Stressübungen mitgeteilt, dass sie während der Übung emotional genau so reagiert hätten wie angesichts der Gewalt, die sie im Dienst erlebt hatten. Je mehr sie unter Stressbedingungen trainieren, desto effektiver können sie in einer echten Gewaltsituation handeln. Diese Art von Training hilft ihnen, ihr eigenes Leben oder das anderer Menschen zu retten.

Visualisierung

Inzwischen werden Sie sicherlich gemerkt haben, dass Krav Maga nichts mit »Zen« zu tun hat. Weder meditieren wir, noch finden wir unsere Mitte, noch kultivieren wir unser Chi. Diese Dinge haben durchaus ihren Platz im Leben, aber nicht in einem Krav-Maga-Kurs.

Einen gewissen Wert hat allerdings die Technik der Visualisierung. Visualisierung bedeutet nichts anderes, als dass Sie eine Szene im Kopf durchspielen. Stellen Sie sich alles so deutlich vor, wie Sie können. Malen Sie sich jedes Detail aus – nicht nur das Gesicht des Angreifers, sondern auch seinen Gesichtsausdruck; nicht nur die Art seines Angriffs, sondern auch den Winkel seines Arms, die Größe seiner Hand und so weiter. Schauen Sie mit Ihrem geistigen Auge zu, wie Sie selbst eine Abwehrtechnik anwenden. Dadurch bringen Sie Ihrem Gehirn bei, mit welcher Abwehrtechnik es den Körper in bestimmten Situationen reagieren lassen soll. Keiner von uns kann jeden Tag zum Training kommen. Aber mit einfachen Visualisierungstechniken können wir unsere Trainingszeit verdoppeln oder verdreifachen. Probleme mit dem Schwitzkasten? Visualisieren Sie hundertmal die richtige Ausführung der Abwehrtechnik. Danach werden Sie feststellen, dass sich Ihre Technik in Wirklichkeit verbessert hat.

Aber Visualisierung hilft nicht nur bei körperlichen Fertigkeiten. Sie wirkt auch auf psychischer Ebene. Wir fürchten das, was unvertraut ist. Indem wir gewalttätige Konflikte visualisieren, lernen wir sie »kennen« (zumindest ein wenig), bevor sie uns zustoßen. Wir bauen unsere Angst vor dem Schreckensmoment ab, indem wir ihn schon mal in der

Fantasie verarbeiten. Vertrautheit mindert Stress, und verminderter Stress bedeutet kürzere Reaktionszeit. Letztendlich helfen uns Visualisierungen also, aggressiver und entschlossener zu reagieren und die Bedrohung schneller auszuschalten.

Gehen wir noch einen Schritt weiter. Trauen Sie sich ruhig einmal, nicht nur die erfolgreiche Anwendung von Abwehrtechniken zu visualisieren. Visualisieren Sie auch einen Augenblick lang Ihren Misserfolg. Stellen Sie sich das Worst-Case-Szenario vor. Machen Sie sich klar, dass es eintreten könnte. Verlieren Sie die Furcht davor. Denken Sie daran: Wir fürchten, was wir nicht verstehen. Machen Sie sich klar, dass niemand perfekt ist und dass jeder von uns unter Stress versagen kann. Stellen Sie sich vor, wie Sie eine Abwehrtechnik erfolglos anwenden. Was machen Sie dann? Wie reagieren Sie? Wie kommen Sie darüber hinweg?

Sich den eigenen Misserfolg vorzustellen bedeutet nicht, dass man aufgibt. Es bedeutet, dass man sich bereit macht für die Wirklichkeit. Allerdings sollten Sie nicht zu viel Zeit damit zubringen, sich Ihr Versagen auszumalen. Damit würden Sie Ihrem Gehirn beibringen, die falsche Technik anzuwenden oder den Misserfolg zu erwarten. Der einzige Zweck dieses Nebengebiets des mentalen Trainings ist, den Stress des Misserfolgs zu lindern. Wenn Sie sich ein wenig mit Worst-Case-Szenarien beschäftigt haben, sollten Sie umso mehr Zeit darauf verwenden, Ihren Erfolg zu visualisieren: schnelles, entschlossenes Verteidigen, kraftvolles Kontern und rasches Ausschalten des Angreifers.

Beispiel:

Stellen Sie sich vor, es ist Nacht. Sie gehen mit einer Einkaufstüte in der linken Hand auf Ihre Haustür zu. Mit der Rechten greifen Sie in der Hand- oder Hosentasche nach dem Schlüssel. Sie hören hinter sich eine Bewegung, aber bevor Sie sich umdrehen können, spüren Sie, wie sich ein Arm um Ihre Kehle legt und Sie in den Schwitzkasten genommen werden. Sie werden aus dem Gleichgewicht gebracht und nach hinten gerissen. Sie spüren einen starken Druck auf beiden Seiten des Halses (auf den Halsschlagadern) und auf der Luftröhre. Sie riechen Bier und billiges Rasierwasser. Am Hinterkopf spüren Sie den Druck seiner Schulter und seines Kopfes. Sie merken, dass der Angreifer seine Hände oberhalb Ihrer linken Schulter verschränkt hält.

Sie lassen die Einkaufstüte fallen. Ihre Hände schießen über der linken Schulter empor und biegen sich zu Haken. Sie rupfen explosiv an seinen Händen, während Sie die linke Schulter so drehen, dass sie sich gegen den Angreifer presst. Das Abrupfen und die Drehung haben etwas Platz geschaffen und nun drehen Sie das Kinn. Sie lassen den Kopf aus der Öffnung gleiten und drehen sich weiter. Unter Ihnen liegen die Einkäufe verstreut. Sie haben jetzt die Tür im Rücken und den Angreifer vor sich. Sie landen einen Kniestoß in seiner Leistengegend. Er trägt ein dunkelbraunes T-Shirt und Jeans. Er krümmt sich zusammen, grapscht dabei aber nach Ihren Beinen. Sie stemmen die Hände gegen seine Schulter, um ihn auf Abstand zu halten, und treten erneut mit dem Knie zu, diesmal in seinen Bauch. Grunzend lässt er die Luft aus den Lungen entweichen. Er fällt auf die Knie, aber Sie merken, dass er sich immer noch zu Ihnen beugt und nach Ihnen greift. Beim dritten Mal rammen Sie ihm das Knie ins Gesicht. Sie sehen einen rasierten Schädel, ein unrasiertes Gesicht. Sie spüren, wie Ihr Knie auf seine Nase trifft. Er sinkt zu Boden.

Sie weichen zurück und peilen die Lage. Es kommen keine weiteren Angreifer. Er liegt immer noch keuchend und spuckend auf dem Bauch. Er scheint Mitte zwanzig zu sein und von mitteleuropäischer Herkunft. Er hat große Hände. Auf seinem Nacken scheint ein Stacheldraht tätowiert zu sein. Ohne ihn aus den Augen zu lassen, holen Sie den Schlüssel aus der

Hosen- oder Handtasche. Sie behalten ihn weiterhin im Blick. Sie ertasten die Tür und schließen sie auf. Sie gehen hinein. Schließen ab. Sie gehen direkt zum Telefon und rufen die Polizei. Mit dem Telefon in der Hand gehen Sie zur Tür. Sie schauen oder horchen, ob der Angreifer sich regt. Sie geben Ihre Adresse durch, klar und deutlich.

Dies ist natürlich ein einfaches Beispiel, aber das Interessante daran sind die Details. Üben Sie sich darin, auf kleine Details zu achten, denn diese helfen bei der Beschreibung des Angriffs und beim Auffinden des Täters, falls er nicht sofort verhaftet wird.

Zwar können Visualisierungen nie echtes Training ersetzen, aber unserer Ansicht nach führen ergänzende Visualisierungsübungen zu spürbaren Verbesserungen nicht nur bei der Ausführung von Techniken, sondern auch bei der Stressbewältigung im Moment der Gewalterfahrung.

Gewaltanwendung

»Komme ich mit dem Gesetz in Konflikt, wenn ich Selbstverteidigung anwende?« Diese Frage taucht unweigerlich im Training auf und sie ist berechtigt. Leider gibt es keine saubere und einfache Antwort, da es völlig von den Umständen abhängt, ob eine bestimmte Handlungsweise rechtmäßig ist oder nicht.

Bevor wir fortfahren, sollten wir uns kurz den Unterschied zwischen Zivilklagen und Strafanzeigen bewusst machen. Angesichts der weitverbreiteten Klagefreudigkeit herrscht oft der Eindruck, dass jeder von jedem wegen fast jeder Sache verklagt werden kann. Das stimmt so nicht – offensichtlich unbegründete Klagen werden von den Gerichten abgeschmettert –, aber als Schüler der Selbstverteidigung muss Ihnen bewusst sein: Auch wenn Sie sich auf völlig vernünftige Art selbst verteidigen und Polizei und Staatsanwaltschaft auf Ihrer Seite haben, kann Ihr Angreifer eine Zivilklage gegen Sie anstrengen. Das bedeutet nicht, dass der Angreifer recht bekommt, aber es bedeutet, dass Sie möglicherweise einen Anwalt beauftragen müssen, um Ihre Unschuld zu beweisen.

Die Voraussetzungen für eine Strafanzeige sind allerdings höher. Die Polizei muss Beweismittel sichern (und nötigenfalls auch Beteiligte verhaften). Ein Staatsanwalt entscheidet dann anhand der Beweislage, ob ein Verbrechen geschehen ist und die Beweislast für ein Verfahren ausreicht. Zwar gibt es bei den Ermittlungen und im Prozess immer wieder Ermessensspielräume, aber Staatsanwaltschaften und Gerichte halten sich an geltendes Recht und richten sich nach Grundsatzentscheidungen. Leider unterscheiden sich die Gesetze und ihre Auslegungspraxis von Land zu Land. Im Folgenden beschränken wir uns daher nur auf generelle Richtlinien, die den meisten Lesern der westlichen Welt vertraut sein dürften.

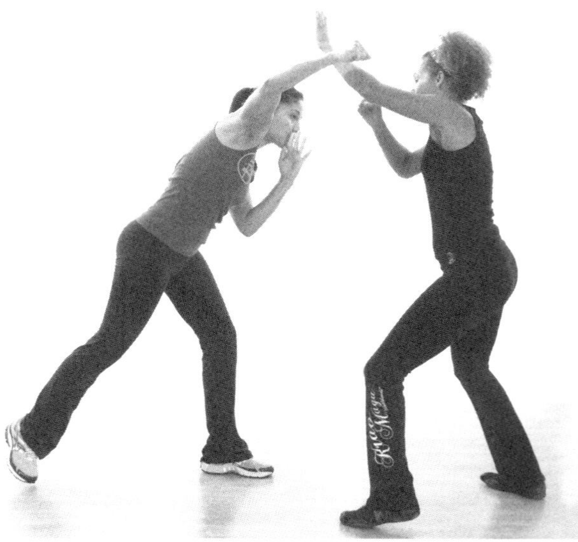

Keine Vergeltung

Sie dürfen einen Menschen nicht verletzen, nur weil er es vermeintlich verdient. Nehmen wir beispielsweise an, Sie verteidigen sich mit einem Tritt in die Genitalien. Wird der Angreifer dadurch kampfunfähig, dürfen Sie ihn nun nicht weiter verletzen. Sie dürfen ihm nicht noch zwei, drei Schläge verpassen, weil Sie finden, er habe es verdient, da er Sie ja angegriffen hat. Notwehr ist gesetzlich erlaubt (unter den unten beschriebenen Voraussetzungen), aber Vergeltung ist verboten. Sie dürfen tun, was den Umständen entsprechend zur Wahrung Ihrer Sicherheit nötig ist, aber nicht mehr.

Verhältnismäßigkeit

Manche Menschen glauben, sie dürften alles tun, wenn sie nachher der Polizei erzählen: »Ich fürchtete um mein Leben.« Selbst wenn dies subjektiv zutrifft, ist es keine Rechtfertigung für exzessive Gewalt. Denn die gefühlte Todesangst könnte ja auch die eines paranoiden Schizophrenen sein, der ständig um sein Leben fürchtet. Die Bedrohung muss objektiv nachvollziehbar sein. Geht ein zwei Meter großer Mann auf einem dunklen Parkplatz einer kleinen Frau an die Kehle, dann hat sie allen Grund, sich extrem bedroht zu fühlen und ihre Haut mit aggressiver Selbstverteidigung zu retten. Greift die ein Meter fünfzig große Frau jedoch den viel größeren Mann an, dann kann man objektiv davon ausgehen, dass der Mann deutlich weniger Gewalt einsetzen muss, um sich vor der Frau zu schützen. Anmerkung: Dies bedeutet nicht, dass er sich nicht verteidigen darf; es heißt nur, dass man von ihm mehr Zurückhaltung erwarten kann.

Natürlich steckt der Teufel im Detail und in eine objektive Beurteilung fließen allerlei Details ein. Handelt es sich bei der Frau um eine durchtrainierte Kampfsportlerin, während der Mann ein gebrochenes Bein hat, müssen wir objektiv etwas andere Maßstäbe anlegen. Wenn wir davon ausgehen, dass er sie angreift, dann dürfen wir von ihr erwarten, dass sie ihn abwehrt, sich befreit und zurückzieht, statt ihm den Kopf mehrmals aufs Pflaster zu schmettern. Es gibt einen Punkt, an dem Notwehr in exzessive Gewalt umschlägt. Die Frau in unserem Szenario müsste einen guten Grund anführen, warum sie meinte, den Kopf des Mannes wie einen Basketball behandeln zu müssen.

Das mildeste Mittel

Nach deutschem Recht muss die Notwehrhandlung auf das Erforderliche beschränkt werden. Wer angegriffen wird, soll das »mildeste Mittel« wählen, das zur Abwehr taugt. Polizei und Staatsanwaltschaft gehen bei ihren Ermittlungen daher der Frage nach, ob es in der Notwehrlage auch weniger gewaltsame Rettungsmöglichkeiten gegeben hätte. Dabei ist niemand zur Flucht gezwungen, denn »das Recht muss dem Unrecht nicht weichen«. Was das mildeste Mittel ist, hängt von der Situation und vom Grad der Bedrohung ab: Es kann die Verständigung von Polizeibeamten sein, falls welche in der Nähe sind, es kann ein Tritt zwischen die Beine sein oder auch das Einprügeln auf den Angreifer mit einem Wackerstein.

Und so deckt sich die Rechtslage letzten Endes mit dem, was jeder Krav-Maga-Schüler lernt: Wende nicht mehr Gewalt an als nötig – aber genug, um deine Sicherheit zu wahren, und zwar ohne falsche Hemmungen!

Frauen und Selbstverteidigung

Viele Frauen fürchten sich davor, Opfer von (sexualisierter) Gewalt zu werden. Leider ist diese Furcht begründet. Umfragen zufolge ist jede sechste amerikanische Frau in ihrem Leben Opfer einer versuchten oder vollzogenen Vergewaltigung geworden[2], in Deutschland wurde jede siebte Frau in ihrem Erwachsenenleben mindestens einmal Opfer von sexueller Gewalt.[3] Meistens erfahren Frauen gewalttätige oder sexuelle Übergriffe von Männern, die sie kennen.

Es ist Aufgabe der Gesellschaft, sich so zu ändern, dass Frauen keiner Gefahr ausgesetzt sind. Bis dies jedoch geschieht, sollten Frauen jede sinnvolle Maßnahme ergreifen, die ihre Sicherheit verbessert. Frauen müssen lernen, sich selbst zu verteidigen, unabhängig von Alter oder Fitness. Der Vorteil von Krav Maga ist, dass es auf die Bedürfnisse von Frauen zugeschnitten ist.

In den vergangenen 20 Jahren haben mehrere groß angelegte Studien gezeigt, dass Frauen, die sich wehren, eine geringere statistische Gefahr laufen, vergewaltigt zu werden. 1985 brachten Pauline Bart und Patricia O'Brien eine Studie mit dem Titel *Stopping Rape: Successful Survival Strategies* (»Vergewaltigung stoppen: Erfolgreiche Überlebensstrategien«) heraus. 1993 veröffentlichten Sarah Ullman und Raymond Knight eine Arbeit namens *The Efficacy of Women's Resistance Strategies in Rape Situations* (»Wirksamkeit weiblicher Widerstandsstrategien in Vergewaltigungssituationen«). Einen weiteren Artikel zu dem Thema verfassten 1999 S. Margaret Heyden, Billie Francis Anger, Tiel Theng-Woo Jackson und Todd David Ellner. Unter dem Titel *Fighting Back Works: The Case for Advocating and Teaching Self-Defense against Rape* (»Sich wehren hilft: Argumente für das Propagieren und Unterrichten von Selbstverteidigung als Mittel gegen Vergewaltigung«) werden die Ergebnisse mehrerer Studien (darunter auch die oben genannte von Bart und O'Brien) zusammengefasst und unterschiedliche Formen des Widerstands herausgearbeitet. Alle diese Publikationen empfehlen wir jedem, der sich für die statistische Analyse von Vergewaltigungsfällen und unterschiedlichen weiblichen Widerstandsformen interessiert.

Das Fazit: Ungefähr 70 Prozent der Frauen, die sich einem Angriff widersetzen, entgehen der Vergewaltigung. Die Prozentzahl variiert von Studie zu Studie, aber die große Mehrzahl der Untersuchungen kommt zu dem Schluss, dass ein gewisses Maß an aktivem Widerstand die Chancen einer Frau erhöht, einer Vergewaltigung zu entgehen.

---

2 Quelle: Rape, Abuse & Incest National Network

3 Quelle: Repräsentative Studie im Auftrag des Bundesfamilienministeriums 2004

Fighting Back Works teilt den Widerstand in Kategorien ein, die uns in unseren Überlegungen weiterbringen können. Widerstand lässt sich folgendermaßen klassifizieren:

- passiver verbaler Widerstand (weinen, flehen, überreden und dergleichen),
- aktiver verbaler Widerstand (rufen und schreien),
- passiver physischer Widerstand (weglaufen),
- aktiver physischer Widerstand (sich wehren, kämpfen).

Mehrere Studien haben ergeben, dass Reaktionen wie Weinen oder Überreden die geringste Aussicht auf Erfolg haben. Einer Studie zufolge entgehen nur 4 Prozent der Frauen, die diese Strategien einsetzen, der Vergewaltigung. Wenn Frauen aktiven verbalen Widerstand leisteten, kamen sie in 50 bis 56 Prozent der Fälle ohne Vergewaltigung davon. Zum passiven physischen Widerstand (Weglaufen) ist die Datenlage unklar, es gibt sehr unterschiedliche Ergebnisse. Eine Studie gibt für das Weglaufen eine Erfolgsquote von 55 Prozent an, in der Studie von Bart und O'Brien entgehen dagegen 85 Prozent der Flüchtenden erfolgreich der Vergewaltigung. Die Frauen, die sich physisch zur Wehr setzen, kommen je nach Studie in 55 bis 86 Prozent der Fälle ohne Vergewaltigung davon.

Das sind eine Menge Zahlen und wir dürfen nicht vergessen, dass sich hinter jedem Prozentsatz lebende, atmende Menschen verbergen, denen Schreckliches zugestoßen ist. Aber die Studien liefern eine wertvolle Information: Wer sich wehrt, hat bessere Chancen, einer Vergewaltigung zu entgehen.

Natürlich gibt es keine Garantien. Glaubt man der genannten Erfolgsquote von 70 Prozent, bedeutet das, dass 30 Prozent der Frauen, die sich aktiv zur Wehr setzen, dennoch vergewaltigt werden. An dieser Zahl gibt es wirklich nichts zu beschönigen, und dennoch sollte man eine weitere wichtige Statistik beachten: Studien zufolge riskieren Frauen, die sich wehren, nicht mehr körperliche Gewalt (also zusätzliche Schläge und Misshandlungen) als Frauen, die es nicht tun.

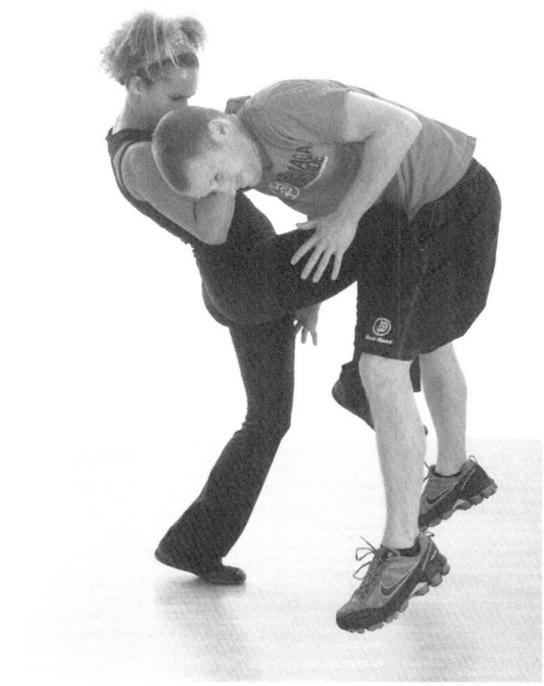

Damit ist das Fazit eindeutig: Wer sich wehrt, hat nichts zu verlieren, aber alles zu gewinnen.

Sich wehren

Wenn wir den Studien Glauben schenken, stellt sich die nächste Frage: Wie sollen sich Frauen wehren? Krav Maga ist eine Selbstverteidigungsmethode, die gleichermaßen für Männer und Frauen gedacht ist. Da die Kampftechniken von instinktbasierten Reaktionen ausgehen, können sie auch unter dem Stress eines Vergewaltigungsversuchs abgerufen werden.

Das Befolgen der instinktiven Reaktionen in Stresssituationen ist ein entscheidendes Element. Es gibt zum Beispiel eine Krav-Maga-Technik für den Fall, dass der Angreifer »in der *Guard*« (zwischen den Beinen einer Verteidigerin in Rückenlage) ist. In Kampfsportarten wie Brazilian Jiu-Jitsu (übrigens auch bei fortgeschrittenem Krav Maga) lernt man sehr wirkungsvolle Techniken, mit denen man die Beine um den Angreifer schlingt, ihn so unter Kontrolle bringt und eine günstigere Position erreicht. Diese Techniken sind nachweislich wirksam. Aber sie sind nicht instinktiv. Das Umschlingen des Angreifers mit den Beinen geht bei einer Frau, der eine Vergewaltigung droht, gegen jeden Instinkt, den sie in diesem Augenblick verspürt. Aus diesem Grund bringen wir Anfängerinnen eine Technik bei, bei der sie sich mit Tritten aus der Guard befreien können (Seite 171). Sie nutzt das instinktive Bedürfnis, sich den Angreifer vom Leib zu halten.

Ein weiterer für Frauen wichtiger Aspekt ist das Krav-Maga-Prinzip, dass im Kampf keine Regeln gelten. Wenn Sie beschließen, sich zu wehren, müssen Sie kämpfen, als ginge es um Ihr Leben. Greifen Sie zu allen Ihnen zur Verfügung stehenden Mitteln und legen Sie jede Hemmung ab, diese Mittel einzusetzen. Greifen Sie verwundbare Ziele wie Geschlechtsteil, Augen und Kehle an. Sind diese nicht erreichbar, verletzen Sie die Haut (am besten im Gesicht, aber Sie können jede erreichbare empfindliche Stelle zerfetzen: Flanken, Schenkel, Ohren und so weiter). Beißen Sie zu. Ja, die Übertragung von Körperflüssigkeiten ist durchaus bedenklich, aber die direkte Gefahr ist jetzt wichtiger. Zähne und Kiefer sind nützliche Waffen und im Alltag zermalmen Sie damit viel Härteres als menschliches Gewebe. Setzen Sie sie zur Abwehr ein!

Wie sieht ein Vergewaltiger aus?

Vergewaltiger gehören keiner bestimmten Bevölkerungsgruppe an, abgesehen davon, dass sie zum allergrößten Teil männlich sind. Vergewaltiger können groß oder klein, dick oder dünn, ausländisch oder inländisch sein. Man sieht »es« ihnen nicht an. Tatsächlich wird die Mehrheit der Vergewaltigungsopfer von jemandem angegriffen, den sie kennen. (In einer Studie aus dem Jahr 2000 waren 80 Prozent der Täter Freunde, Bekannte, Partner oder Familienmitglieder.)

Wirken Sie nicht wie ein Opfer

Geben Sie nicht den Anschein, ein Opfer zu sein. Zeigen Sie in Ihrer Gangart Selbstsicherheit, aber behalten Sie die Umgebung im Auge. Vergewaltiger sind wie Raubtiere, und Raubtiere halten von Natur aus nach leichter Beute Ausschau. Allerdings garantiert selbstsicheres Verhalten nicht, dass man von Belästigungen verschont wird. Während der Arbeit an diesem Kapitel musste einer der Autoren einer Schülerin Rat und Beistand geben, die auf der Straße von einem Mann im Vorbeigehen begrabscht worden war. Zwar wusste sie sich zu behaupten, aber sie wunderte sich, dass er sie »gewählt« hatte, da sie eigentlich Selbstsicherheit ausstrahlt und nicht wie ein Opfer wirkt.

Merken Sie sich: An sexuellen Übergriffen jeglicher Art ist NIE das Opfer schuld. Eine Frau, die angegriffen wird, ist für die Taten des Angreifers nicht verantwortlich, auch wenn sie nicht wie eine Preisboxerin aussieht. Der Täter ist daran schuld, dass er sie angreift. Wenn Sie Selbstsicherheit ausstrahlen und auf Ihre Umgebung achten, sinkt das Risiko, angegriffen zu werden, nicht auf null, aber es verbessert Ihre Chancen.

Vertrauen Sie Ihrem Instinkt

Verursacht eine Situation oder eine Person bei Ihnen ein schlechtes Gefühl, dann hören Sie darauf. Verlassen Sie die Person, verlassen Sie die Situation, verlassen Sie die Gegend. Die meisten Menschen (Frauen mehr als Männer) sind sozial dazu konditioniert, andere Menschen nicht zu beschämen oder zu beleidigen.

Stellen wir uns folgende Frage: Angenommen, Sie betreten abends einen leeren Aufzug. Der Aufzug hält im nächsten Stockwerk, und als sich die Tür öffnet, tritt ein Mann herein. Augenblicklich fühlen Sie sich unwohl. Sie wissen zwar nicht wieso, aber irgendwas an ihm stört Sie. Was tun Sie?

Das Sicherste wäre, sofort aus dem Aufzug auszusteigen, auch wenn Sie sich dann durch die Tür drängen müssen, die sich gerade schließt; oder schnell den Knopf für das nächste Stockwerk zu drücken und dort auszusteigen.

Die meisten Menschen scheuen davor zurück, weil es offen zeigt, was sie von dem Fremden halten. Möglicherweise beleidigt es ihn, und wir haben gelernt, Fremde in der Öffentlichkeit möglichst nicht zu beleidigen.

Na und? Sie sollten sich eher um Ihre eigene Sicherheit kümmern als um die mögliche Beleidigung eines Fremden. Sie tun ihm ja nichts an. Er erleidet keinerlei Schaden. Aber wenn Sie im Aufzug bleiben und sich Ihr Instinkt als richtig erweist, dann haben Sie sich in Gefahr gebracht.

Vertrauen Sie Ihrem Instinkt. Hören Sie auf ihn, bevor Sie sich darum kümmern, was irgendein Fremder von Ihnen hält.

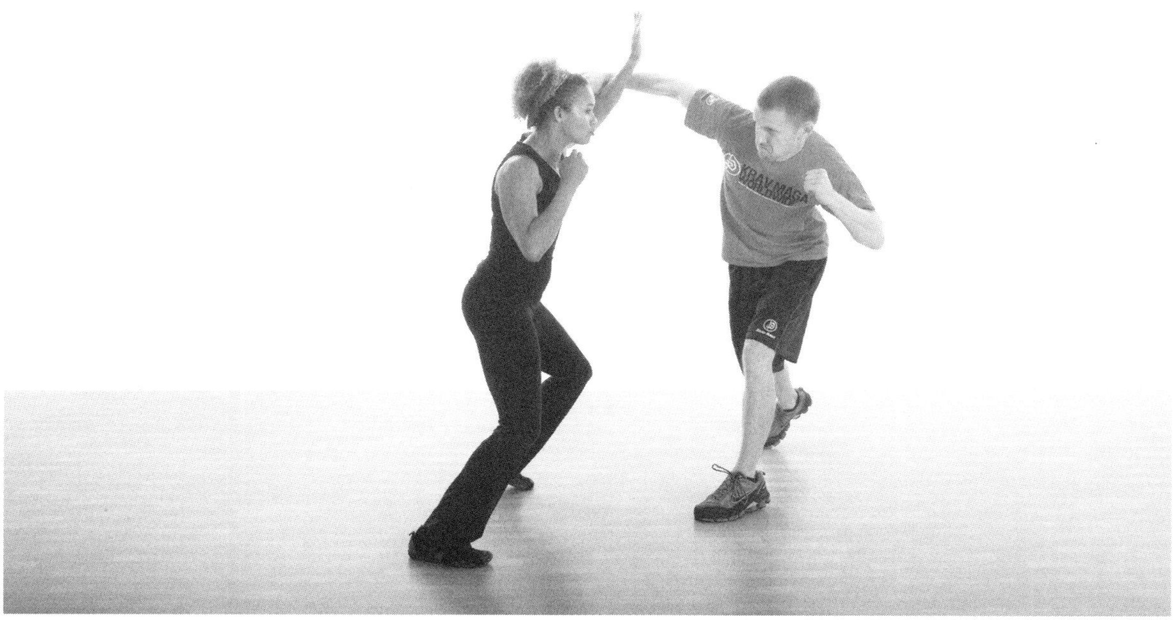

Achten Sie auf merkwürdiges Verhalten

Das obige Szenario verrät nichts darüber, was Sie an dem Mann störte. Sie hatten nur ein instinktives Gefühl. Irgendwie unangenehm. Aber oft gibt es in den Momenten vor einem Übergriff Anzeichen: Männer, die ein unerwünschtes Gespräch anfangen und fortsetzen; Männer, die zu nahe rücken; Männer, die glotzen.

Diesem Thema sind schon ganze Bücher gewidmet worden (empfehlen können wir Gavin de Becker: *Vertraue deiner Angst – Wie unsere Intuition uns vor Gewalt schützt*, mvg Verlag, München 2017). Es übersteigt den Rahmen dieses Buches, solche Verhaltensweisen in allen Einzelheiten zu beschreiben. Wir können allerdings den ganzen Themenkomplex in einem einfachen, konkreten und leicht verständlichen Satz zusammenfassen:

Männer, die nichts Böses wollen, tun alles, um bei Frauen kein ungutes Gefühl zu erregen.

Ein Mann mit sozialen Antennen, der einen Aufzug betritt, stellt sich unwillkürlich so weit weg von Ihnen, wie er nur kann, und verhält sich so unaufdringlich wie möglich. Ein Mann, der auf einem menschenleeren Gehweg hinter Ihnen hergeht, verlangsamt in der Regel seine Schritte oder ändert die Richtung, damit er nicht direkt hinter Ihnen ist. Ein Mann, der auf einem dunklen Parkplatz auf dem Weg zu seinem Auto an Ihnen vorbeigeht, macht einen Bogen und gibt Ihnen Raum, als wolle er signalisieren, dass er ganz sicher nicht auf Sie zukommt.

Wir alle verhalten uns so, ohne groß darüber nachzudenken, weil wir im Rahmen eines gemeinsamen Gesellschaftsvertrags handeln. Vergewaltiger und andere Angreifer tun das nicht. Entweder ist ihnen das Unbehagen, das sie auslösen, nicht bewusst, oder sie genießen es. In dem Augenblick, in dem ein Mann die Bereitschaft zeigt, Unbehagen zu verursachen, teilt er Ihnen mit, dass seine Absichten nicht normal sind. Es lässt sich nicht mit Sicherheit sagen, ob er ein Vergewaltiger ist oder Sie angreifen will (wer weiß, vielleicht ist er ein Versicherungsvertreter, der noch einen Abschluss braucht), aber irgendwas hat er mit Ihnen vor und Ihr Argwohn ist berechtigt.

Körperliche Fitness

Alle in diesem Buch vermittelten Techniken funktionieren. Sie sind allesamt auf der Straße erprobt worden, unter Stress, von Menschen wie Ihnen. Aber Techniken sind wertlos, wenn man sie nicht aggressiv und entschlossen einsetzt, wenn man nicht alles daransetzt, den Angreifer abzuwehren. Zwar empfehlen wir, die in diesem Buch vorgeführten Techniken zu erlernen und zu üben, bis sie auch unter Stress sauber gelingen, aber ehrlich gesagt ist es wichtiger, einen starken Kampfgeist zu entwickeln. Kampfgeist ohne Technik hat einen Nutzen; Technik ohne Kampfgeist hat keinen.

Tun Sie sich einige der Stressübungen an, die in diesem Buch beschrieben sind. Oder suchen Sie sich eine Krav-Maga-Schule in Ihrer Gegend (oder, falls es keine gibt, irgendeine Schule für echte, pragmatische, realitätsnahe Selbstverteidigung) und machen Sie dort Stressübungen mit.

Wenn Sie glauben, Sie seien von Natur aus nicht aggressiv, irren Sie sich. Und das behaupten wir, ohne Sie je gesehen zu haben. In jedem Menschen steckt etwas Aggressivität. Vielleicht fehlt Ihnen der Ansporn, sich selbst zu verteidigen. Dann stellen Sie sich vor, Ihre Tochter, Ihr Sohn oder Ihre Mutter würde angegriffen. Stellen Sie sich vor, was einem geliebten Menschen zustößt, wenn Sie den Angreifer nicht stoppen. Kämpfen Sie für sich. Kämpfen Sie für jemanden. Für wen auch immer – kämpfen Sie.

GRUNDLAGEN

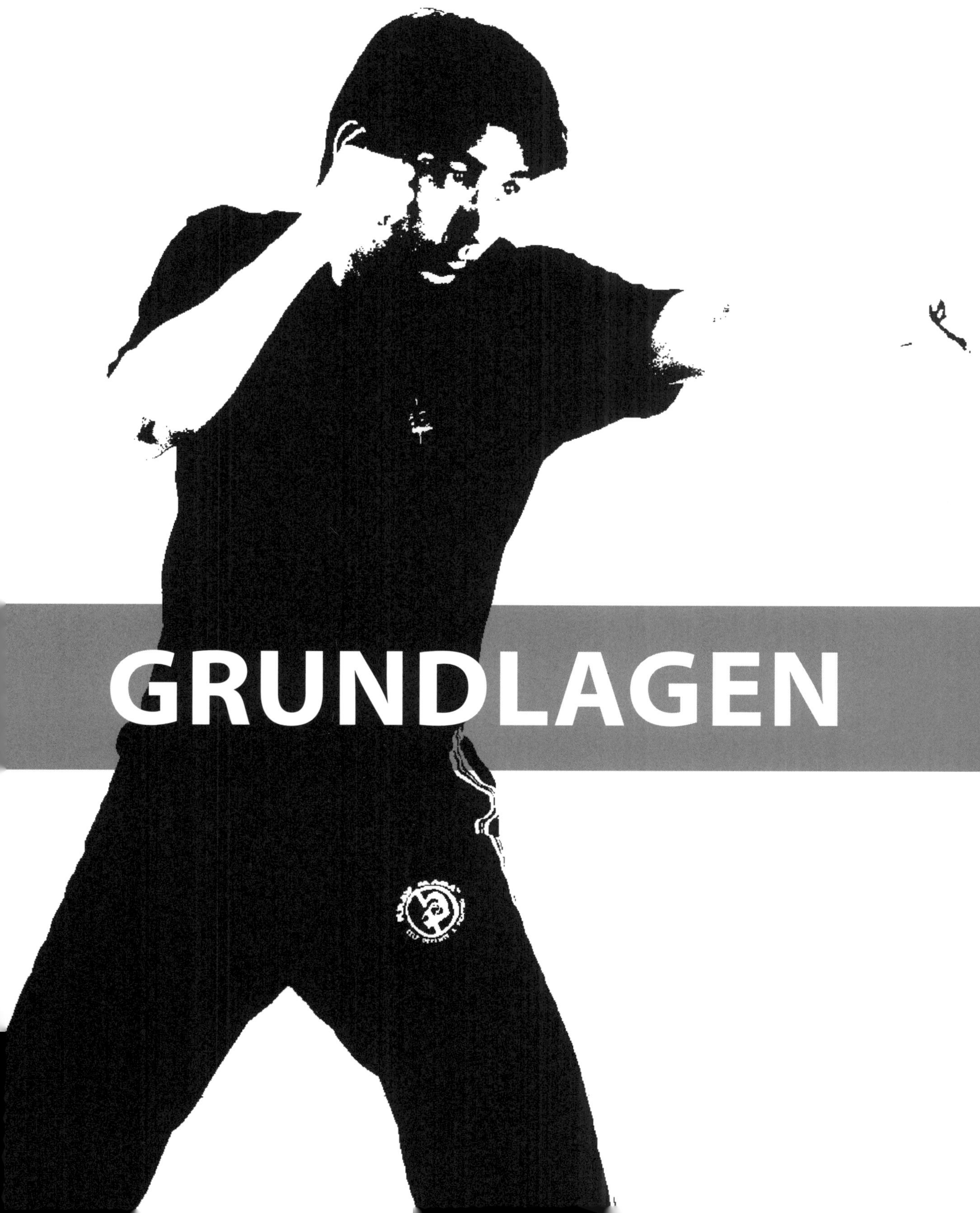

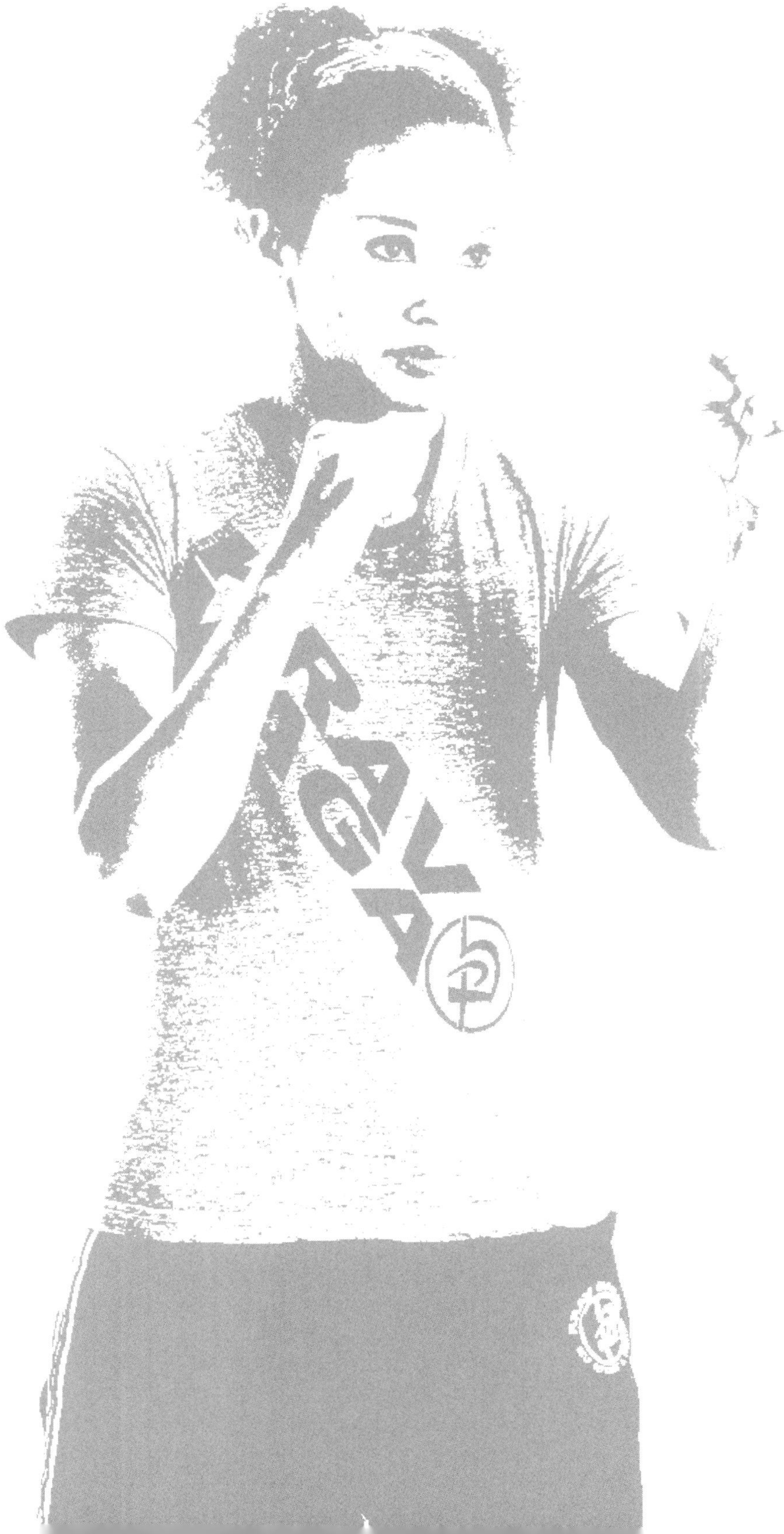

Übersicht: Aufwärmen

Bevor Sie Krav Maga erlernen, müssen Sie Ihren Körper für die anstehende Belastung vorbereiten. Denken Sie an die folgenden zwei Krav-Maga-Prinzipien:

Krav-Maga-Prinzip Nr. 1: Heil nach Hause kommen. Dieses Prinzip gilt ebenso für das Krav-Maga-Training wie für das Überstehen eines gewalttätigen Angriffs. Also: Wärmen Sie sich auf, dann kommen Sie heil nach Hause.

Krav-Maga-Prinzip Nr. 2: Trainingssicherheit. Im Krav-Maga-Training üben wir mit realistischen Szenarien und realistischer Intensität. Wenn Ihr Körper nicht auf diese Strapazen vorbereitet oder die Trainingsumgebung unsicher ist, könnten Sie sich verletzen und damit gegen das Krav-Maga-Prinzip Nr. 1 verstoßen. Gegen Prinzipien verstoßen wir nie und nimmer, also wärmen Sie sich bitte auf!

Im Folgenden lernen Sie drei Aufwärmtechniken kennen: Schattenboxen, Gelenkmobilisation und Aufwärmbewegungen.

1. Schattenboxen

Zunächst geht es beim Aufwärmen darum, die Körperkerntemperatur anzuheben und sich körperlich und mental auf das Training vorzubereiten. Eine erhöhte Körperkerntemperatur verringert das Verletzungsrisiko und steigert die Leistung. Kampf ist etwas Dynamisches und verlangt Bewegung von Punkt A zu Punkt B. Deshalb sollte auch das Aufwärmtraining dynamisch sein.

Schattenboxen ist eine der besten Methoden, sich aufzuwärmen und gleichzeitig bestimmte Bewegungsabläufe einzuüben, die im Kampf gebraucht werden. Außerdem werden Gleichgewichtssinn, Standfestigkeit, Koordination und Muskelkraft geschult. In Kampfstellung muss man immer die Balance halten zwischen Schnelligkeit und der zum Kontern nötigen Stabilität. Ziel ist es, bei jeder Fußbewegung die korrekte Körperhaltung zu bewahren. Das ist Übungssache und daher eignet sich Schattenboxen so gut zum Aufwärmen. Fangen Sie mit gemächlichem Tempo an und steigern Sie langsam den Schwierigkeitsgrad, indem Sie an Technik, Tempo und Bewegung zulegen. Auf Seite 43 finden Sie die Grundstellungen und -bewegungen ausführlich beschrieben.

2. Gelenkmobilisation

Beim Aufwärmen erweitern wir auch die dynamische Beweglichkeit und den Spielraum Ihrer Muskeln und Gelenke, damit diese für die anstehende Belastung durch Krav-Maga-Techniken bereit sind. Da unsere Dehnübungen Krav-Maga-Bewegungen nachahmen, haben Sie davon nicht nur den Nutzen eines traditionellen Aufwärmtrainings, sondern üben auch noch nützliche Bewegungsmuster ein.

3. Aufwärmbewegungen

Die Aufwärmbewegungen sind dazu gedacht, die dynamische Flexibilität zu erhöhen, den Gleichgewichtssinn und die Standfestigkeit zu fördern und den Körper auf sein Bewegungspensum vorzubereiten. Die Bewegungen können auf einer Stelle ausgeführt werden oder mit einem Zwischenschritt, der Bewegung im Raum ermöglicht. Jede Übung sollte auf jeder Seite fünfmal wiederholt werden.

Einfaches Schattenboxen mit Gewichtsverlagerung

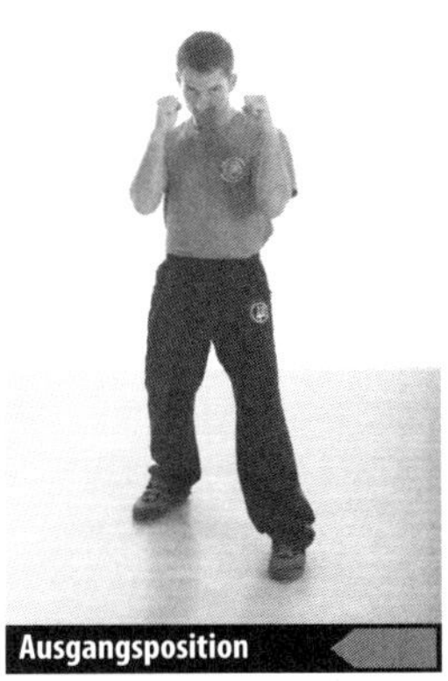

Ausgangsposition: einfache Kampfstellung, linkes Bein vorn.

1–2 Körpergewicht langsam vom vorderen Fuß auf den hinteren Fuß und zurück verlagern. Die Füße bleiben stehen. 30 Sekunden lang.

3–4 Gewicht von links nach rechts und zurück verlagern, immer hin und her. 30 Sekunden lang.

Dann beide Hin-und-her-Bewegungen kombinieren: vor, zurück, nach links, nach rechts – alles durcheinander. 1 Minute lang.

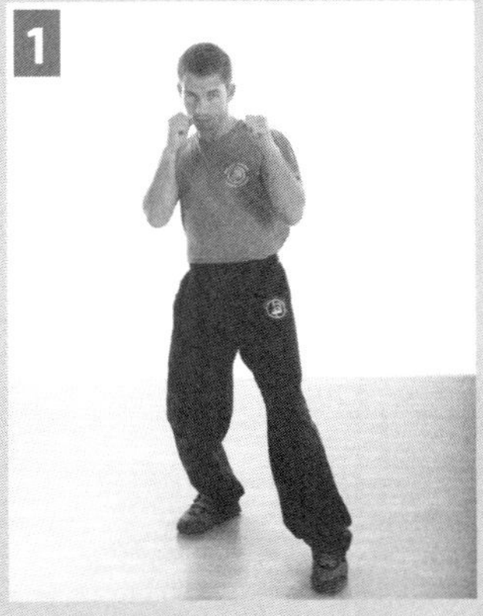

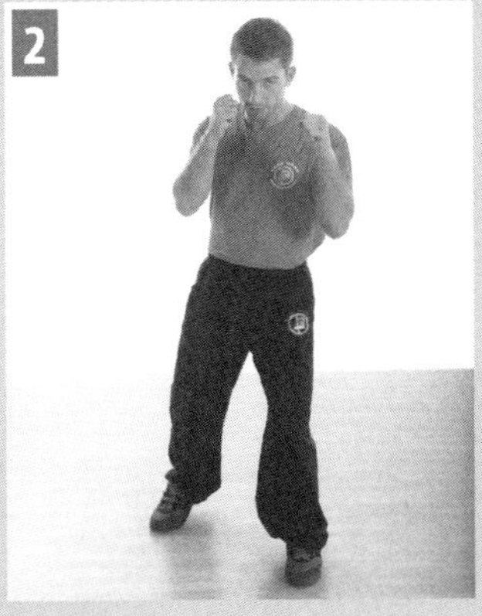

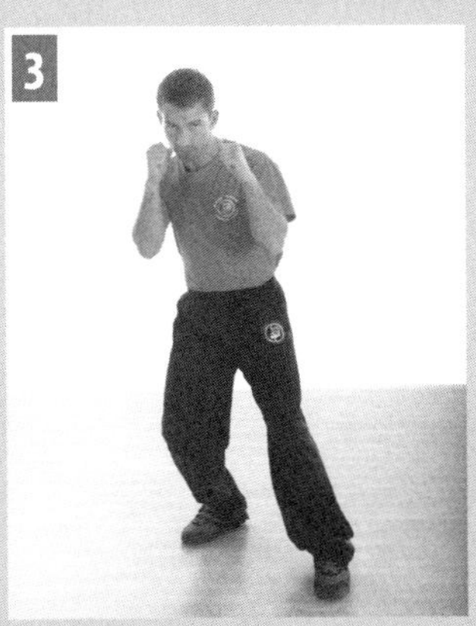

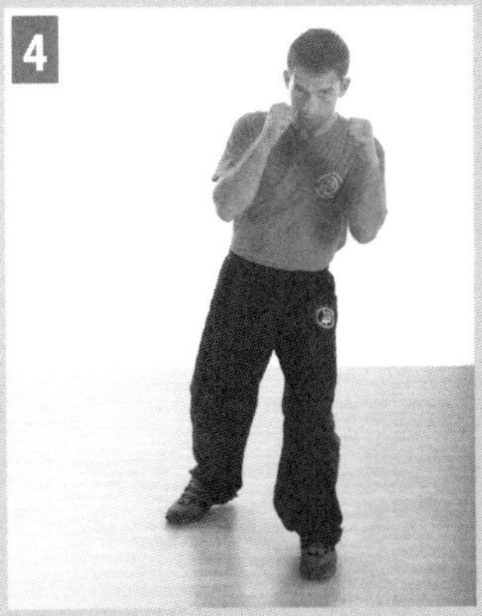

Einfaches Schattenboxen mit Bewegung

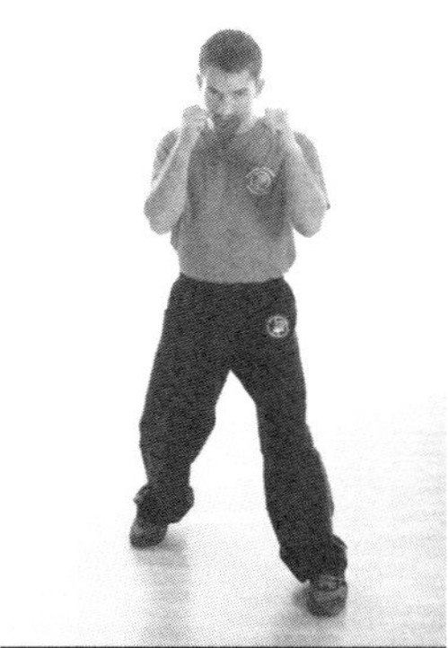

Ausgangsposition

Ausgangsposition: einfache Kampfstellung, linkes Bein vorn.

1 Kinn auf die Brust, Hände hoch. Gewicht auf den hinteren Fuß verlagern und mit dem vorderen Fuß einen Schritt nach vorn machen, sodass die Fußstellung erweitert wird.

2 Fußstellung schließen, indem der hintere Fuß ebenso weit nach vorn kommt.

3 Gewicht auf den rechten Fuß verlagern und mit dem linken Fuß einen Schritt nach links machen.

4 Fußstellung schließen, indem der rechte Fuß ebenso weit nach links kommt.

5 Gewicht auf den linken Fuß verlagern und mit dem rechten Fuß einen Schritt nach rechts machen.

6 Fußstellung schließen, indem der linke Fuß ebenso weit nach rechts kommt.

2 Minuten lang immer weiter nach vorn, nach links und nach rechts gehen. Dabei entspannen, atmen, Balance finden.

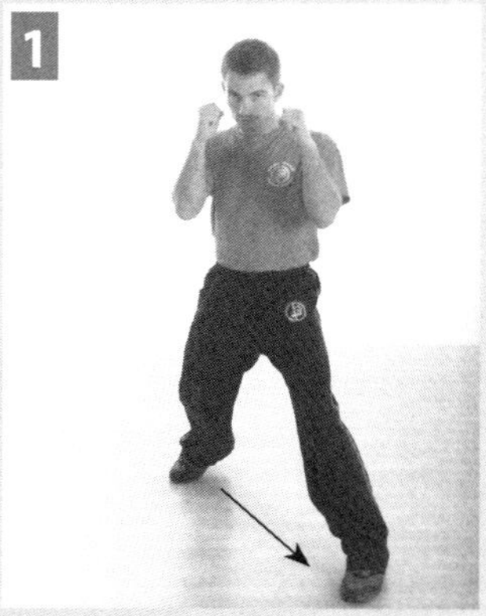

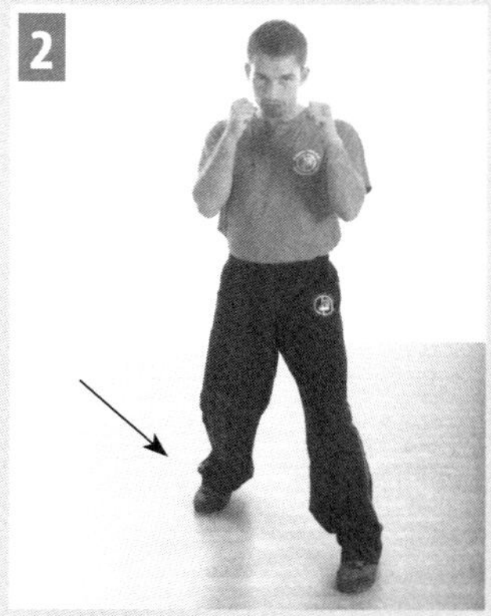

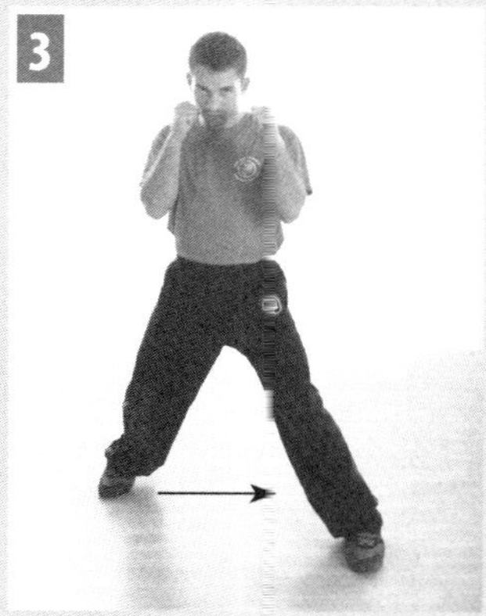

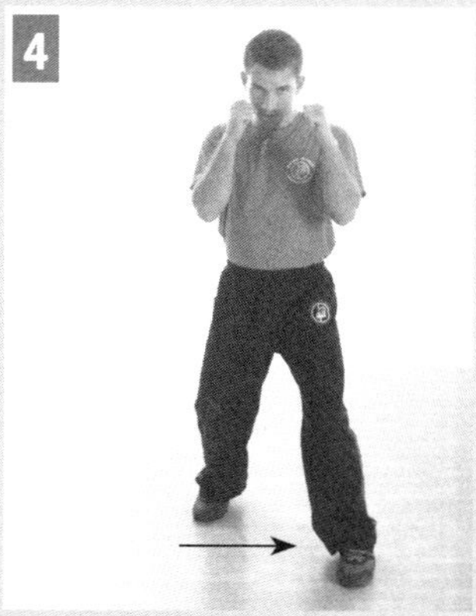

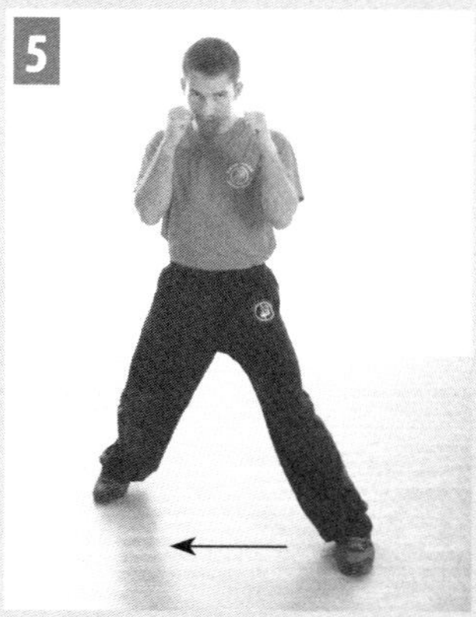

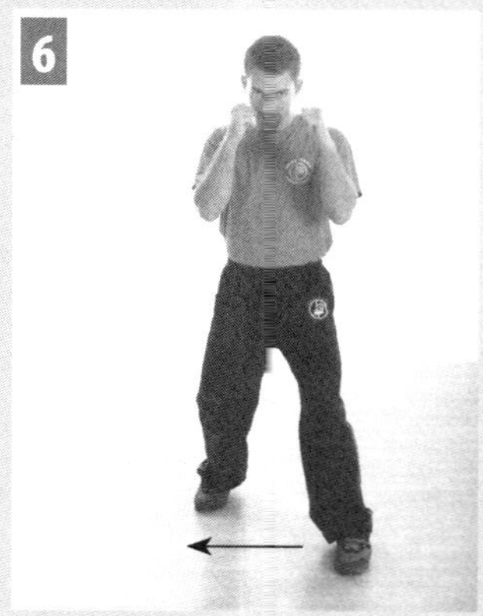

Halsrotation

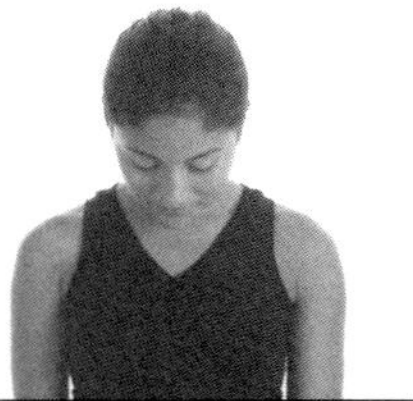
Ausgangsposition

Ausgangsposition: Füße hüftbreit auseinander, Kinn auf die Brust.

1 Den Kopf langsam im Halbkreis nach rechts rollen.

2 Den Kopf langsam im Halbkreis nach links rollen.

Mehrmals wiederholen.

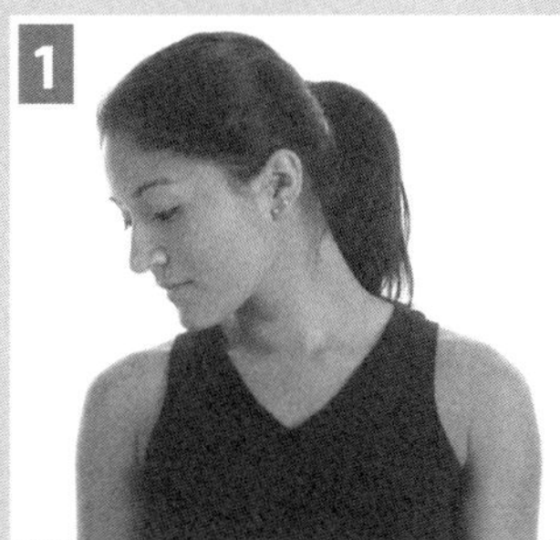
1

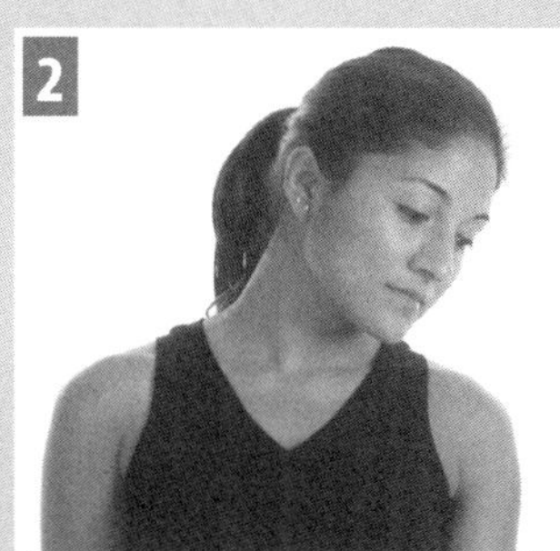
2

Schulterrotation

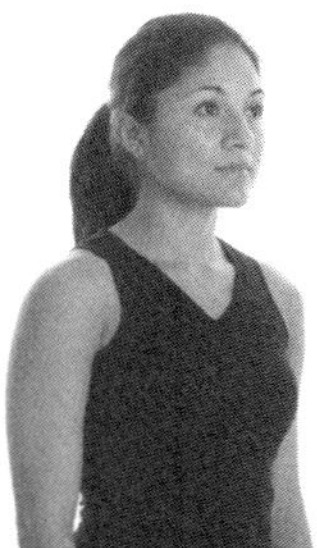
Ausgangsposition

Ausgangsposition: aufrechte Haltung.

1 Schultern hoch zu den Ohren ziehen.

2 Schultern nach vorn rollen und wieder nach unten in die Ausgangsposition bringen.

Schultern weiter aufwärts rotieren lassen. Mehrmals wiederholen.

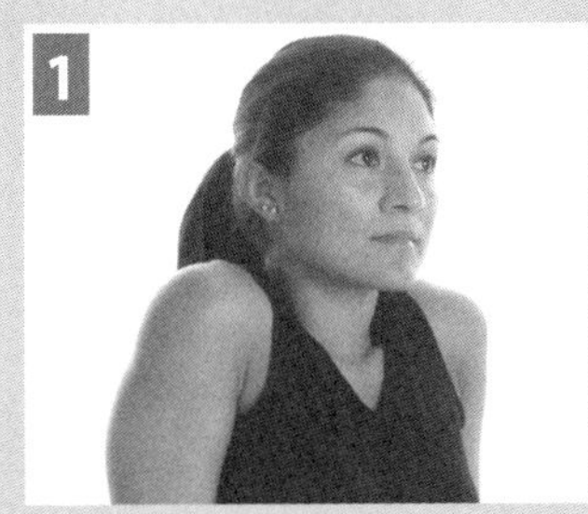
1

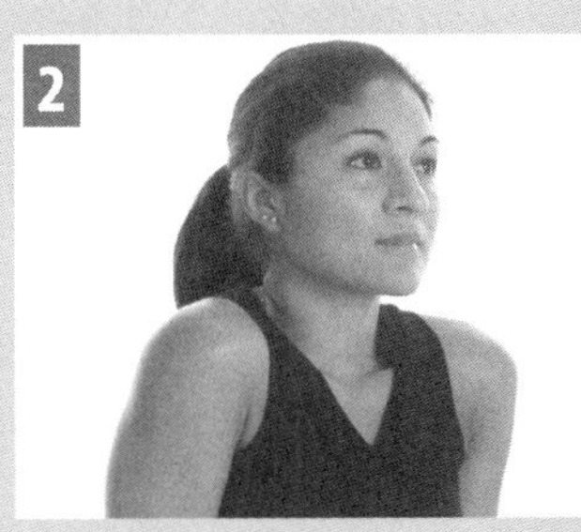
2

Rotation des Handgelenks

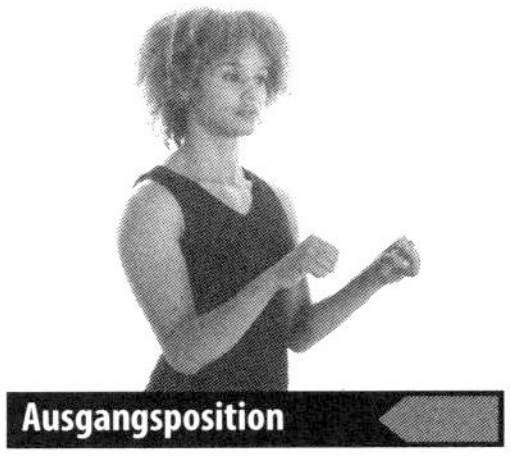

Ausgangsposition: aufrechte Haltung.

1 Handgelenke im Uhrzeigersinn rotieren lassen.

2 Handgelenke gegen den Uhrzeigersinn rotieren lassen.

Mehrmals wiederholen.

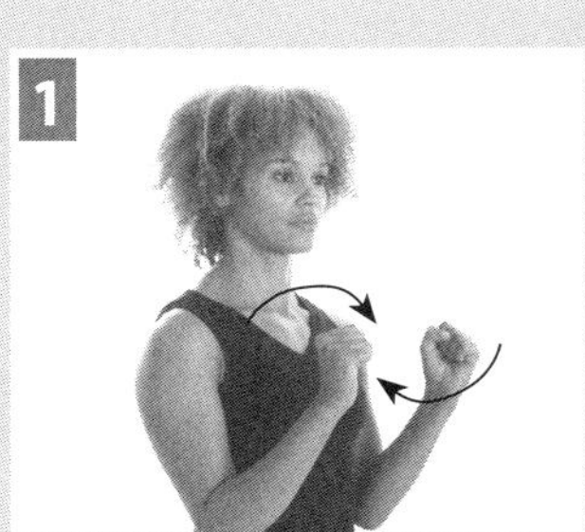

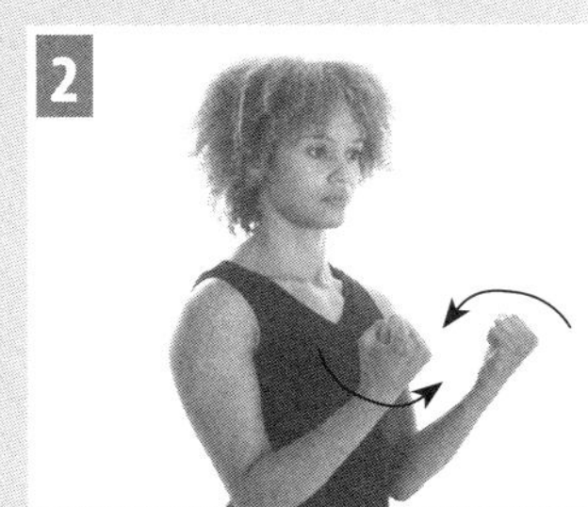

Beckenrotation

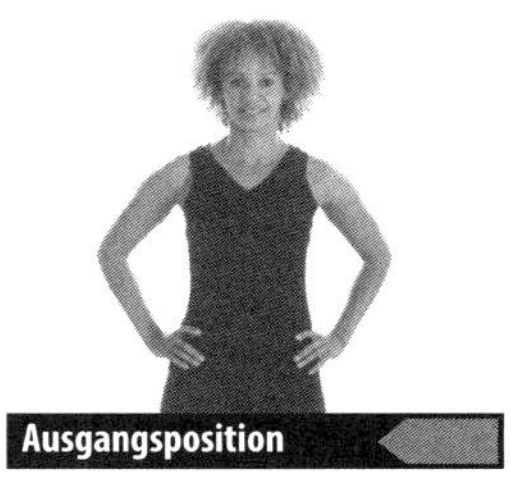

Ausgangsposition: Füße circa hüftbreit auseinander, Hände an die Hüften.

1 Becken im Uhrzeigersinn rotieren lassen.

2 Becken gegen den Uhrzeigersinn rotieren lassen.

In beide Richtungen mehrmals wiederholen.

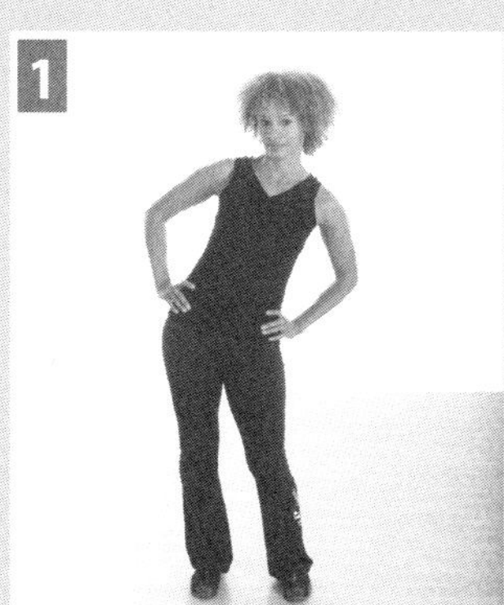

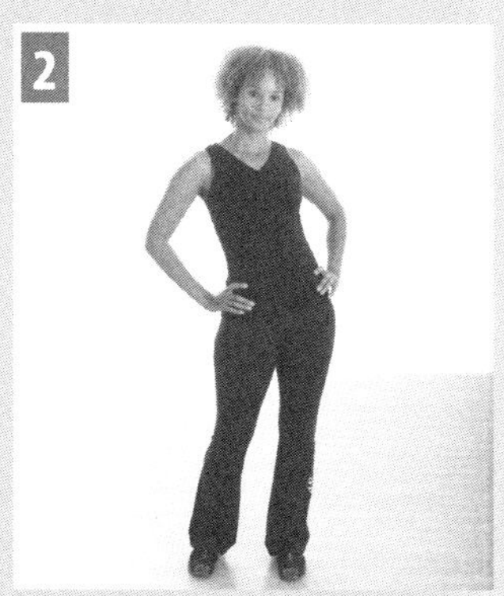

Rumpfrotation

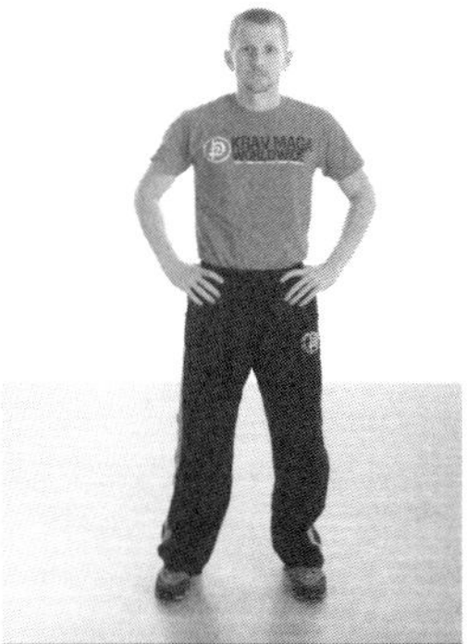
Ausgangsposition

Ausgangsposition: Füße circa hüftbreit auseinander, Hände an die Hüften, Knie leicht gebeugt.

1. Zuerst wird der Oberkörper nach rechts gebeugt, sodass der rechte Ellenbogen zum Boden zeigt.
2. Dann den Oberkörper langsam nach vorn und in die Mitte beugen, sodass der Kopf nach vorn zeigt.
3. Die Rotation fortführen, bis der Oberkörper nach links gebeugt ist.
4. Den Oberkörper weiter rotieren, bis er wieder in der Achse ist. Dabei den Rücken nicht überstrecken.

Mehrmals rechtsherum und linksherum wiederholen.

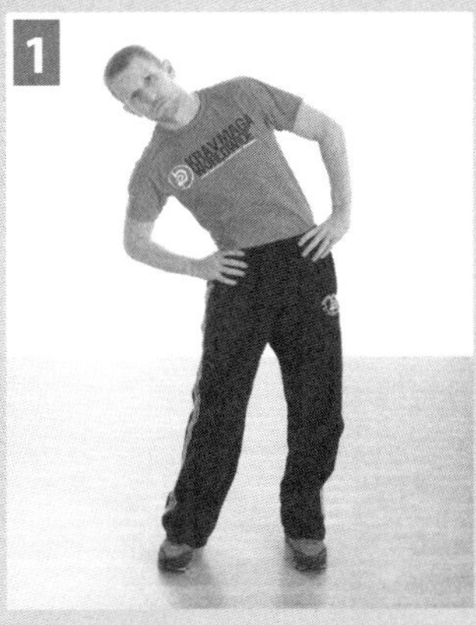
1

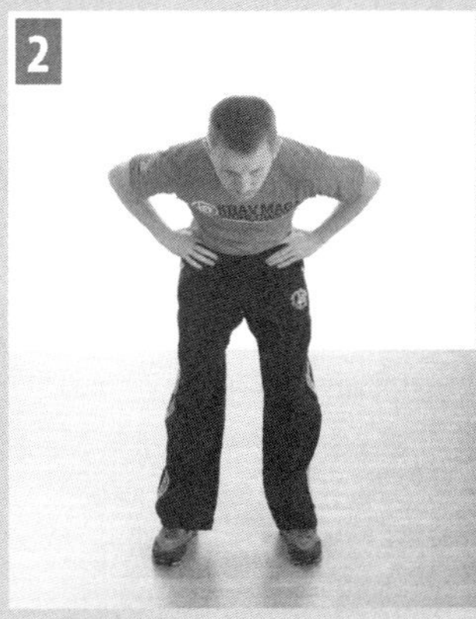
2

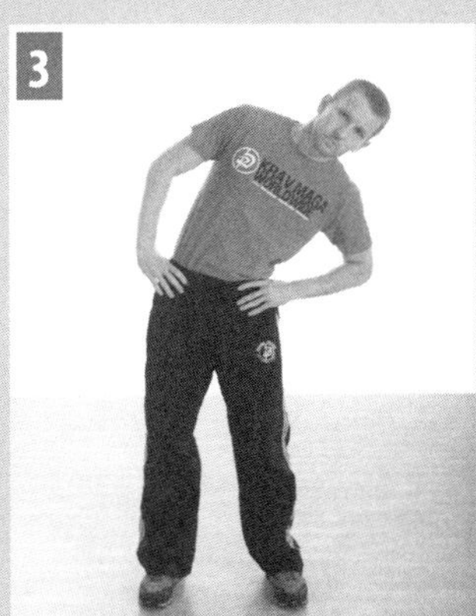
3

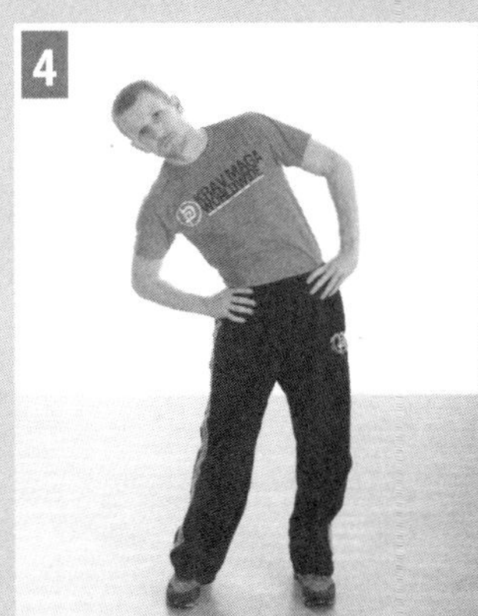
4

Knierotation

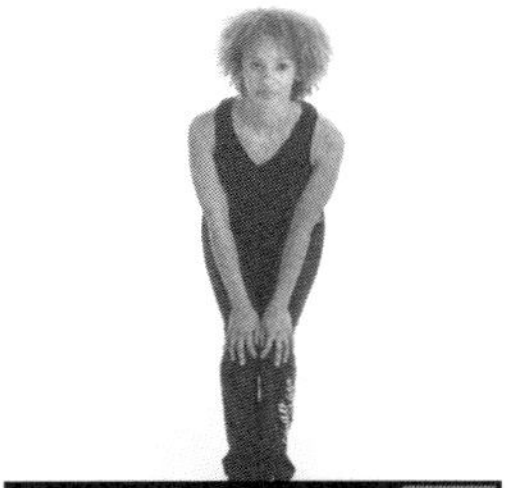

Ausgangsposition

Ausgangsposition: Füße zusammen, Knie leicht gebeugt, Hände liegen auf den Knien.

1 Knie im Uhrzeigersinn rotieren lassen.

2 Knie gegen den Uhrzeigersinn rotieren lassen.

In beide Richtungen mehrmals wiederholen.

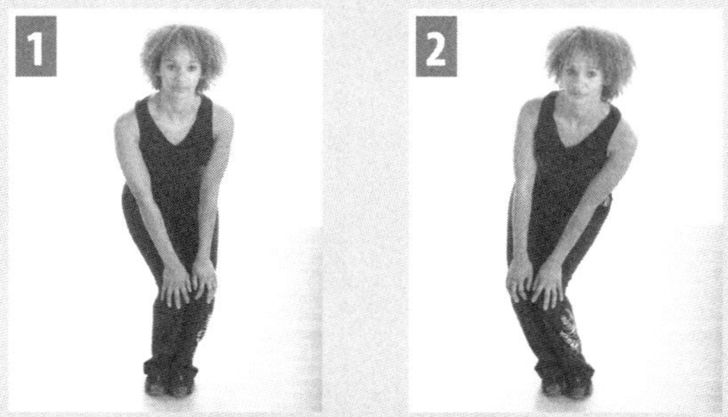

Rotation des Fußgelenks

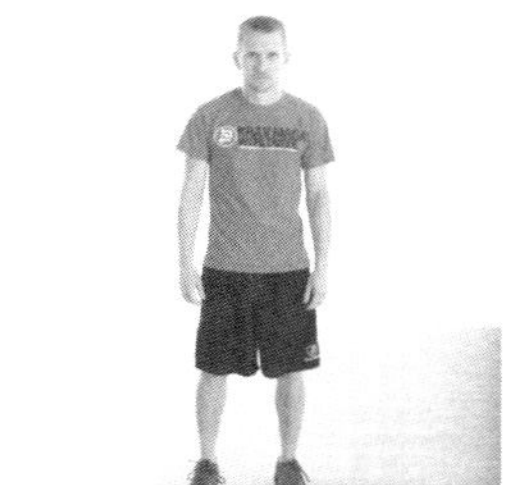

Ausgangsposition

Ausgangsposition: Füße circa hüftbreit auseinander.

1 Rechtes Knie auf Hüfthöhe anheben und den Fuß im Uhrzeigersinn drehen.

2 Knie oben lassen und den Fuß gegen den Uhrzeigersinn drehen.

Das Gleiche mit dem anderen Bein. Auf jedem Bein mehrmals wiederholen.

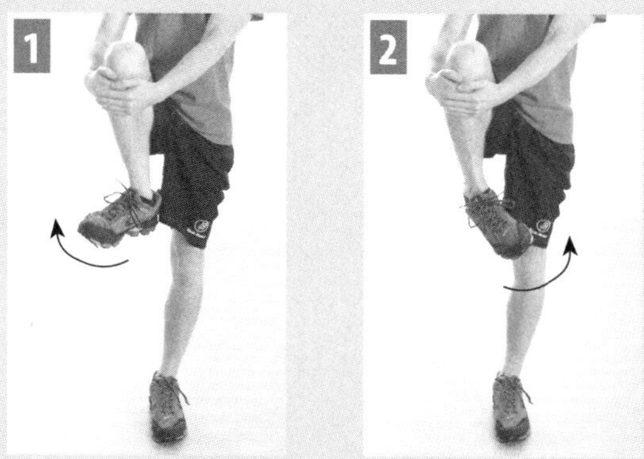

Knieheben

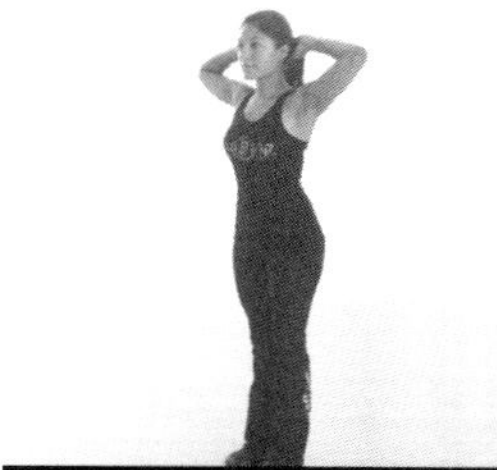
Ausgangsposition

Ausgangsposition: Füße circa hüftbreit auseinander, Hände am Hinterkopf.

1 Rechtes Knie auf Hüfthöhe heben, dabei die Zehen hochziehen. Hüft-, Knie- und Fußgelenk sollten im rechten Winkel gebeugt sein. Kurz innehalten.

Das Gleiche mit dem linken Bein. Mit jedem Bein viermal wiederholen.

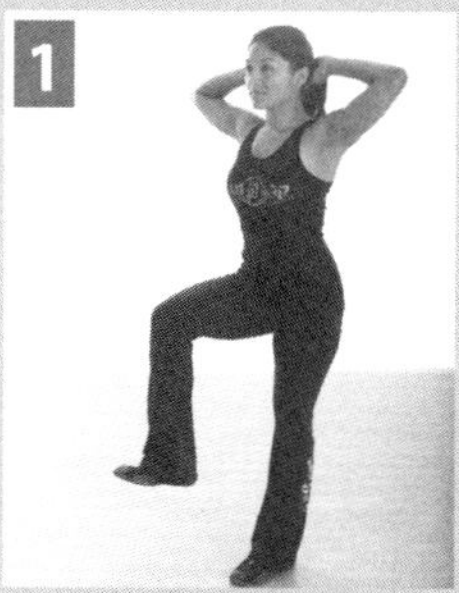
1

Knieheben mit Rotation

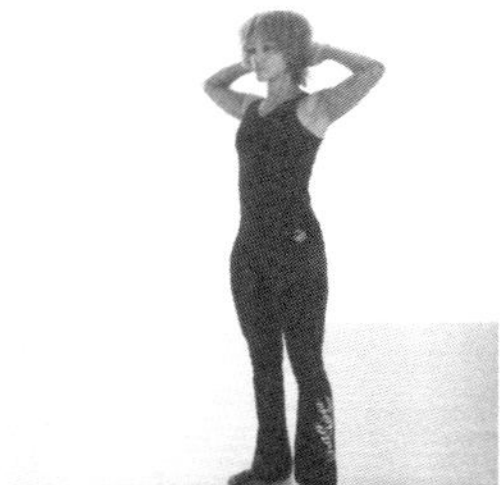
Ausgangsposition

Ausgangsposition: Füße circa hüftbreit auseinander, Hände am Hinterkopf.

1 Linkes Knie auf Hüfthöhe heben, Zehen hochziehen und den rechten Ellenbogen zum linken Knie hin drehen. Kurz innehalten.

Das Gleiche mit dem anderen Bein. Mit jedem Bein viermal wiederholen.

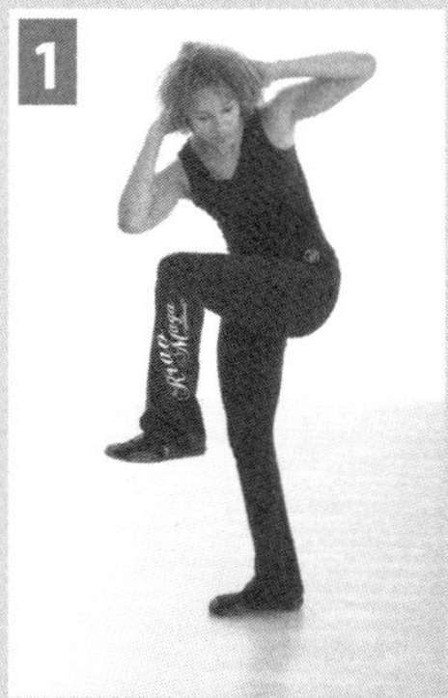
1

Ferse zum Po

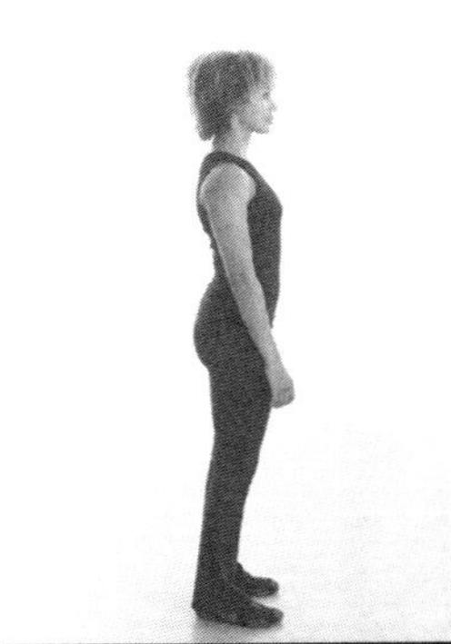

Ausgangsposition

Ausgangsposition: Füße circa hüftbreit auseinander.

1 Rechtes Bein mit der rechten Hand am Knöchel packen und die Ferse zum Po ziehen. Dabei aufrecht stehen bleiben und den Bauch einziehen.

Das Gleiche mit dem anderen Bein. Mit jedem Bein viermal wiederholen.

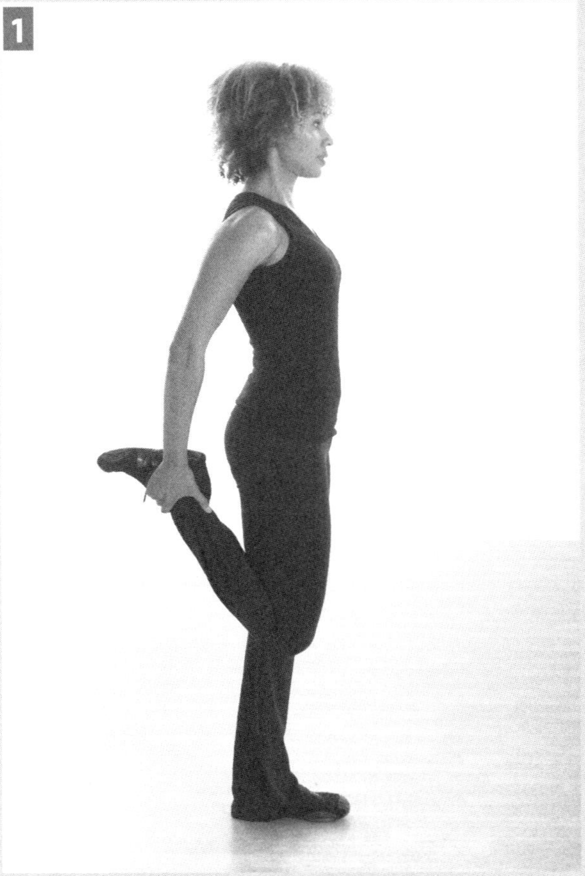

1

Defensiver Front-Kick (Balance/Dehnung)

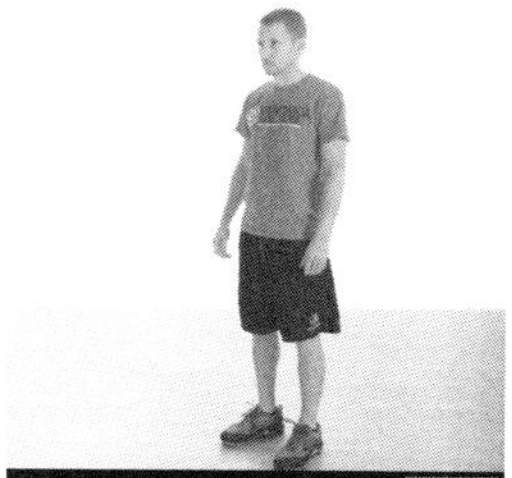
Ausgangsposition

Ausgangsposition: Füße circa hüftbreit auseinander.

1. Knie auf Hüfthöhe heben.
2. Bein ausstrecken und dabei die Zehen anziehen. Kurz innehalten.

Knie wieder anziehen beziehungsweise beugen und dann erst in die Ausgangsposition zurückkehren. Das Gleiche mit dem anderen Bein. Mit jedem Bein viermal wiederholen.

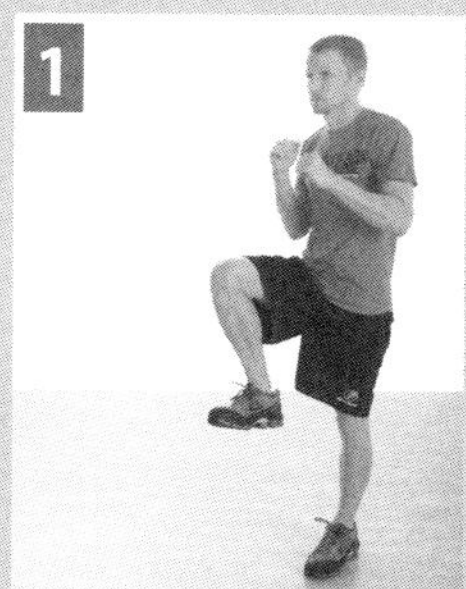
1

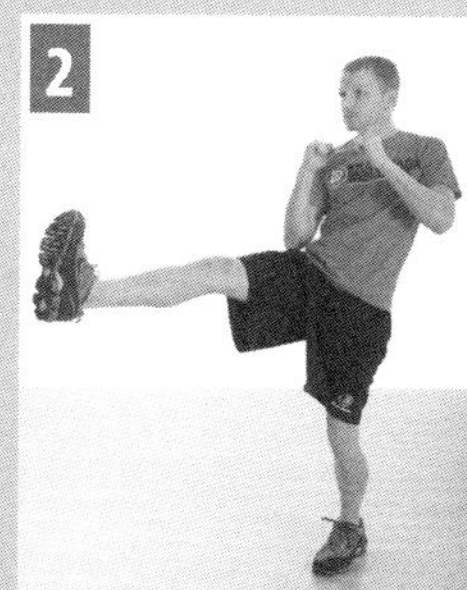
2

Tipp: Atmen Sie aus und ziehen Sie den Bauch leicht ein. So bleiben Wirbelsäule und Becken eher in der richtigen Haltung.

Defensiver Front-Kick (Schwung)

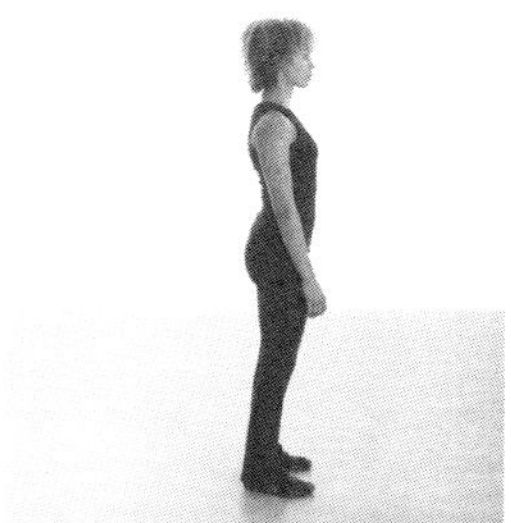
Ausgangsposition

Halten Sie Wirbelsäule und Becken neutral, während Sie dem Bein von Mal zu Mal mehr Schwung geben, sodass es immer höher kommt.

Ausgangsposition: Füße circa hüftbreit auseinander.

1. Ausatmen und Bauch einziehen, um aufrecht zu stehen. Bein so hoch heben wie möglich.

Langsam in die Ausgangsposition zurückkehren und das Gleiche mit dem anderen Bein machen. Mit jedem Bein viermal wiederholen.

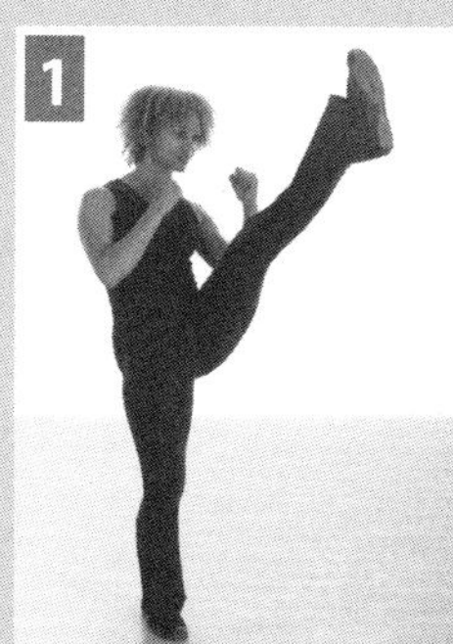
1

Back-Kick (Kippen)

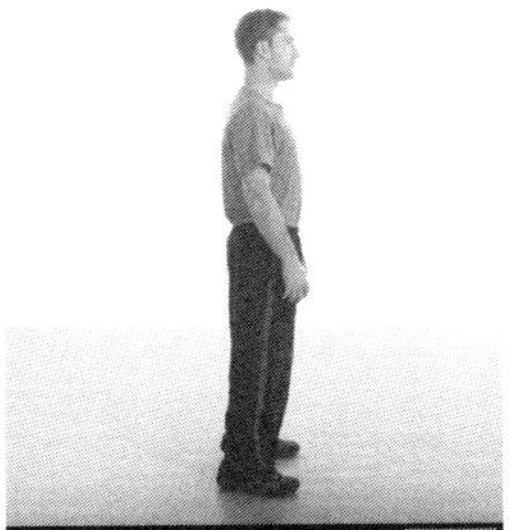

Ausgangsposition

Ausgangsposition: Füße circa hüftbreit auseinander.

1 Wirbelsäule gerade halten. Rechte Ferse heben und dabei den Oberkörper nach vorn kippen. Das angehobene Bein bildet das Gegengewicht zum Oberkörper. Bein ausstrecken, bis es Taillenhöhe erreicht. Kurz innehalten.

In die Ausgangsposition zurückkehren und die Seite wechseln. Auf beiden Seiten viermal wiederholen.

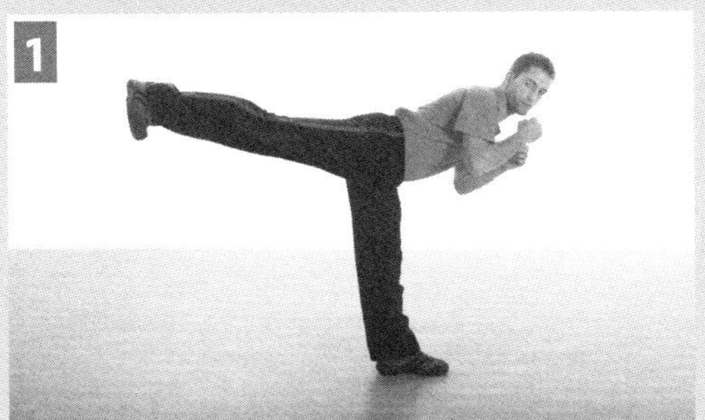

1

Back-Kick (Schwung)

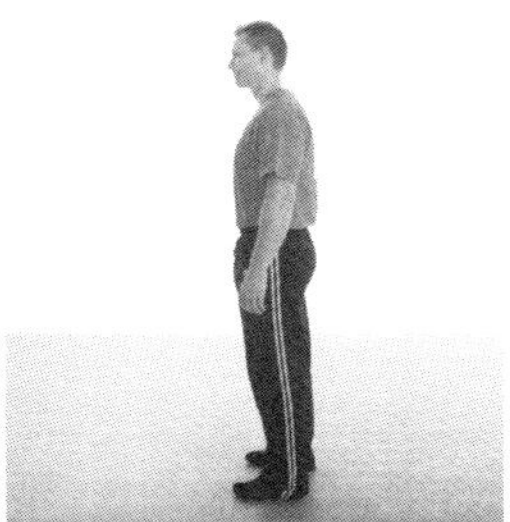

Ausgangsposition

Ziel dieser Übung ist, Wirbelsäule und Becken gerade zu halten, während Sie dem Bein von Mal zu Mal mehr Schwung geben.

Ausgangsposition: Füße circa hüftbreit auseinander.

1 Wirbelsäule gerade halten. Linke Ferse emporschnellen lassen und dabei den Oberkörper nach vorn kippen. Das Bein macht eine Schwungbewegung und stoppt ab, bevor die Ferse sich dem Körper nähert.

In die Ausgangsposition zurückkehren und die Seite wechseln. Auf beiden Seiten viermal wiederholen.

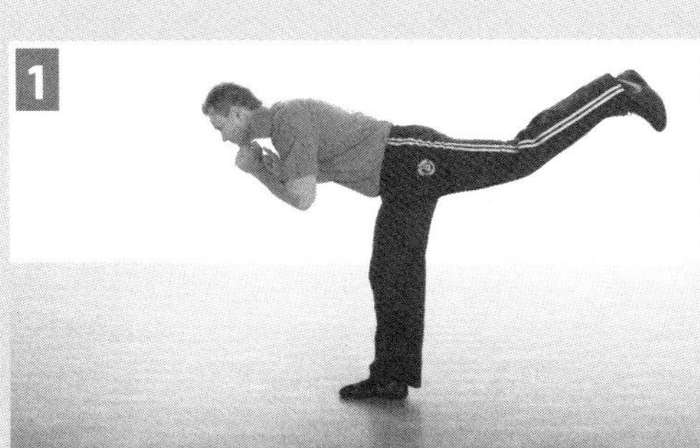

1

Ausfallschritt (Dehnung)

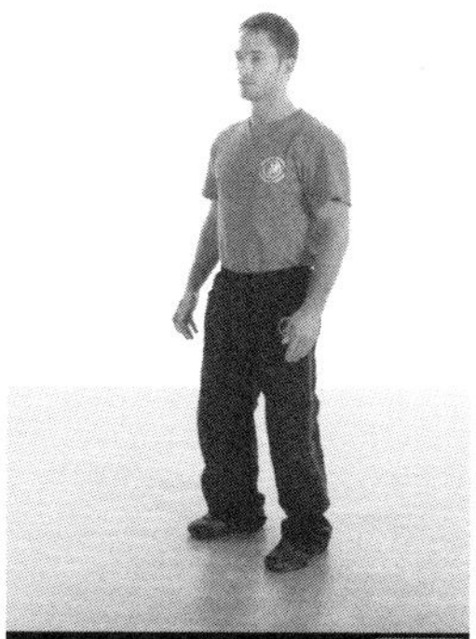

Ausgangsposition

Ausgangsposition: Füße circa hüftbreit auseinander.

1 Mit dem rechten Fuß einen großen Schritt nach vorn machen und dabei so tief hinuntergehen, dass das Knie einen rechten Winkel bildet.

2 Das vordere Bein vom Boden abstoßen, um wieder in die Ausgangsposition zurückzukehren. Dabei darf sich der Oberkörper leicht nach vorn neigen, solange die Wirbelsäule gestreckt bleibt.

Seite wechseln. Auf beiden Seiten viermal wiederholen.

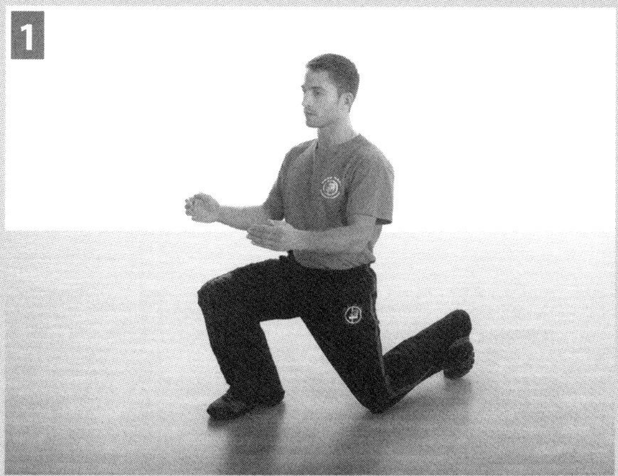

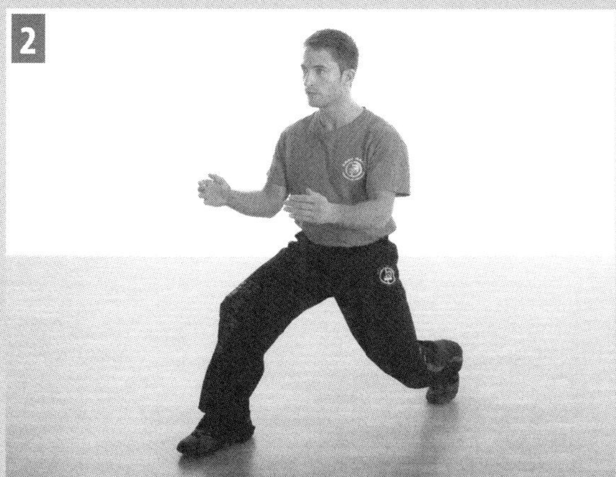

Aufwärmbewegung

Ausfallschritt mit Rumpfrotation

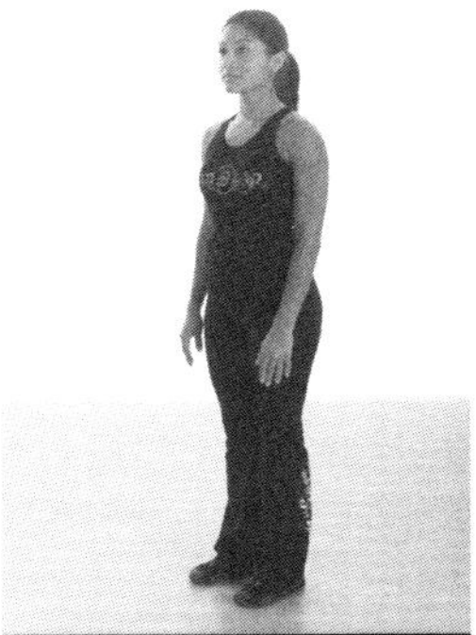

Ausgangsposition

Ausgangsposition: Füße circa hüftbreit auseinander.

1 Arme ausstrecken, Finger verschränken, Zeigefinger strecken (Pose wie in dem Film *Drei Engel für Charlie*). Mit dem linken Fuß einen großen Schritt nach vorn machen und dabei so tief hinuntergehen, dass das vordere Knie einen rechten Winkel bildet.

2 Im Ausfallschritt den Oberkörper nach links drehen (wie das Kanonenrohr auf einem Panzer).

Oberkörper wieder zur Mitte drehen, dann das vordere Bein vom Boden abstoßen, um wieder in die Ausgangsposition zurückzukehren. Seite wechseln Auf beiden Seiten viermal wiederholen.

1

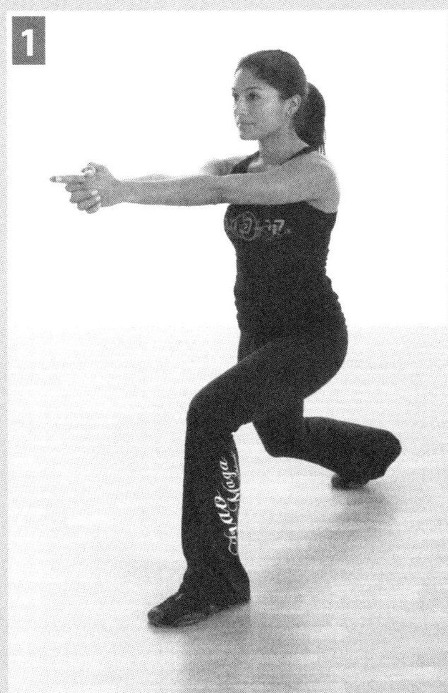

2

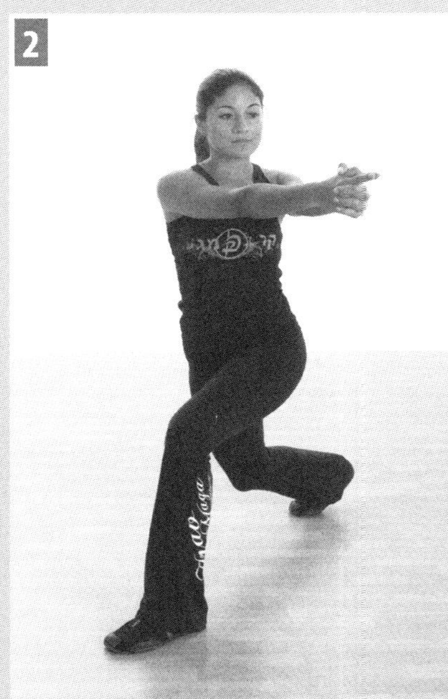

Aufwärmbewegung

Ausfallschritt zur Seite und in den einbeinigen Stand

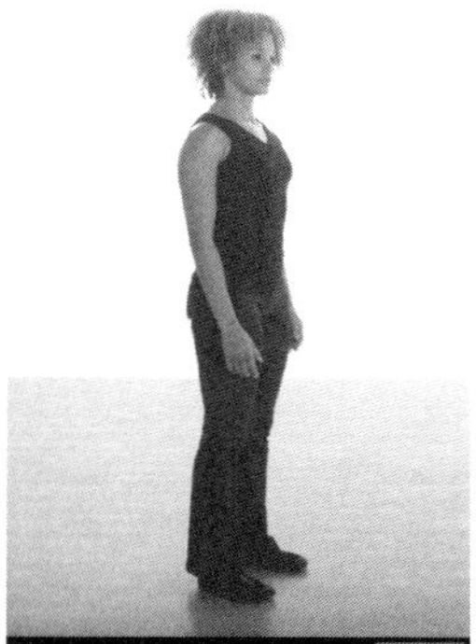

Ausgangsposition

Ausgangsposition: Füße circa hüftbreit auseinander.

1 Mit dem linken Fuß einen großen Schritt nach links machen und dabei so tief hinuntergehen, dass das Knie einen rechten Winkel bildet. Kurz innehalten. Wirbelsäule gestreckt lassen; es ist normal, den Po etwas nach hinten zu schieben, um das Gleichgewicht zu halten.

2 Das rechte Bein vom Boden abstoßen, um auf dem linken Bein zum Stehen zu kommen.

3 Das rechte Knie bis auf Taillenhöhe anheben, sodass Knie- und Fußgelenk einen rechten Winkel bilden.

Kurz innehalten, dann den Fuß absetzen. Seite wechseln.

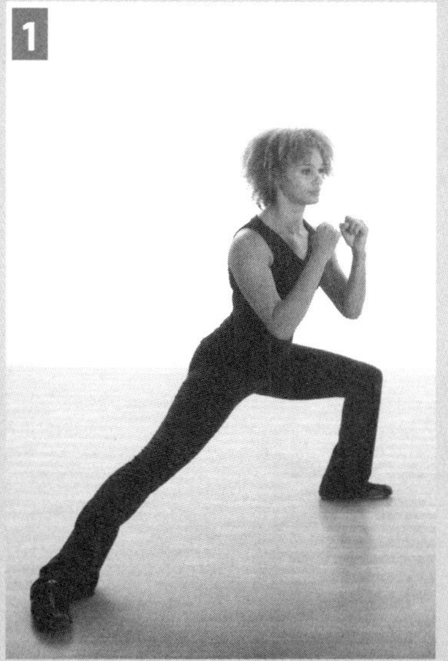

1

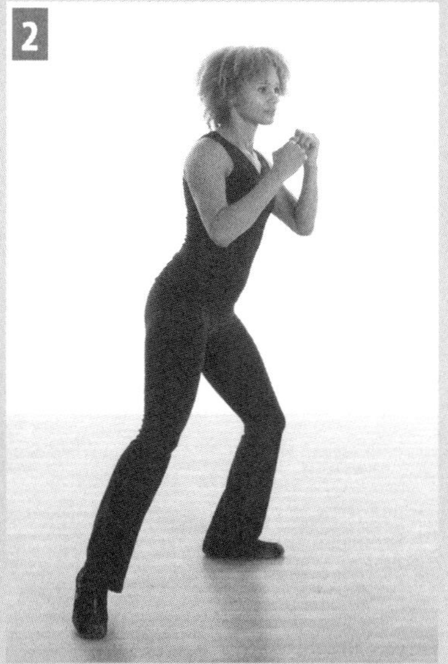

2

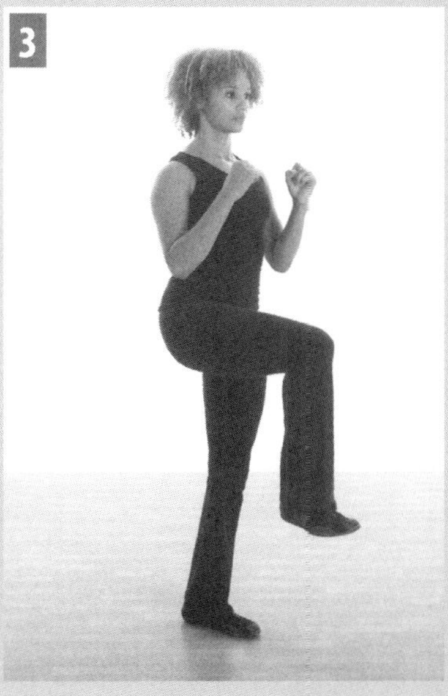

3

Großes Finale – Dreierkombination

Diese Übung besteht aus drei Bewegungen. Sie sollten langsam ausgeführt werden, mindestens sechs Beats pro Bewegung. Nehmen Sie sich Zeit für die Dreierkombination und spüren Sie bei jeder Bewegung die Dehnung. Beginnen Sie mit insgesamt fünf Wiederholungen.

Langsamer Sprawl

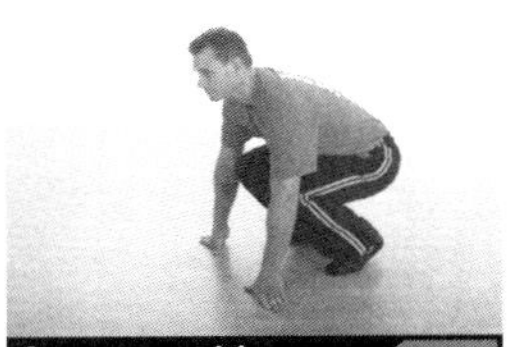
Ausgangsposition

Ausgangsposition: Hocke mit erhobenem Kopf, Hände vor den Füßen auf den Boden gestützt, mit auswärts zeigenden Fingern.

1 Mit den Füßen nach hinten hüpfen.

2 Das Becken langsam zu Boden sinken lassen, Taille aufrichten, Schultern nach hinten und nach unten richten.

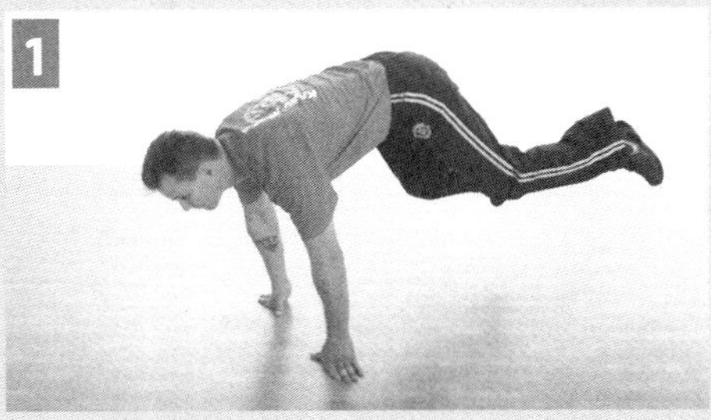

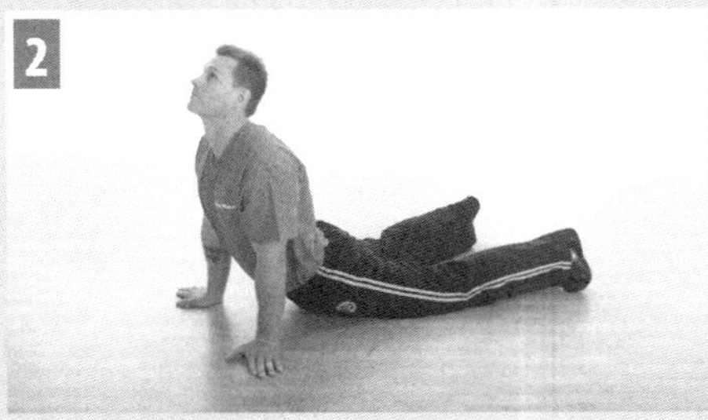

Bullenpose

Wer Yoga betreibt, kennt diese Pose als »herabschauender Hund«.

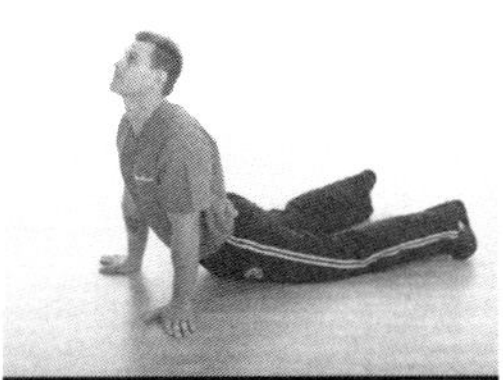
Ausgangsposition

Ausgangsposition: Endposition des langsamen Sprawls.

1 Becken nach hinten und nach oben schieben, Finger nach vorn richten und spreizen. Hände gegen den Boden stemmen und die Schultern von den Ohren wegbewegen. Brustkorb in Richtung Oberschenkel ziehen und das Becken nach hinten schieben. Kurz innehalten und die Dehnung spüren. Wirbelsäule gestreckt lassen, vom Steißbein bis zum Scheitel.

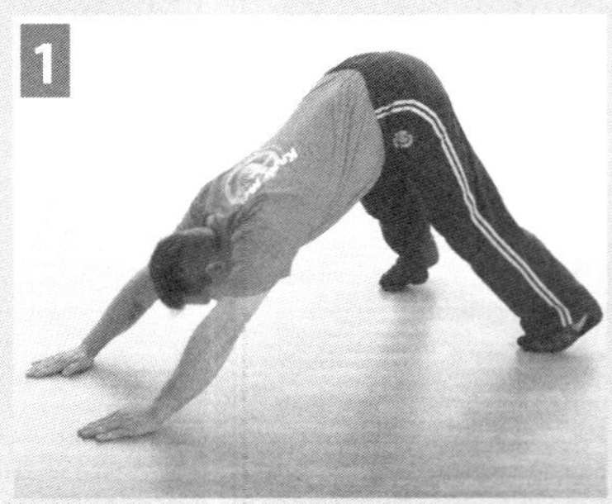

Raupe

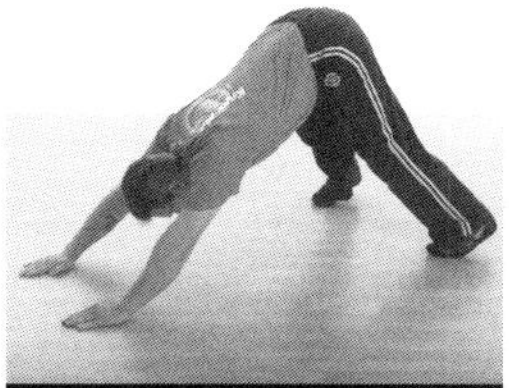
Ausgangsposition

Ausgangsposition: Bullenpose.

1 Mit den Händen kleine Schritte in Richtung der Füße machen. Dabei die Dehnung in den Waden und in der Oberschenkelrückseite spüren.

2–3 An der Grenze der Dehnung die Knie leicht beugen und den Oberkörper langsam und Stück für Stück aufrichten.

1
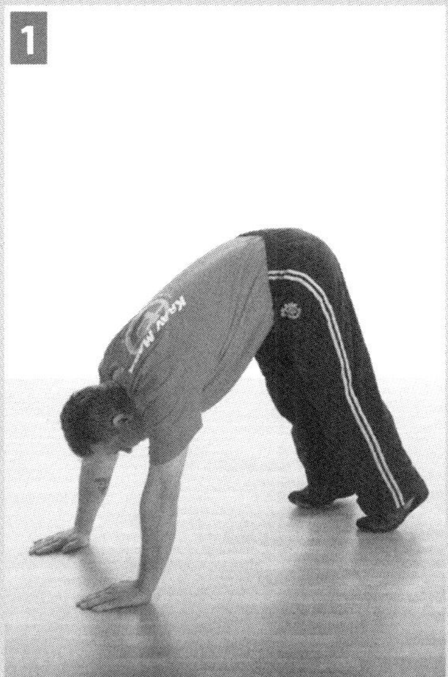

2
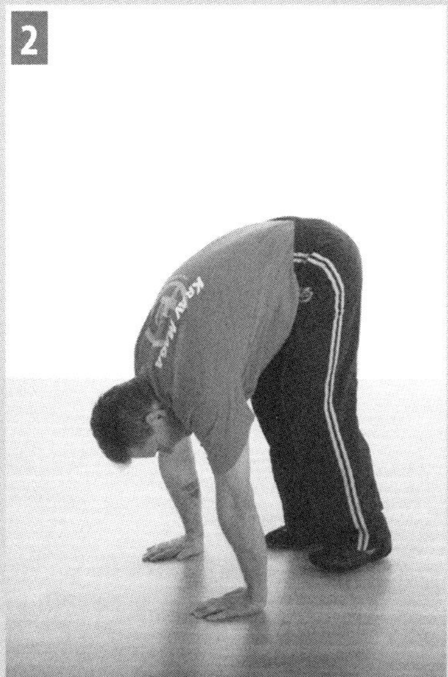

3
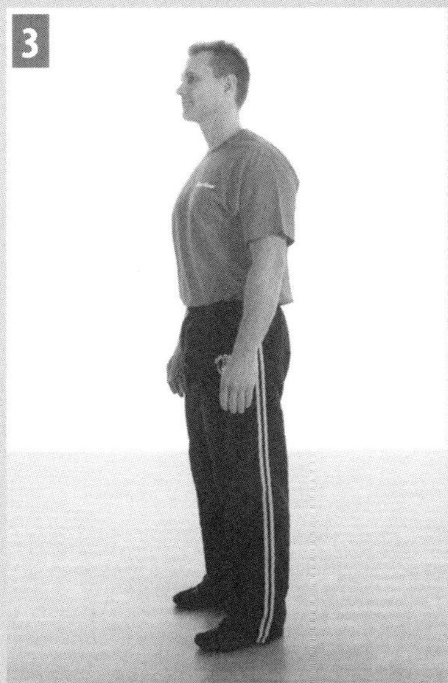

Fitness

Das Kraft-Ausdauer-Trainingsprogramm *Krav-FIT* ist dazu gedacht, die allgemeine Fitness von Anfängern zu verbessern und gleichzeitig mit »versteckten Wiederholungen« Bewegungsmuster einzuüben, die für das Kampftraining gebraucht werden. Eine normale Trainingseinheit umfasst Folgendes: Aufwärmen (10–15 Minuten), Haltungsübungen (5 Minuten), Zirkeltraining (zum Beispiel 15–25 Minuten Krav-FIT), anschließend Cool-down mit Haltungs- und Atemübungen.

Vor dem täglichen Krav-Maga-Training sollte man dem Körper unbedingt einen Referenzpunkt für die Muskellänge und die Körperhaltung geben. Das erreicht man am besten mit korrekt ausgeführten Haltungsübungen, die nebenbei auch noch weitverbreitete Wirbelsäulenfehlstellungen korrigieren. Wir empfehlen, die Haltungsübungen vor dem Spiegel zu verrichten, um visuelles Feedback zu erhalten. So können Sie Fehlstellungen oder Krümmungen der Wirbelsäule erkennen.

Ziel des Muskeltrainings ist es, die für ein erfolgreiches Krav-Maga-Training notwendige Kraft und Kraftausdauer auszubilden. Bei der Ausführung sollte man auf die richtige Technik achten, um Verletzungen zu vermeiden. Lesen Sie daher die Anweisungen sorgfältig. Um zu Hause trainieren zu können, sollten Sie sich Fitnessbänder oder -schläuche, eine Matte und einen Schlingentrainer zulegen. Auch eine Stoppuhr kann nützlich sein.

Dieses Programm kann zusätzlich zum Erlernen von Krav-Maga-Techniken absolviert werden oder auch zwischen den Krav-Maga-Trainingstagen, je nachdem, wie viel Zeit und Energie Sie haben. Seit Jahrhunderten praktizieren Krieger diese Art von Muskeltraining ohne Geräte – Zeit für Sie, mit Krav-FIT Ihren inneren Krieger zu wecken.

Krav-FIT Workout-Challenge

Hier ist das Krav-FIT-Trainingsprogramm (FIT steht für *Funktionelles Intervall-Training*), das nur nach den Aufwärmübungen (Seiten 41 bis 57) absolviert werden sollte. Beginnen Sie mit Stufe 1. Nehmen Sie sich vor, immer die vorgeschriebene Anzahl an Wiederholungen mit richtiger Technik durchzuführen und erst nach Abschluss des gesamten Trainings auszuruhen. Als Anfänger dürfen Sie allerdings nach Bedarf Pausen einlegen. Aber bleiben Sie möglichst in Bewegung. Wenn Sie ein paar Wochen lang auf Stufe 1 trainiert haben und sich fordern wollen, ist es Zeit für Stufe 2.

Halten Sie sich an diese einfachen Regeln:

1) *Oberste Krav-FIT-Regel: Wer A sagt, muss auch B sagen.* Anders ausgedrückt: Beenden Sie, was Sie anfangen. Wenn Sie beispielsweise in Stufe 3 mit 20 Wiederholungen (Wh) anfangen, sollten Sie die ganze Runde (Rd) mit dieser Wiederholungszahl durchhalten.

2) *So schnell wie möglich die Runde vollenden und neu beginnen.*

ÜBUNG	**SEITE**	**STUFE 1** *8 Wh x 2 Rd*	**STUFE 2** *12 Wh x 3 Rd*	**STUFE 3** *20 Wh x 4 Rd*
Schattenboxen	66	2 Min./Rd	3 Min./Rd	5 Min./Rd
Sprawl	65			
Liegestütz	63			
Schulterdrücken	62			
Rudern	63	60 Grad	90 Grad	90 Grad
Kniebeuge	64			
Curls	62			
Liegestütz statisch	61			
Brücke	61	30 Sek. halten	1 Min. halten	2 Min. halten
Plank	64	30 Sek. halten	1 Min. halten	2 Min. halten
Seilspringen	66	50 vor-/50 rückwärts	100 vor-/100 rückwärts	150 vor-/150 rückwärts

Aufrechter Stand

Wirkt auf: Haltung von Hals, Schultern, Rücken

Haltung: aufrechter Stand mit schulterbreit gestellten Füßen. Füße parallel ausrichten und das Gewicht gleichmäßig auf beide Füße sowie auf die rechte, linke, vordere und hintere Körperseite verteilen. Knie entspannen und die Schienbeine leicht nach vorn kommen lassen.

Hände weit geöffnet lassen und mit nach vorn gedrehten Handflächen nach unten zu den Knien strecken.

Brustkorb öffnen und die gesamte Wirbelsäule strecken. »Öffnen und strecken« denken.

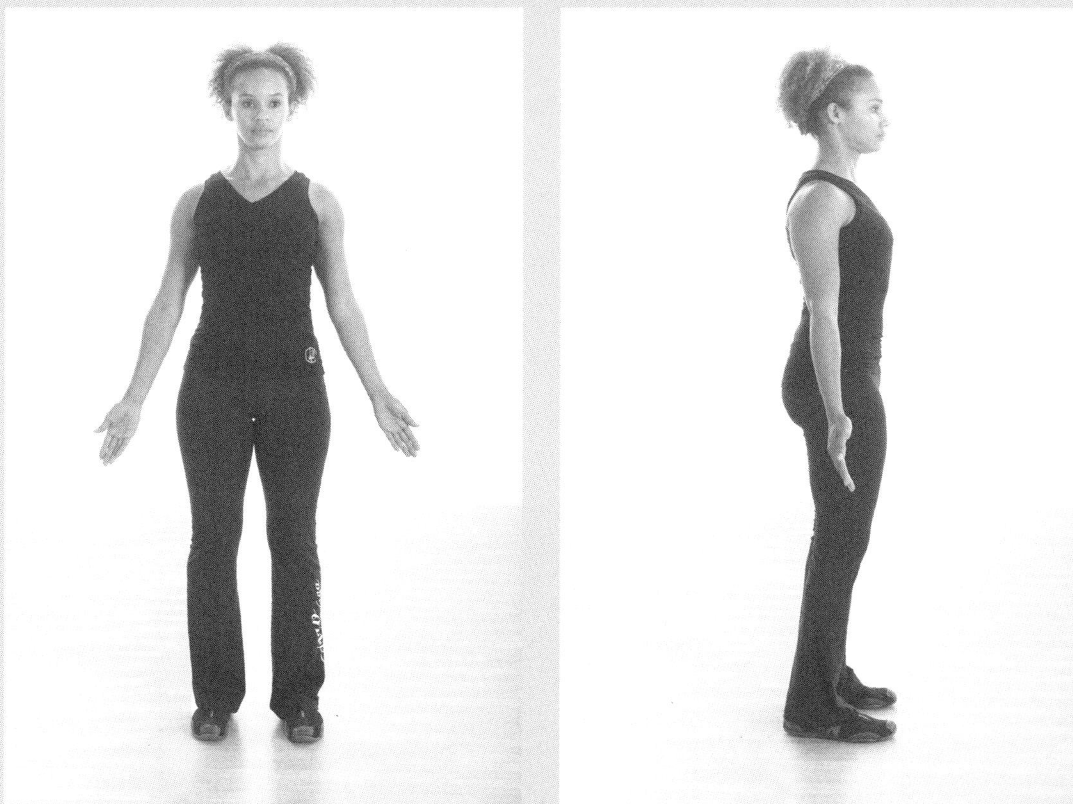

Brücke

Wirkt auf: Haltung von Hüften, Beinen und Schultern

Haltung: Rückenlage mit angewinkelten Beinen, die Füße nah am Po. Arme seitlich ablegen. Füße und Arme gleichmäßig gegen den Boden stemmen, sodass der Po abhebt. Brustkorb öffnen, Schienbeine leicht nach vorn schieben und in der Brücke bleiben.

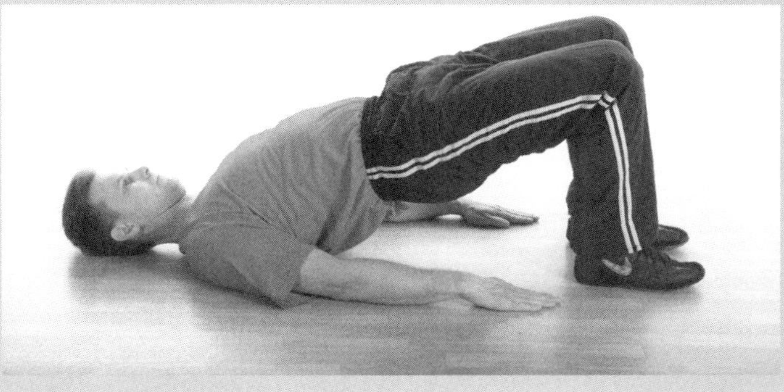

Liegestütz statisch

Wirkt auf: Haltung von Schultern, Hals, Rücken und Hüften

Haltung: Liegestütz mit den Händen direkt unter den Schultern, nach hinten gestreckten Beinen und den Fußballen auf dem Boden. Gewicht gleichmäßig auf die Handballen verteilen und die Finger ausstrecken. Ellenbogen strecken, aber nicht durchstrecken; die Kehlen der Ellenbogen zeigen zueinander. Wirbelsäule vom Steißbein bis zum Scheitel strecken; nicht den unteren oder oberen Rücken einsinken lassen. Fersen, Rücken und Kopf sollten eine Gerade bilden.

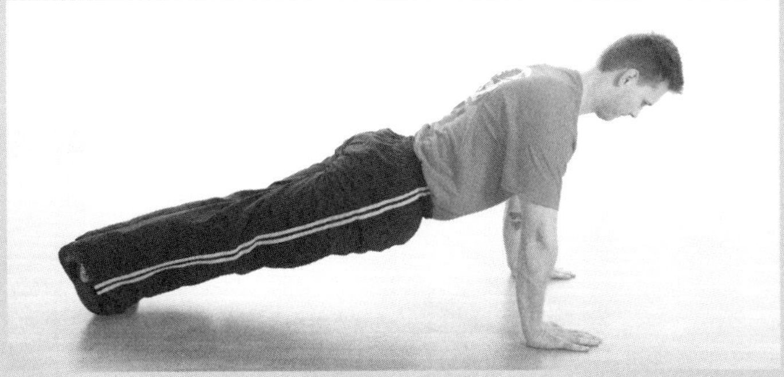

Schulterdrücken

Wirkt auf: Schultern

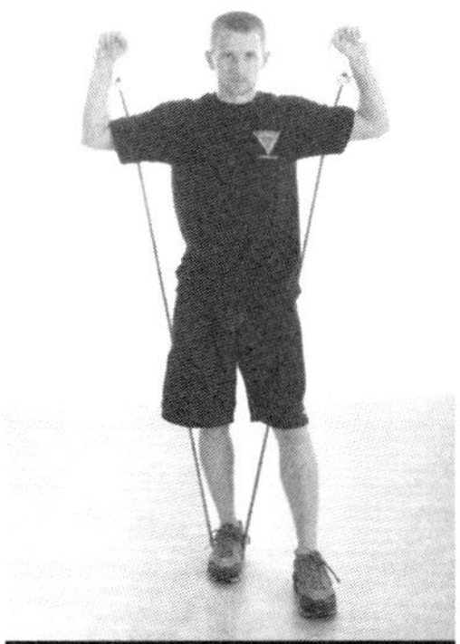

Ausgangsposition

Ausgangsposition: aufrechter Stand (Seite 60). Einen Fuß so auf das Fitnessband stellen, dass es unter dem Fußgewölbe verläuft. Bandenden auf Schulterhöhe.

1 Bauchmuskeln anspannen, Brustkorb anheben, Schultern runter. Arme nach oben strecken. Die Knie bleiben dabei locker, die Schienbeine nach vorn geschoben, das Gewicht gleichmäßig auf den Füßen verteilt. Nicht nach hinten lehnen, denn das belastet den unteren Rücken.

In die Ausgangsposition zurückkehren.

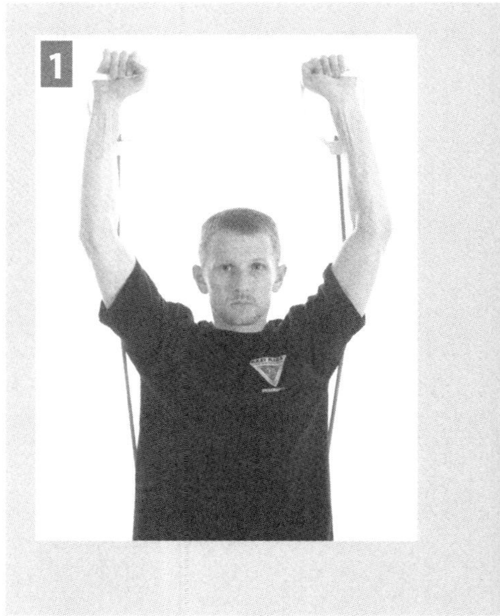

Curls

Wirken auf: Bizeps

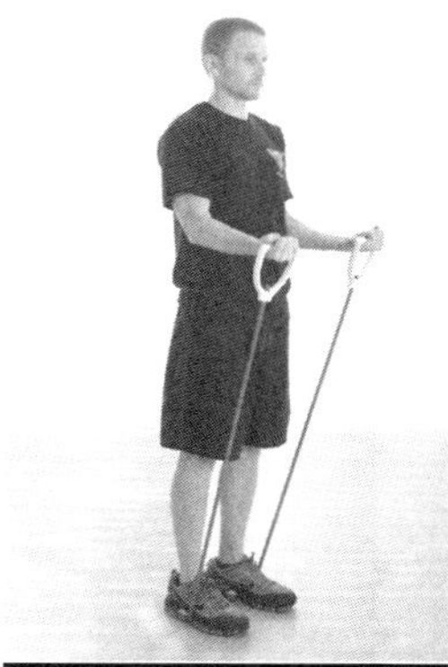

Ausgangsposition

Ausgangsposition: aufrechter Stand (Seite 60). Beide Füße so auf das Fitnessband stellen, dass es unter den Fußgewölben verläuft. Ellenbogen am Körper halten, Bandenden auf Taillenhöhe ziehen. Unterarme waagerecht.

1 Schultern und Ellenbogen stabil halten, Bauchmuskeln anspannen. Bandenden hoch und zur Brust hin ziehen. Die Knie bleiben dabei locker, die Schienbeine nach vorn geschoben, das Gewicht gleichmäßig auf den Füßen verteilt.

In die Ausgangsposition zurückkehren.

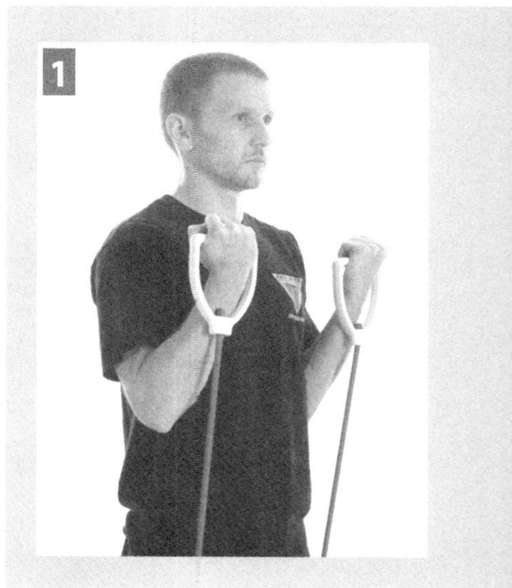

Liegestütz

Wirkt auf: Brustmuskulatur

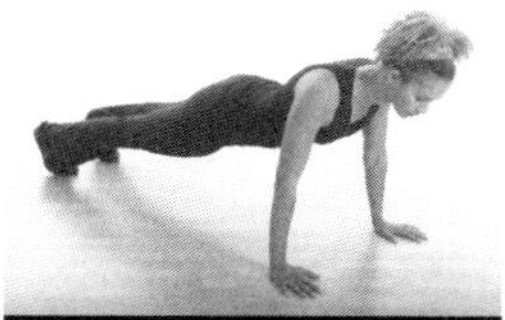

Ausgangsposition

Ausgangsposition: Liegestütz statisch (Seite 61).

1 Körper sinken lassen, bis Brustkorb und Hüften gleichzeitig den Boden berühren.

2 Körper zurück in die Ausgangsposition stemmen. Dabei nicht den Rücken sacken lassen oder den Kopf aufbäumen. Den Körper (von den Fersen bis zum Scheitel) gerade halten. Dazu hebt man die Wirbelsäule in der Nackenregion empor, sodass der Kopf nicht herabhängt.

1

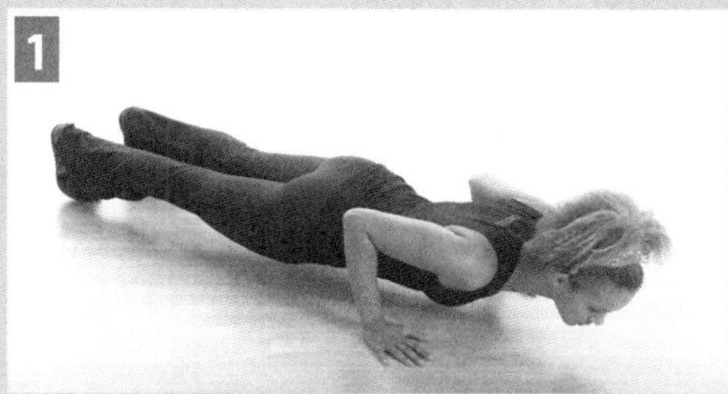

2

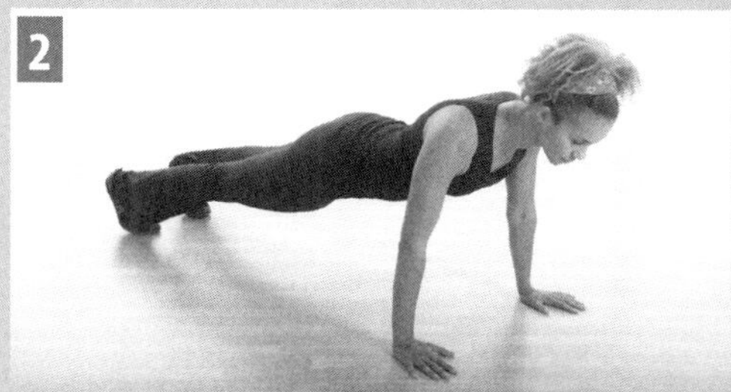

Rudern

Wirkt auf: Rücken, Arme

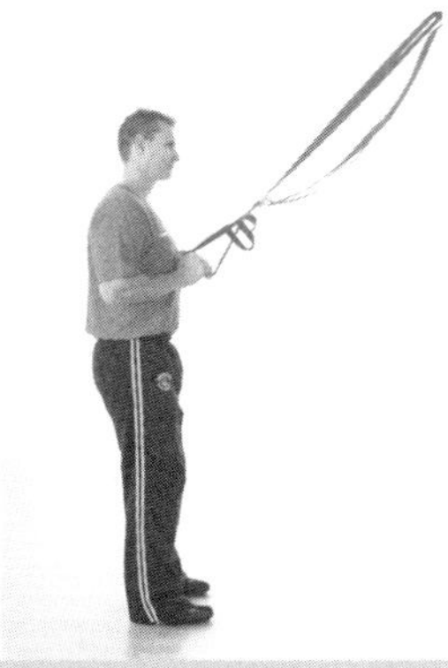

Ausgangsposition

Ausgangsposition: Schlingentrainer mit dem Türanker an einer Tür befestigen. Mit den Griffen in der Hand vier Schritte rückwärtsgehen, dann die Länge der Schlingen so einstellen, dass sie bis zu den Hüften reichen.

1 Den Körper im 60-Grad-Winkel nach hinten lehnen. Die Arme sind gestreckt, die Füße flach auf dem Boden.

2 Körper hochziehen, bis die Hände den Brustkorb seitlich berühren. Bei Bedarf mit den Beinen nachhelfen.

In die Ausgangsposition zurückkehren.

Wenn dies zu leicht wird: um 90 Grad nach hinten lehnen.

1

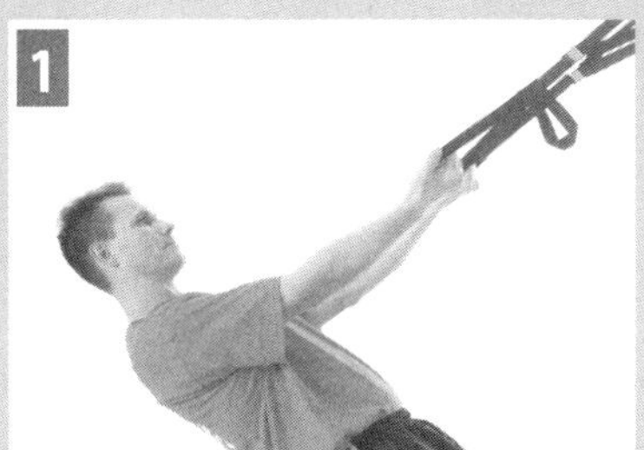

2

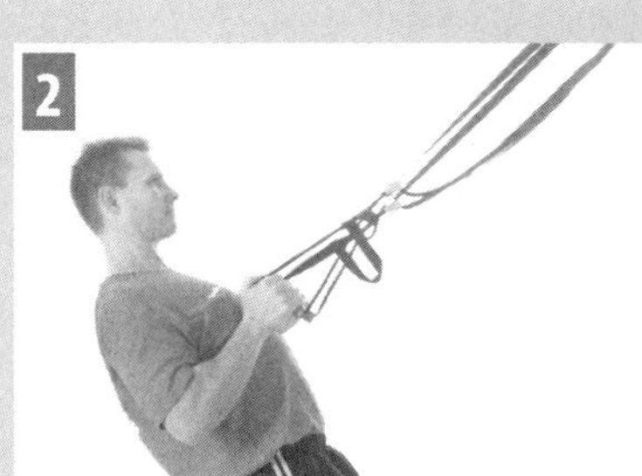

Plank

Wirkt auf: Rumpfmuskulatur

Haltung: Zunächst Liegestütz statisch (Seite 61), dann runter auf die Ellenbogen. Von den Fersen bis zum Scheitel gerade halten. So bleiben und dabei die Wirbelsäule in der Nackenregion emporheben, sodass der Kopf nicht herabhängt.

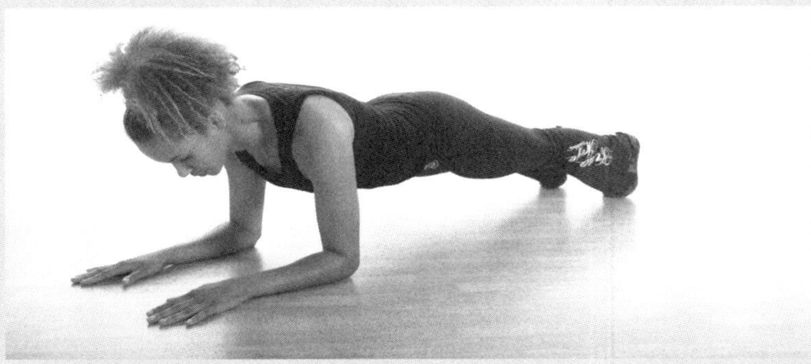

Kniebeuge

Wirkt auf: Beine

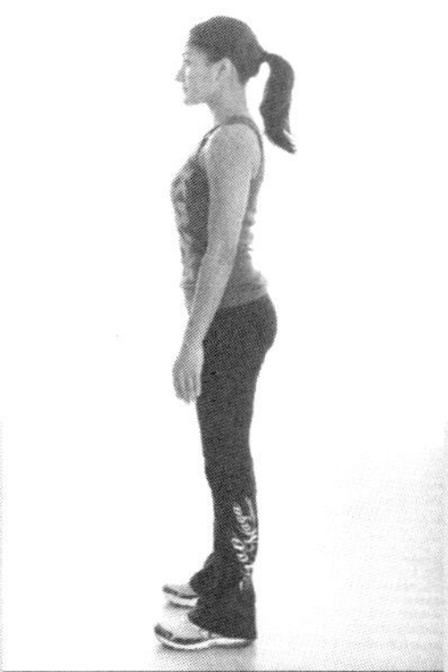

Ausgangsposition

Ausgangsposition: aufrechter Stand (Seite 60).

1 Brustkorb nach vorn gestreckt und offen halten. Po nach hinten und nach unten in Richtung Fersen schieben. So tief runtergehen wie mit richtiger Haltung möglich. Gewicht auf beiden Füßen verteilt lassen.

In den aufrechten Stand zurückkehren.

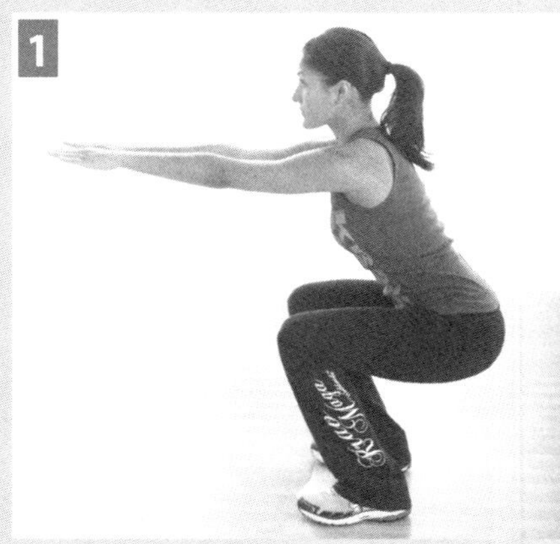

1

Sprawl

Wirkt auf: ganzen Körper

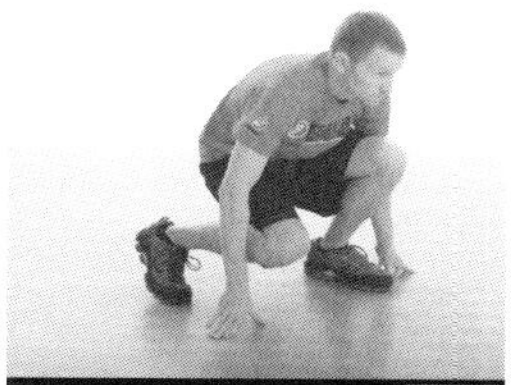

Ausgangsposition

Ausgangsposition: Hocke mit neben den Füßen aufgestützten Händen. Finger zeigen nach außen.

1 Mit den Füßen nach hinten in den Liegestütz hüpfen und Becken auf den Boden sinken lassen.

2 Aufspringen und Kampfhaltung annehmen.

1

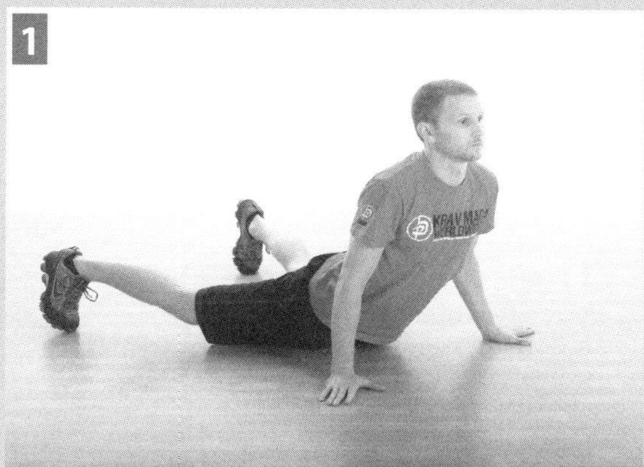

2

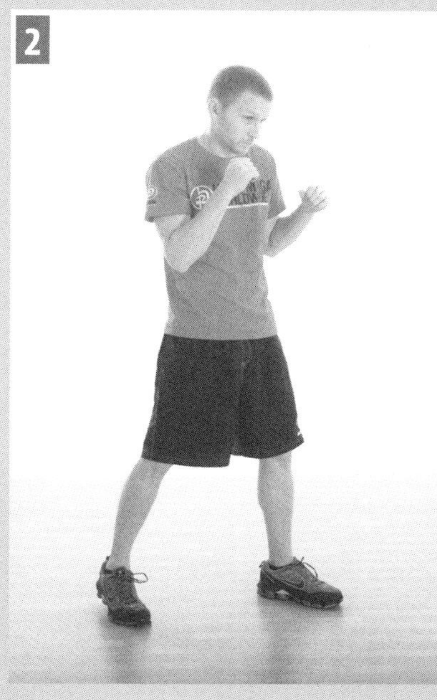

Schattenboxen

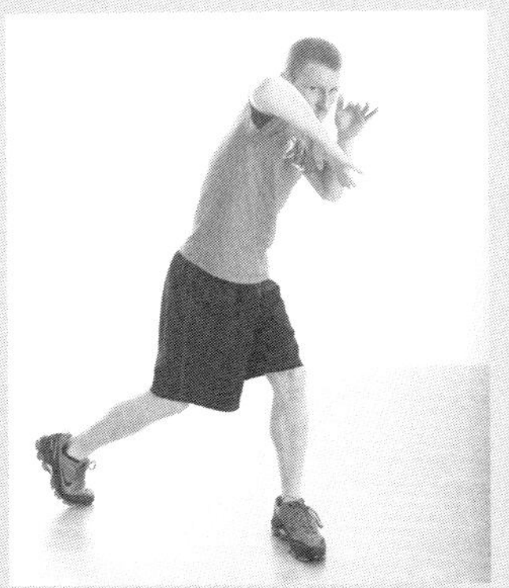

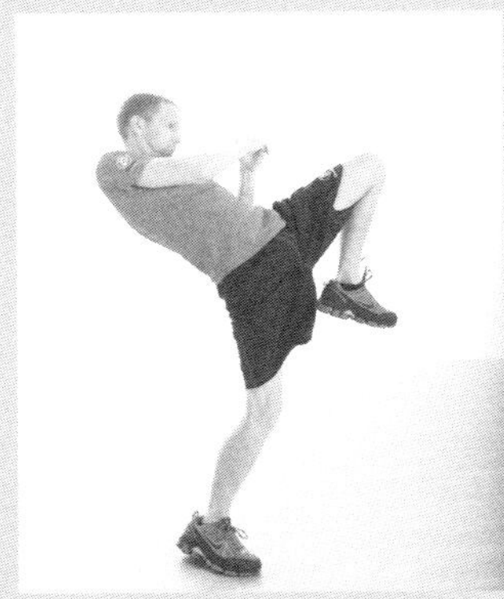

Schritt-für-Schritt-Anleitung auf den Seiten 41 bis 44. Wenn Sie die Vorwärts-, Rückwärts- und Seitwärtsschritte raushaben, können Sie dazu noch Faustschläge, Inside Defense und 360°-Defense ausführen. Immer in Bewegung bleiben und auf richtige Beinarbeit achten. Es hilft, einen imaginären Angreifer mit Abwehrtechniken und Gegenangriffen zu bekämpfen. Zuletzt Tritte, Kniestöße und Takedown-Defenses (Sprawl) einbauen.

Seilspringen

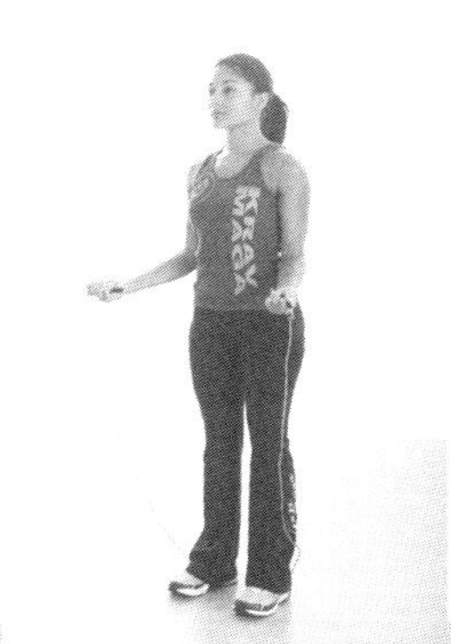

Ausgangsposition

Ausgangsposition: aufrechter Stand (Seite 60).

1 Seilspringen vorwärts und rückwärts mit einem Sprung pro Seilschlag. Nur so hoch springen, dass das Seil unter den Füßen hindurchpasst. So leise landen wie möglich.

Wenn Sie noch nie Seil gesprungen sind, sollten Sie erst X-Springen (Seite 67) üben. Damit halten wir uns an das Prinzip, dass man bei schwierigen Übungen einen Schritt zurückgehen und die Übung in ihre Einzelteile zerlegen sollte. Üben Sie einfache Bewegungen, bis sie Ihnen leichtfallen, und gehen Sie erst dann zu schwierigeren Übungen über.

1

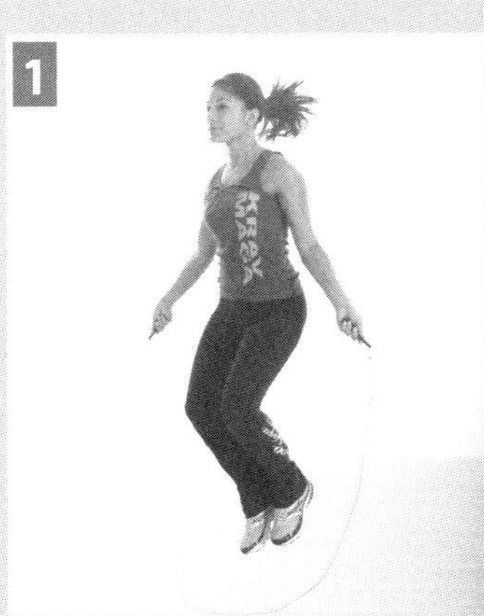

X-Springen

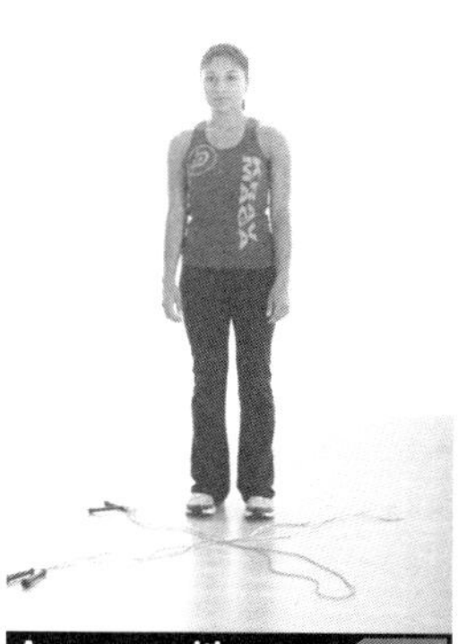

Ausgangsposition

Ausgangsposition: Zwei Springseile in X-Form auf den Boden legen. Nahe der Mitte in einem der vier Quadranten aufstellen.

1–2 Leicht in die Knie gehen (Ein-Viertel-Kniebeuge) und dabei die Fersen vom Boden heben. Anschließend mit beiden Füßen gerade über das Seil hüpfen, nicht höher oder weiter als nötig. Dann vor und zurück hüpfen. Danach in den nächsten Quadranten und zurück hüpfen. Zuletzt wie verrückt von einem Quadranten zum anderen hüpfen.

Schauen Sie auf die Uhr und steigern Sie sich bis zu einer Minute ununterbrochenen Hüpfens. Erste Stufe geschafft – jetzt ran ans Springseil!

1

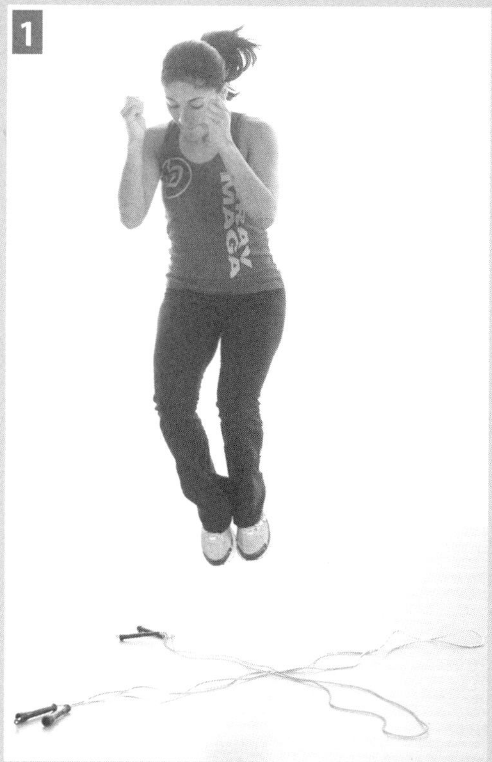

2

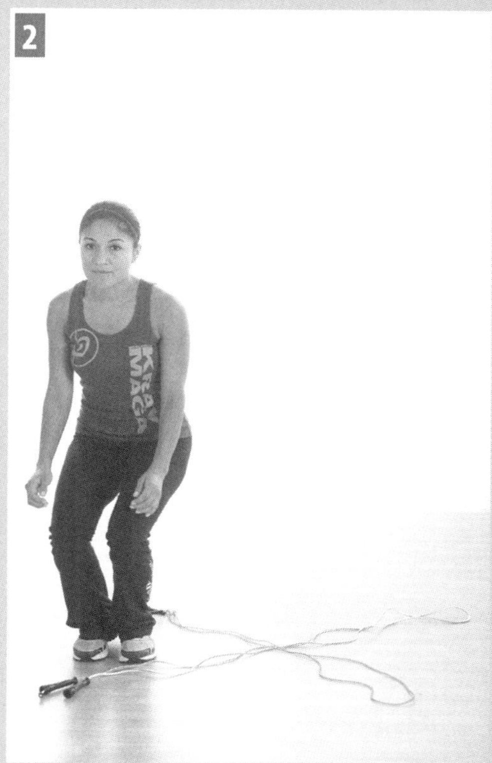

Trainingshaltungen

Krav Maga ist für den Straßenkampf entwickelt. Auf der Straße geschehen die meisten Übergriffe, wenn der Verteidiger überrascht wird und nicht in die »Kampfhaltung« gehen kann. Darum müssen Krav-Maga-Schülerinnen und -Schüler lernen, sich aus vielen verschiedenen Positionen heraus zu verteidigen, auch wenn sie kaum darauf vorbereitet sind und sogar aus ungünstiger Position oder neutraler Haltung. Im regulären Krav-Maga-Training sind besonders drei grundlegende Trainingshaltungen gefragt. Ausgehend von diesen Grundelementen, lassen sich effektive und effiziente Reaktionen auf gewalttätige Angriffe entwickeln. Sie bilden buchstäblich das Fundament jeder Technik.

Neutrale Haltung: Selbstverteidigung wird im Krav-Maga-Training meistens aus einer ungünstigen Position heraus geübt, die wir »neutrale Haltung« nennen. Diese Position ist im Grunde gar keine Haltung. Es handelt sich schlichtweg um eine natürliche, unvorbereitete Körperstellung und genau die spielt im Training eine große Rolle. Indem die Schüler aus der neutralen Haltung heraus trainieren, lernen sie, die Techniken auch dann anzuwenden, wenn es sie »kalt erwischt«.

Haltung: Füße hüftbreit (oder weniger) auseinander stellen, Arme seitlich hängen lassen.

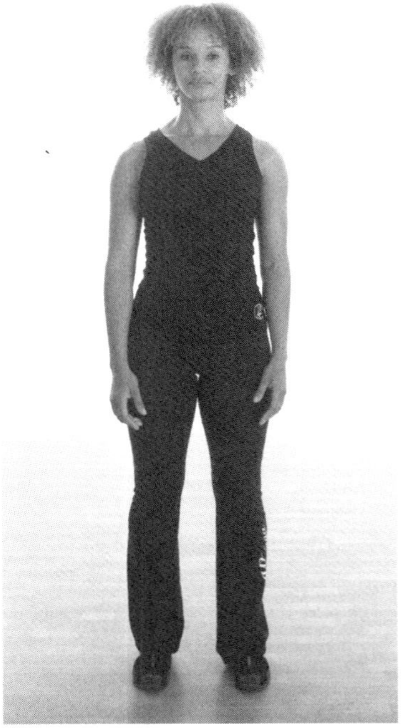

Neutrale Haltung

Kampfhaltung: Im Krav Maga wird die Kampfhaltung eingenommen, wenn eine Auseinandersetzung bevorsteht oder wenn der erste Angriff bereits abgewehrt ist. Die folgende Anleitung geht davon aus, dass der Lernende Rechtshänder ist; Linkshänder vertauschen einfach die Seiten.

Haltung: Aus der hüftbreiten Fußstellung mit dem linken Fuß einen bequemen Schritt nach hinten machen. Gewicht auf die Fußballen (nicht die Fersen) bringen. Beide Füße sollten mit den Zehen ungefähr nach vorn zeigen, wobei der vordere Fuß aus Balancegründen leicht einwärts gedreht sein kann.

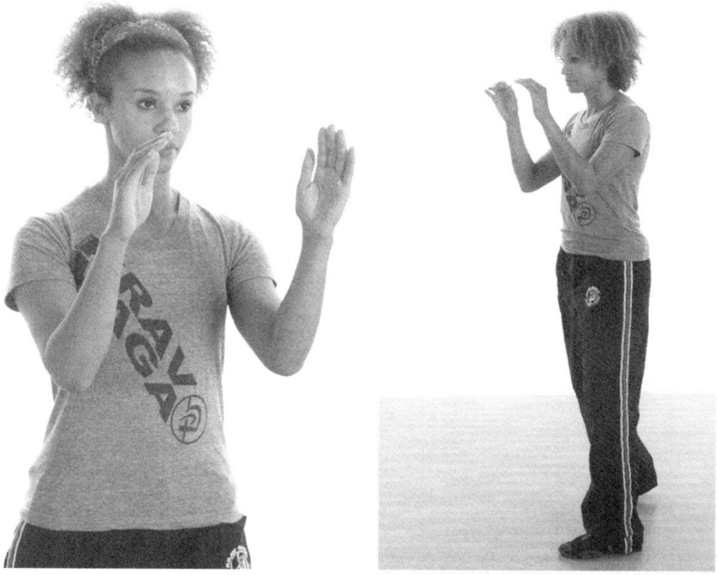

Kampfhaltungen

Hände locker (nicht zur Faust geballt) etwa in Kinnhöhe und in einem bequemen Abstand zum Gesicht halten. Achten Sie darauf, dass die Ellenbogen eng am Körper anliegen, und dass der Oberkörper frontal nach vorn (nicht seitwärts) zeigt. Durchgehend fest geballte Fäuste halten die Unterarmmuskeln angespannt und verlängern die Reaktionszeit. Deshalb sollten Sie die Fäuste nur beim Zuschlagen ballen, ansonsten jedoch die Finger locker lassen.

Kampfhaltung in Rückenposition: Beim Bodenkampf ist es wichtig, Kopf und Steißbein vor dem harten Untergrund zu schützen, während die Beine als Schutz vor dem Angreifer dienen. Es gibt mehrere sinnvolle Positionen oder »Haltungen« in Bodenlage, aber für Anfänger ist die Rückenposition die beste. Die Grundlagen des Bodenkampfes werden auf den Seiten 157 bis 185 näher erläutert.

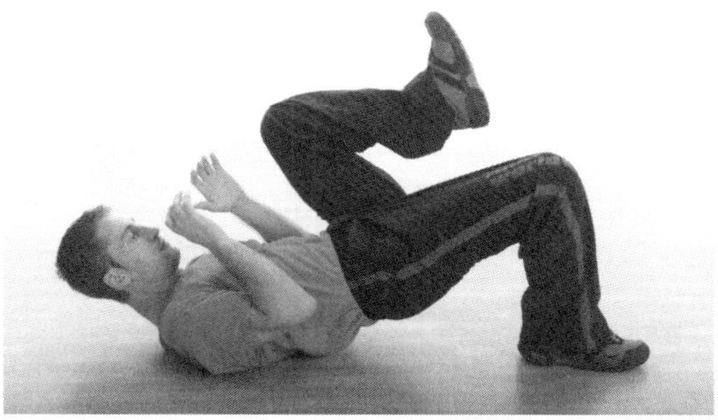

Kampfhaltung in Rückenposition

ANGRIFF

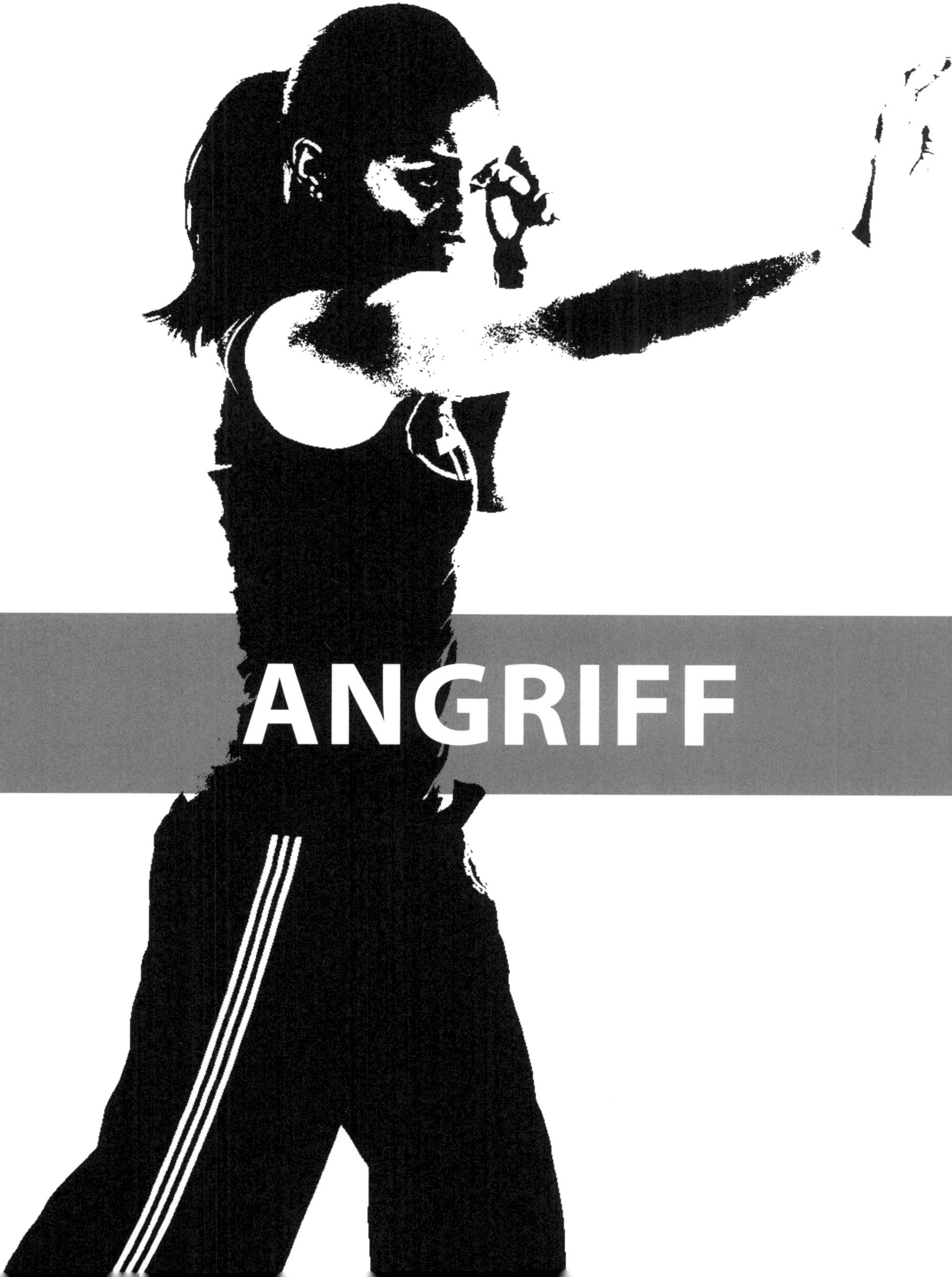

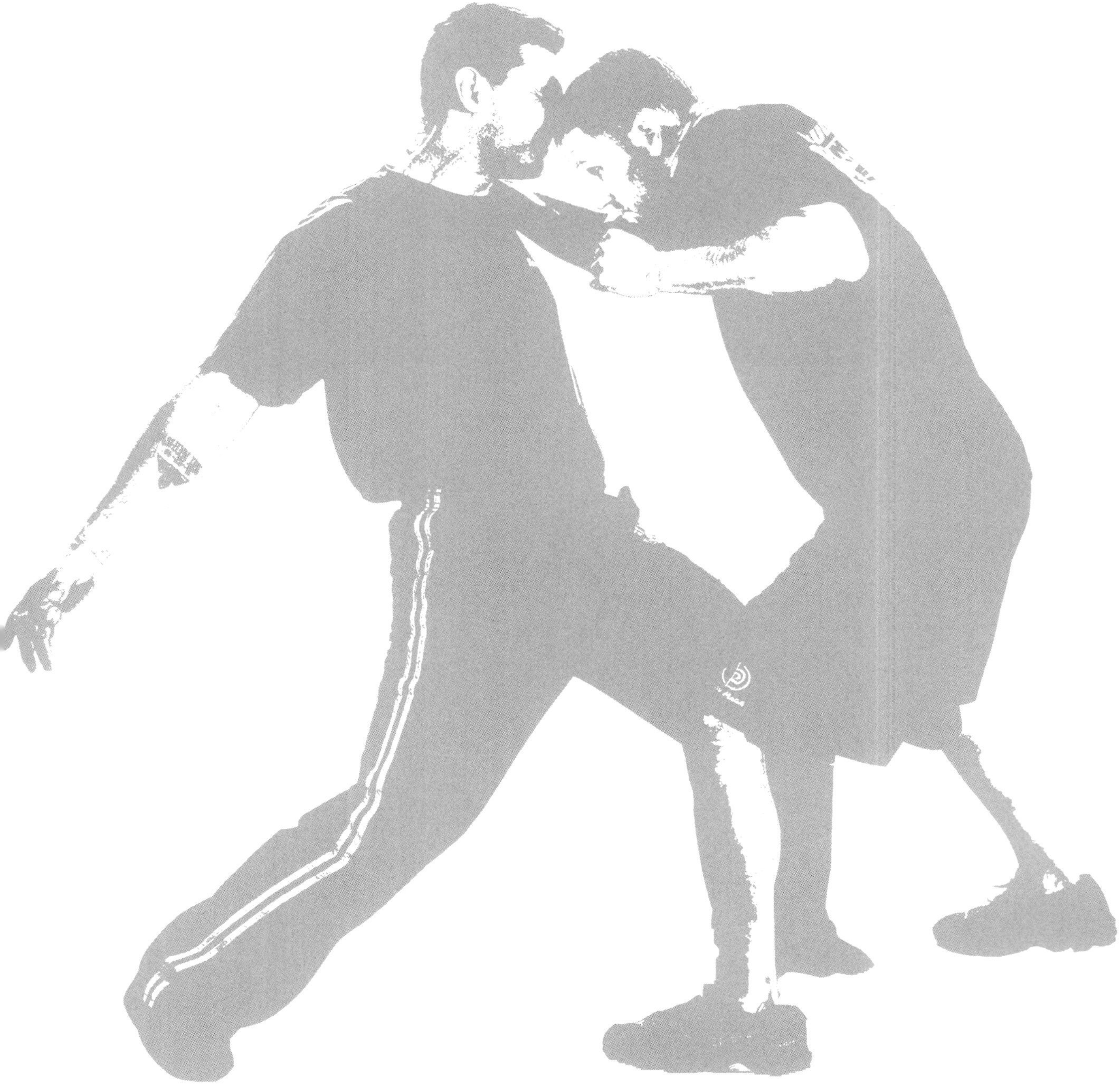

Übersicht: Combatives

Im Krav Maga werden Techniken, die körperliche Schäden herbeiführen und Konflikte beenden sollen, *Combatives* genannt. Dabei handelt es sich zumeist um Schläge und Tritte sowie Stöße mit Knie, Ellenbogen oder Kopf, aber grundsätzlich gilt jede Art des Hauens, Kneifens und Beißens, also jede Art von Körperwaffe als Combative. Combatives sind wie Werkzeuge in einer Werkzeugkiste. Zwar werden einige wenige Werkzeuge besonders häufig benutzt, aber bei Bedarf ist es gut, auch andere zur Hand zu haben.

Wie gesagt liegt der Zweck der Combatives darin, eine laufende Attacke zu unterbrechen. Ein entscheidender Punkt bei der Krav-Maga-Methode ist, immer gleich mehrere Combatives einzusetzen, um den Angreifer zu überfordern. Dadurch wird das Täter-Opfer-Schema verschoben und dem Angreifer der Wille oder die Fähigkeit zum Weiterkämpfen genommen – wenn auch nur für den Moment, der eine Flucht ermöglicht. Um genügend Wucht für die Combatives zu erzeugen, muss man etwas Physik verstehen und anwenden. Mit der richtigen, im Training eingeübten Technik kann der Verteidiger Kräfte vom Angreifer übernehmen und so vom Opfer zum Sieger werden.

Die Combatives werden nach ihrer Reichweite unterteilt. Wer im Kampf oder in der Selbstverteidigung erfolgreich sein will, muss sämtliche Reichweiten beherrschen. Auch wenn man bestimmte Reichweiten noch feiner untergliedern könnte, beschränkt sich dieses Buch auf vier Hauptkategorien.

Große Reichweite: Bei Combatives mit großer Reichweite handelt es sich üblicherweise um Tritte. Tritte sind nicht nur die am weitesten reichende Waffe, sondern auch die stärkste. Die Gelegenheit, Combatives mit großer Reichweite einzusetzen, ergibt sich in der Regel, wenn die Bedrohung früh erkannt wird oder der Konflikt zu Ende geht oder in die Fluchtphase wechselt.

Mittlere Reichweite: Diese Reichweite wird normalerweise auch »Schlagreichweite« genannt, was etwas irreführend ist, da in dieser Reichweite auch andere Combatives eingesetzt werden, bestimmte Schläge dagegen nicht. Combatives mittlerer Reichweite wie gerade Schläge, Handballenstöße, Hammerfists und Stiche ins Auge sind allesamt dann am wirksamsten, wenn der Arm ganz ausgestreckt werden kann.

Kurze Reichweite: Die meisten Angriffe und Bedrohungen geschehen in diesem Bereich, denn hier kann der Angreifer den Verteidiger einschüchtern, würgen, umklammern, in den Schwitzkasten nehmen oder sonstwie packen. Zu den Combatives im Nahbereich gehören Haken und Uppercuts, Ellenbogen-, Knie- und Kopfstöße sowie Stampftritte. Auch Beißen, Kratzen, Haareziehen können effektive Nah-Combatives sein, obwohl diese Waffen eher im Bodenkampf Einsatz finden.

Bodenkampf-Reichweite: Die Combatives für den Bodenkampf decken sich weitgehend mit denen für den Nahbereich, wobei sich Umgebung, Körperhaltung und Winkel unterscheiden. Zu beachten ist, dass im Krav Maga zwischen Bodenkampf und Ringen (*grappling*) unterschieden wird, je nach Zielsetzung. Zwar werden im Bodenkampf gewisse Ringtechniken eingesetzt, aber Ziel und Zweck ist einzig und allein, dass der Verteidiger so schnell wie möglich aufstehen und wegrennen kann. Dieses Ziel erreicht man am besten mit aggressiven Combatives und einem Grundwissen über die Bodenkampfpositionen.

Wo treffen?

Krav-Maga-Schüler lernen, auf verletzliche Stellen am Körper des Angreifers zu zielen. So können kleinere Verteidigerinnen natürliche Schwachpunkte des menschlichen Körpers ausnutzen, um Angreifern den Willen oder die Fähigkeit zum Weiterkämpfen zu nehmen oder um zumindest eine Fluchtmöglichkeit zu eröffnen.

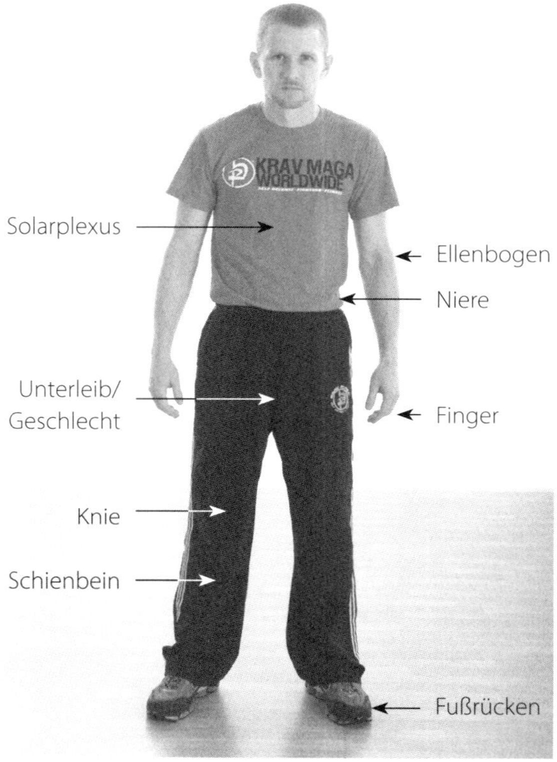

Auch wenn es viele weitere verletzliche Körperstellen gibt, konzentriert sich das Anfängertraining auf Unterleib/Geschlecht, Augen, Kehle, Leber, Kinn/Kiefer und Knie. Dazu kommen noch lohnende Ziele wie Nieren, Fußrücken, Solarplexus, Ohren, Finger und andere Gelenke. Die neben- und untenstehenden Abbildungen zeigen die Lage dieser lohnenden Angriffsziele.

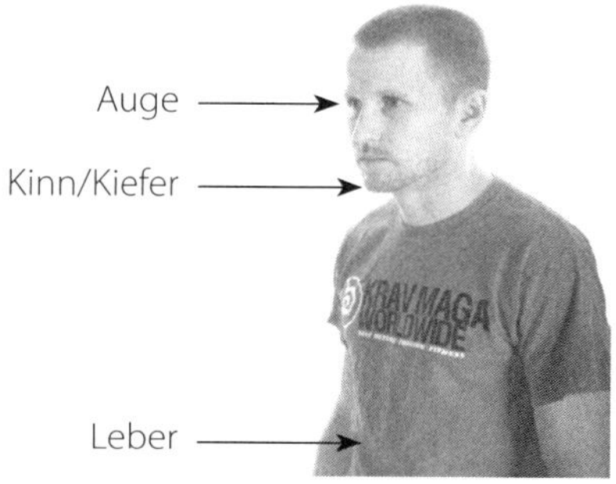

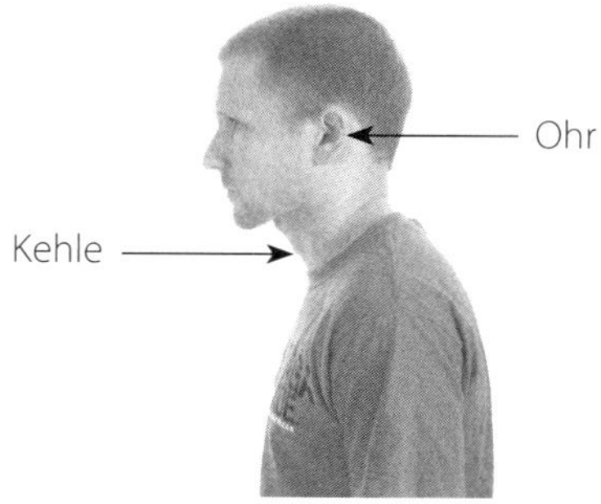

Mechanik des geraden Faustschlags

Gerade Faustschläge können entweder mit der (vorderen) Führhand oder mit der (hinteren) Schlaghand ausgeführt werden. Auch wenn sich das Wort »Jab« manchmal in unser Vokabular einschleicht, versuchen wir es doch zu vermeiden. Beim Boxen ist ein Jab als schwächerer Schlag gedacht, der Punkte bringen oder einen kräftigeren Schlag mit der anderen Hand (»Cross«) vorbereiten soll. Aber auf der Straße wird nicht um Punkte gekämpft. Die kurze Gerade (bei den meisten von uns die Linke) sollte so viel Wucht wie möglich haben. Dazu muss man in Kampfhaltung dem Gegner zugewandt sein. Schultern und Becken müssen also möglichst nach vorn zeigen. Natürlich steht die linke Seite aufgrund der Fußstellung ein bisschen vor und deshalb hat die kurze Gerade etwas weniger Kraft als die lange Gerade. Aber trotzdem sollte man so viel Wucht wie möglich in die Linke legen.

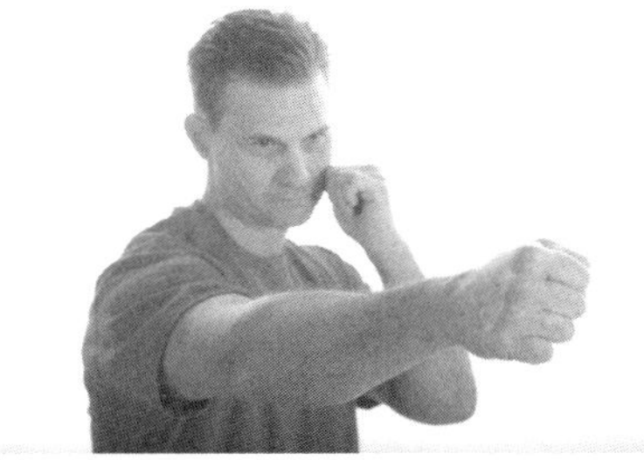

Richtig: Handgelenk gerade

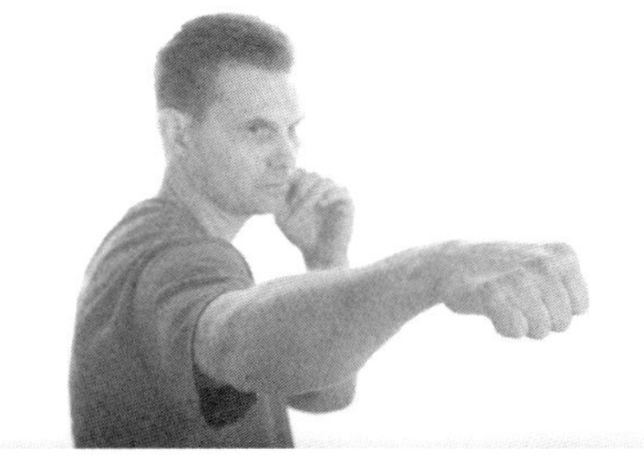

Falsch: Handgelenk gebeugt

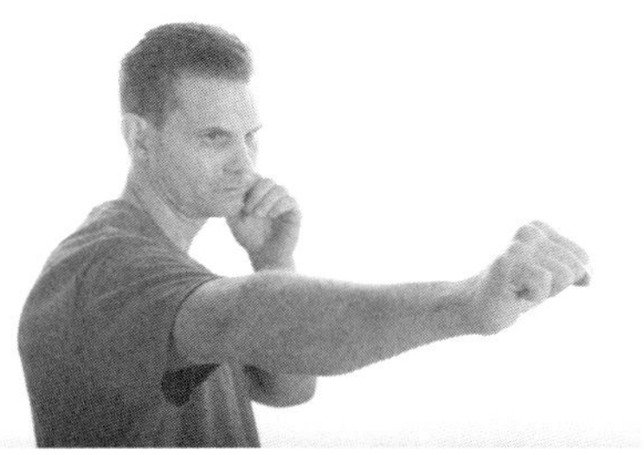

Falsch: Handgelenk überstreckt

Tipps: Um mit größtmöglicher Kraft zuzuschlagen (besonders bei Faustschlägen mit der Schlaghand), muss die Bewegung unbedingt aus Beinen und Rumpf kommen. Es ist genau wie beim Weitwurf: Die Kraft kommt aus den Beinen und Hüften und wandert dann in den Arm. Wirkungsvolle Schläge funktionieren genauso. Um das hintere Bein zu aktivieren, drehen Sie den Fuß ein, als zerträten Sie ein Insekt oder eine Zigarettenkippe. Beim Zuschlagen sollten Sie die Faust auf keinen Fall zum Zielpunkt hin stoßen, sondern durch ihn hindurch.

Um dem Angreifer größtmöglichen Schaden zuzufügen und das Risiko von Handverletzungen zu minimieren, schlagen Sie mit den ersten zwei Knöcheln der Hand zu. Kurz vor dem Auftreffen drehen Sie die Faust um 45 Grad ein, wobei das Handgelenk gerade bleibt.

Um zu vermeiden, dass Sie beim Schlagen selbst einen Schlag einstecken, ziehen Sie das Kinn auf die Brust, sodass die Schulter des schlagenden Arms Kiefer und Kinn schützt, während die andere Hand vor das Gesicht gehalten wird.

Wenn Sie merken, dass der Ellenbogen bei der Geraden nach außen ragt, sollten Sie den Schlag neben einer Wand üben. Mit diesem Trick machen Sie sich den Fehler bewusst und können ihn korrigieren. Warum der Ellenbogen bei einer Geraden unten bleiben soll? Aus mehreren Gründen:

- Für den Gegner ist der Schlag so schwerer zu erkennen.
- Der Schlag verläuft auf einer geraden Linie und nimmt so den kürzesten Weg zum Angriffsziel.
- Die ersten beiden Fingerknöchel werden auf das Ziel zu getrieben; bei angehobenem Ellenbogen gelangt die schwächere Seite der Hand zum Ziel, was zu Knochenbrüchen (»Boxerfraktur«) führen kann.

Faust ballen

1–2 Finger so eng zusammenrollen, dass kein Zwischenraum bleibt.

3 Daumen fest über die Finger schließen, ungefähr beim obersten Fingergelenk. NIE den Daumen in die Finger einwickeln!

Tipp: Halten Sie die Faust nie während des gesamten Kampfes geballt. Das kostet Kraft und macht langsamer, denn es verspannt die Armmuskulatur. Lassen Sie die Hände bis zum Moment des Aufpralls ziemlich locker. Erst kurz vor dem Auftreffen sollten Sie die Hand so fest wie möglich zur Faust ballen. Sollte im Innern der Faust noch Luft oder Platz übrig sein, können die Finger nachgeben. Weil dadurch Kräfte absorbiert werden, verliert der Schlag an Wucht, und Verletzungen können entstehen. Die Faust muss hart wie ein Stein sein, nicht wie ein Stoßdämpfer!

1
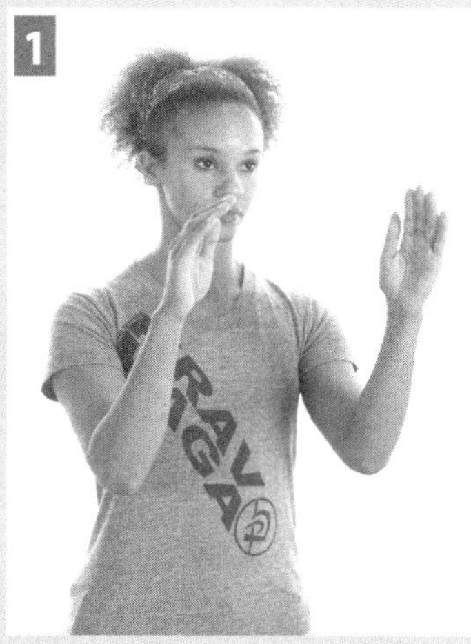

2
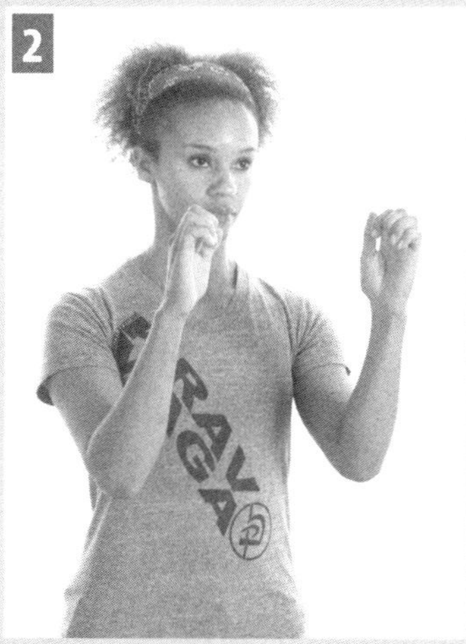

3
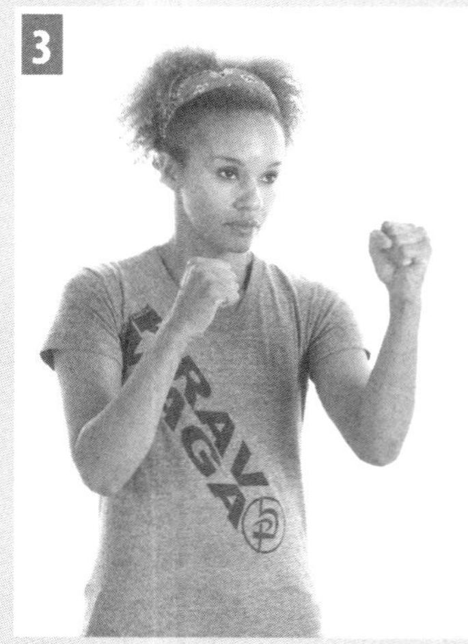

Linke Gerade

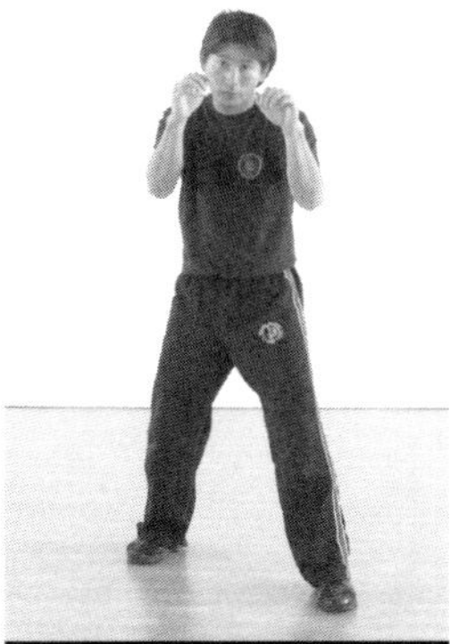

Ausgangsposition

Ausgangsposition: Kampfhaltung mit dem linken Fuß vorn.

1 Die linke Faust aus den Beinen und dem Rumpf heraus nach vorn stoßen.

2 Während sich der Arm streckt, drehen sich Hüfte und Schulter ein, der Ellenbogen bleibt unten. Dies vergrößert Kraft und Reichweite des Schlags.

3 Hand und Oberkörper auf demselben Weg in die Ausgangsposition zurückschnellen lassen, um den Kopf zu schützen und für weitere Schläge bereit zu sein.

Um eine rechte Gerade zu schlagen, wendet man die gleiche Vorgehensweise mit der rechten Hand an. Bei den meisten von uns ist die rechte Hand die (hintere) Schlaghand und hat mehr Schlagkraft, weil sich die hintere Hüfte wirkungsvoller nach vorn eindrehen kann.

1

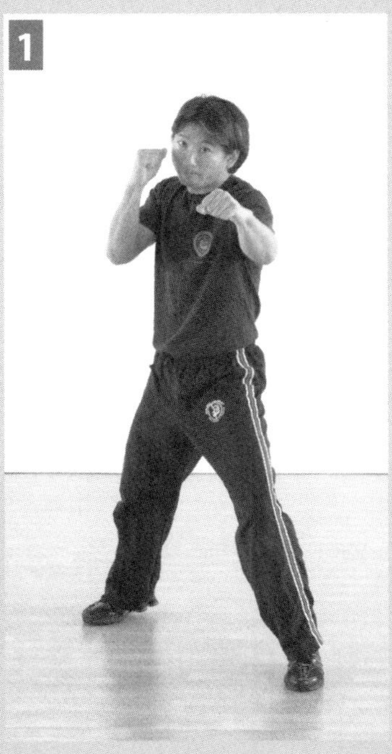

2

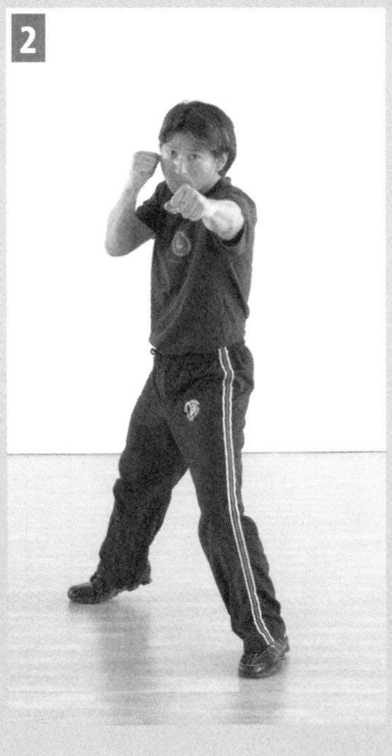

3

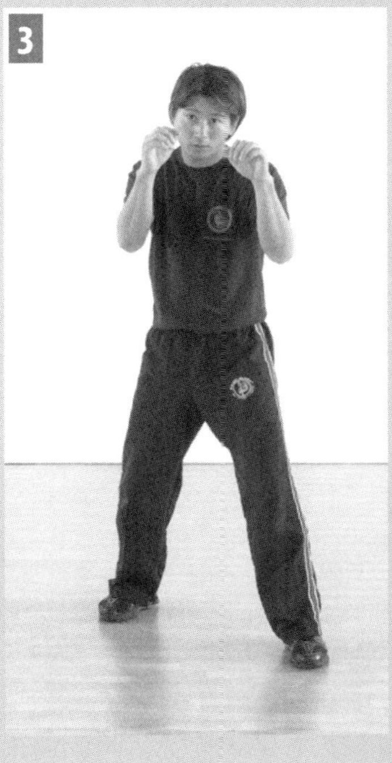

Linke Gerade beim Vorrücken

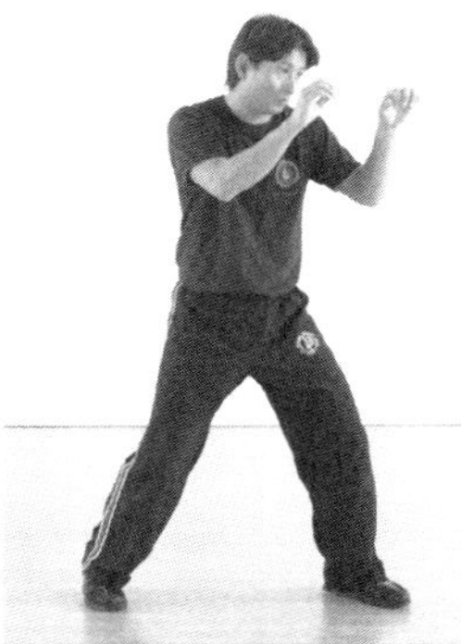

Ausgangsposition

Beim Vorrücken kann man Geraden jeder Art schlagen. Üben Sie zuerst Schläge mit der Führhand und probieren Sie dann andere Schläge beim Vorrücken aus.

Ausgangsposition: Kampfhaltung mit dem linken Fuß vorn.

1 Linke Faust nach vorn ausstrecken; dabei die Bewegung aus den Beinen holen und den Ellenbogen so lange wie möglich unten halten. Mit der Bewegung der Hand Schulter und Hüfte nach vorn drehen, um Wucht in den Schlag zu legen.

2 Sofort vorrücken (*Burst-in*), dabei den rechten Fuß wegdrücken und mit dem linken vorwärts schnellen. Mit dem Auftreffen der Faust den rechten Fuß heranholen und so aufrücken.

Tipps: Vielen Anfängern bereitet das Zuschlagen beim Vorrücken Probleme, weil im Krav Maga großer Wert darauf gelegt wird, dass die Waffe das Erste sein soll, was sich bewegt. Anders gesagt: Wir wollen NICHT, dass Sie nach vorn schnellen und zuschlagen, denn dann würde Ihr Körper eine große Bewegung machen (die der Gegner bemerken kann), ohne dass die Hand vorankommt. Sie werden einen Trainingsfortschritt machen, wenn Ihnen klar wird, dass der Schlag nicht weit vor dem Körper stattfinden muss. Er muss der Körperbewegung nur so weit vorangehen, dass er dem Angriffsziel zumindest schon etwas näher ist, wenn der Gegner die Körperbewegung wahrnimmt.

Am besten übt man diese Technik, indem man nur ein sehr kleines Stück vorrückt. Anfangs sollte das Ziel gerade eben außer Reichweite sein, sodass Sie nur ein kleines bisschen nach vorn schnellen müssen, um es zu erreichen. Üben Sie das Vorrücken mit dieser Reichweite, bis Sie ein Gefühl dafür haben, und vergrößern Sie dann langsam den Abstand. Lassen Sie ihn nur nicht zu groß werden. Nicht vergessen, ab einem bestimmten Abstand sollten Sie lieber treten als schlagen; und wenn der Abstand noch größer ist, wäre es wahrscheinlich besser, nach einer Waffe Ausschau zu halten, mit der Sie auf den Gegner eindreschen können.

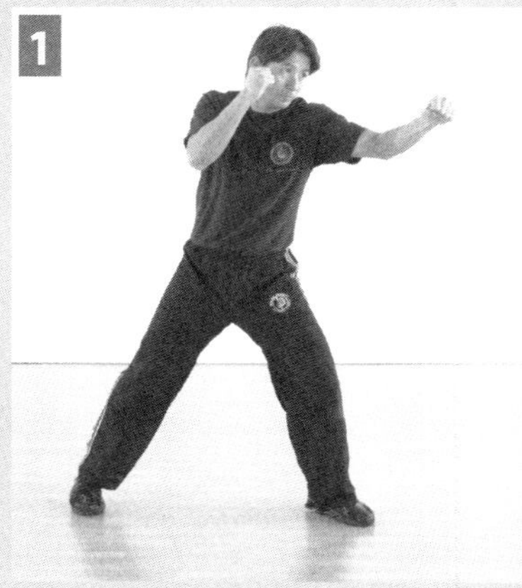

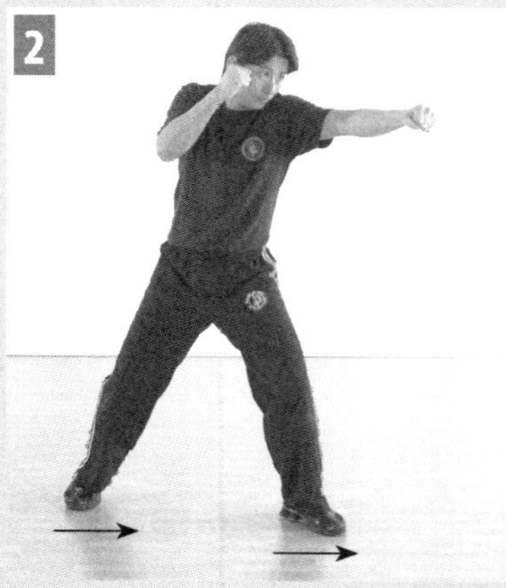

Tiefe Gerade

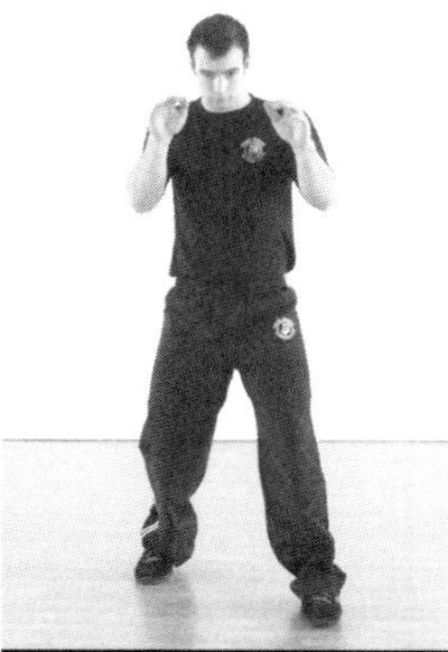
Ausgangsposition

Mit einer Geraden kann man auch tief zielen – auf den Bauch oder sogar zwischen die Beine.

Ausgangsposition: Kampfhaltung mit dem linken Fuß vorn.

1–2 Rechte Faust nach vorn stoßen, dabei jedoch tiefer zielen und den Körper sinken lassen, indem Hüften und Knie einknicken. Bei einer tiefen Geraden den Kopf nicht oben halten – dadurch würde man aus der Deckung gehen. Und nicht schon vor dem Zuschlagen mit dem Körper runtergehen – damit verrät man seine Absicht. Beim Ducken den Kopf leicht zur Seite bewegen, um gegnerischen Schlägen besser auszuweichen. Faust zurückschnellen lassen!

Tipp: Manches spricht gewiss für, manches gegen eine tiefe Gerade. Einerseits kann sie für einen Gegner, der gerade dabei ist, Gesicht und Kopf zu schützen, richtig überraschend sein. Andererseits stecken viele Gegner einen Körpertreffer besser weg als einen Schlag ins Gesicht (solange man nicht den Solarplexus oder die Leber trifft), man richtet damit also weniger Schaden an. Dauert der Kampf länger als ein paar Sekunden, mag sich das Risiko lohnen. Die Trefferhöhe und die Angriffsziele zu variieren kann den Gegner verwirren und mental mit mehreren Dingen gleichzeitig beschäftigen. Unterm Strich lässt sich sagen: Wenn Sie eine tiefe Gerade wagen wollen, sollten Sie auf jeden Fall die obigen Anweisungen befolgen und das Kinn unten und den Kopf aus der »Schusslinie« halten.

1

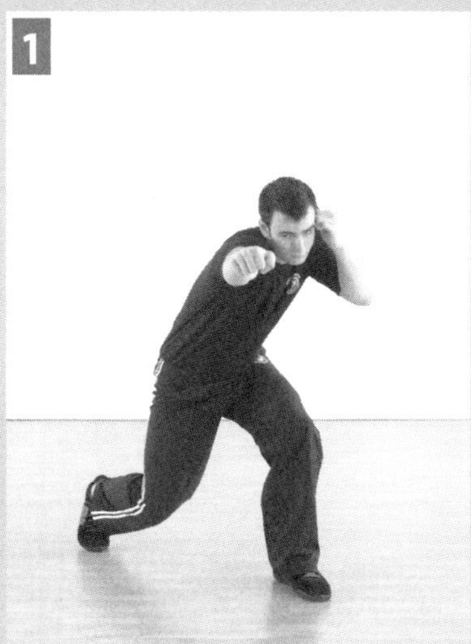

2

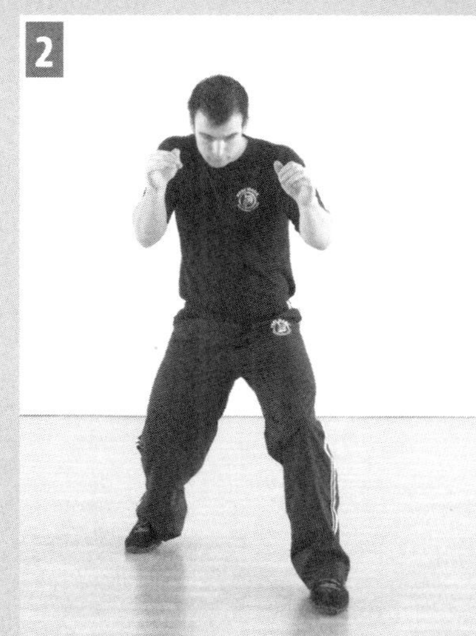

Handballenschlag

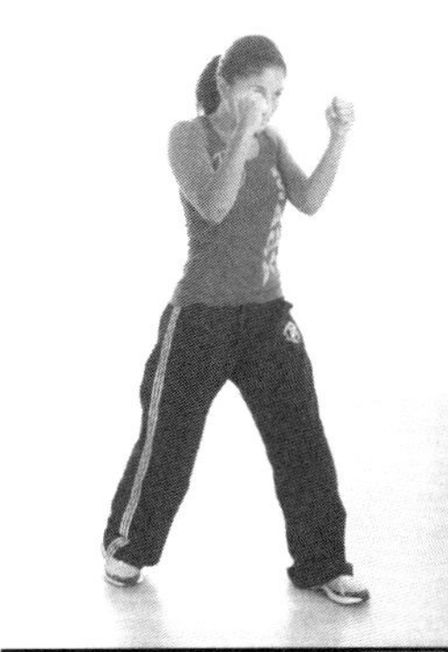

Ausgangsposition

Beim Handballenschlag ist die Mechanik die gleiche wie beim Faustschlag; nur der Kontakt ist anders. Die folgende Anleitung gilt für den Handballenschlag mit der Führ- oder Schlaghand.

Ausgangsposition: Kampfhaltung mit dem linken Fuß vorn.

1 Rechte Hand nach vorn stoßen, dabei die Bewegung aus den Beinen holen und den Ellenbogen so lange wie möglich unten halten. Mit der Bewegung der Hand Schulter und Hüfte nach vorn drehen, um Wucht in den Schlag zu legen. Den hinteren Fuß auf dem Boden drehen.

2 Kurz vor dem Angriffsziel das Handgelenk nach hinten beugen, dabei die Hand öffnen und die Finger leicht einrollen. Mit der festen Fläche, die die Handwurzel umgibt, zuschlagen. Dabei das Handgelenk einwärts drehen – das bringt mehr Wucht und schützt das Handgelenk.

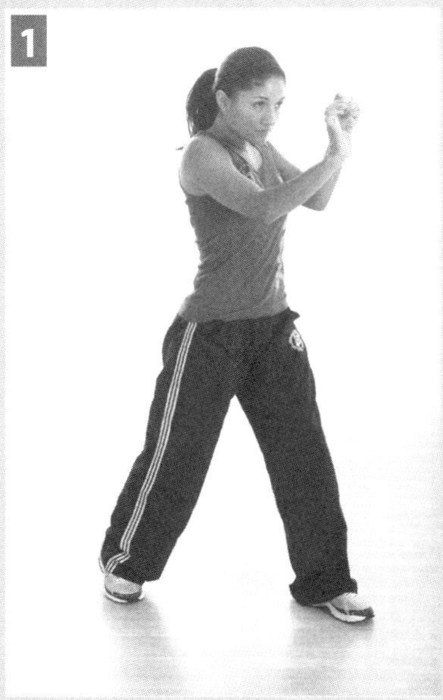

1

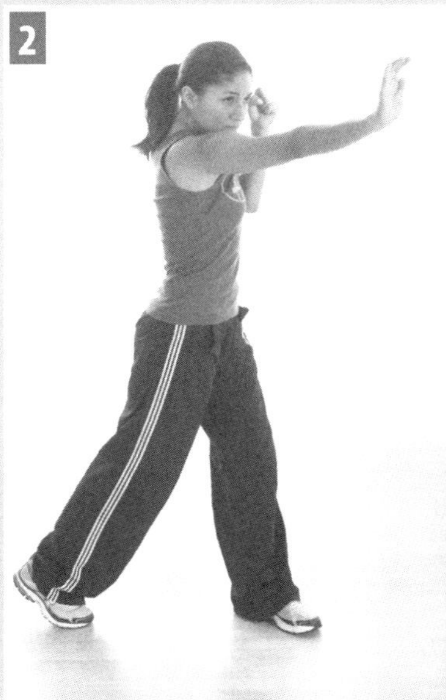

2

Tipp: Indem Sie die Finger aus dem Weg halten, machen Sie anstelle der Finger die Handwurzel zum Kontaktpunkt. Wenn Sie das Handgelenk nicht eindrehen, kann es beim Aufprall überbeugt werden und eine Zerrung oder einen Bruch erleiden.

Mechanik des Ellenbogenstoßes

Ellenbogenstöße sind im Nahbereich wirksame Waffen und können in fast jedem Winkel mit Wucht ausgeführt werden. Beachten Sie, dass es mehr als die hier aufgeführten sieben Ellenbogenstöße gibt. Tatsächlich gibt es eine unendliche Zahl von Stoßrichtungen. Wir lehren allerdings nur sieben davon, um Anfängern grundlegende Bewegungsweisen beizubringen. Mit fortschreitendem Training werden Sie neue Stoßwinkel entdecken, die sich ganz nach der eigenen und der gegnerischen Position richten.

Bei Ellenbogenstößen besteht die Kontaktfläche aus einer kleinen Stelle oberhalb oder unterhalb der Ellenbogenspitze. Man sollte mit einer möglichst kleinen Kontaktfläche zuschlagen, damit sich dort die Kräfte des Schlages konzentrieren. So erreicht man maximale Durchdringung und Schadwirkung. Bei allen Ellenbogenstößen sollte die Hand an die Schulter gelegt werden, sodass am Ellenbogen eine scharfe Biegung entsteht. Die Hand kann dabei zur Faust geschlossen oder nur leicht hohl gehalten werden – wie es sich am besten anfühlt. Beachten Sie jedoch, dass sich bei zu fest geballter Faust die Armmuskulatur verspannt, was Ihre Schnelligkeit verringert.

In den Anleitungen zeigen wir nur mit rechts ausgeführte Ellenbogenstöße, aber man kann auch mit dem linken Ellenbogen aus jeder Richtung zustoßen. Übrigens sollten Sie sämtliche Ellenbogenstöße zunächst aus der sogenannten »modifizierten neutralen Haltung« heraus üben. Das ist die neutrale Haltung, aber mit erhobenen Händen. Das Training wird dadurch erleichtert. Später können Sie die Kampfhaltung einnehmen und auch aus dieser heraus trainieren.

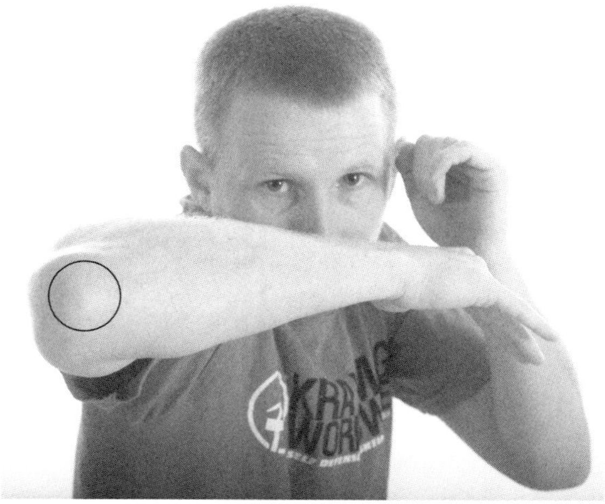

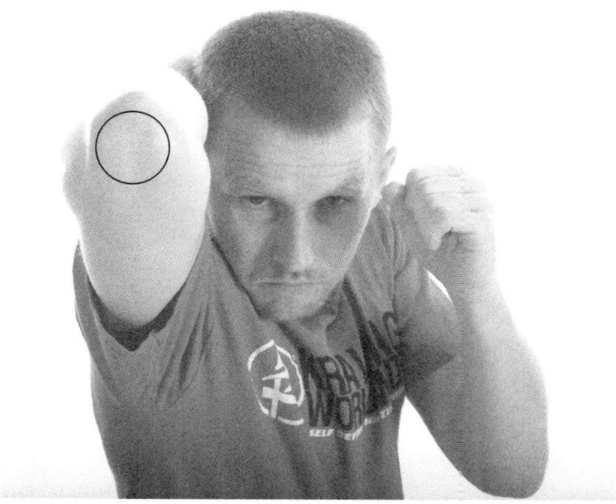

Die Kontaktfläche dieser beiden Ellenbogenstöße liegt oberhalb der Ellenbogenspitze

Ellenbogenstoß Nr. 1 (horizontal nach oben)

Dieser Ellenbogenstoß richtet sich gegen einen von vorn kommenden Angreifer.

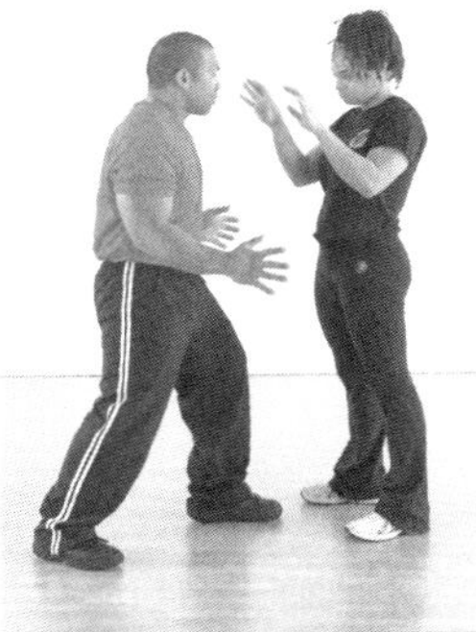

Ausgangsposition

Ausgangsposition: modifizierte neutrale Haltung mit erhobenen Händen.

1 Rechte Hand zur Schulter ziehen, sodass der Ellenbogen stark angewinkelt wird.

2 Ellenbogen heftig in horizontalem Bogen nach vorn schwingen, auf Hals oder Gesicht des Gegners zu. Mit dem Punkt unterhalb der Ellenbogenspitze zuschlagen, dabei den Körper eindrehen, um mehr Wucht in den Schlag zu legen.

Ellenbogen zurückschnellen lassen und in die Ausgangsposition zurückkehren.

Tipp: Anfänger sind sich manchmal über den Angriffswinkel im Unklaren. Dieser Ellenbogenstoß kann nämlich in kreisförmigem Schwung (vor dem Körper von rechts nach links) oder in einer Vorwärtsbewegung (wie ein gerader Schlag) ausgeführt werden, je nach Position des Angriffsziels.

1

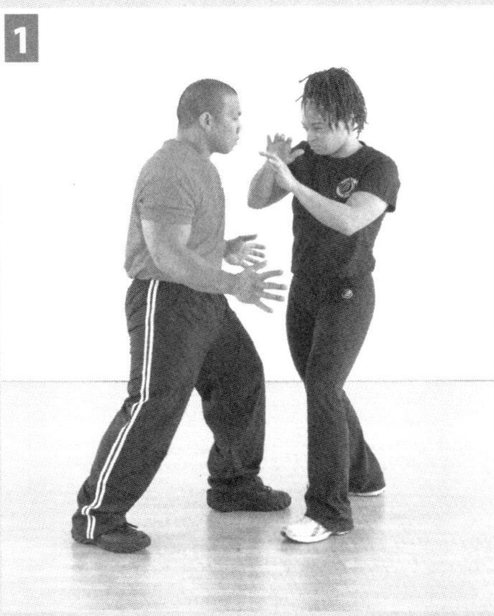

2

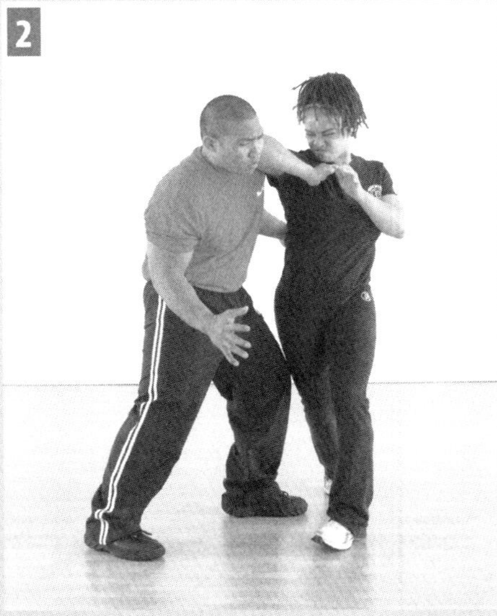

Ellenbogenstoß Nr. 2 (zur Seite)

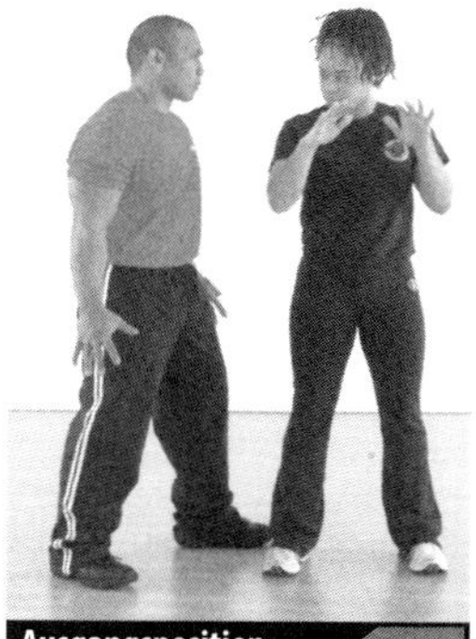

Ausgangsposition

Dieser Ellenbogenstoß richtet sich gegen einen von der Seite kommenden Angreifer.

Ausgangsposition: modifizierte neutrale Haltung mit erhobenen Händen.

1 Rechte Hand zur Schulter ziehen, sodass der Ellenbogen stark angewinkelt wird. Ellenbogen heben.

2 Ellenbogen seitwärts schwingen, ohne dabei zu »flattern«. Mit dem Punkt oberhalb der Ellenbogenspitze zuschlagen, dabei den Körper zur Seite lehnen und mit den Beinen gegenstemmen, um mehr Wucht in den Schlag zu legen.

Ellenbogen zurückschnellen lassen und in die Ausgangsposition zurückkehren.

Tipp: Der häufigste Anfängerfehler besteht darin, Beine und Körper nicht einzusetzen und so keine Wucht in den Schlag zu legen. Sehen Sie zu, dass Sie nicht einfach mit dem Ellenbogen »stupsen« – schieben Sie die Kraft Ihrer Beine in den Stoß.

1

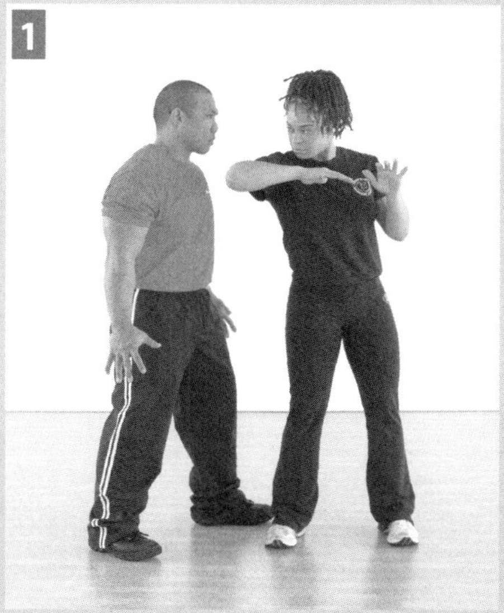

2

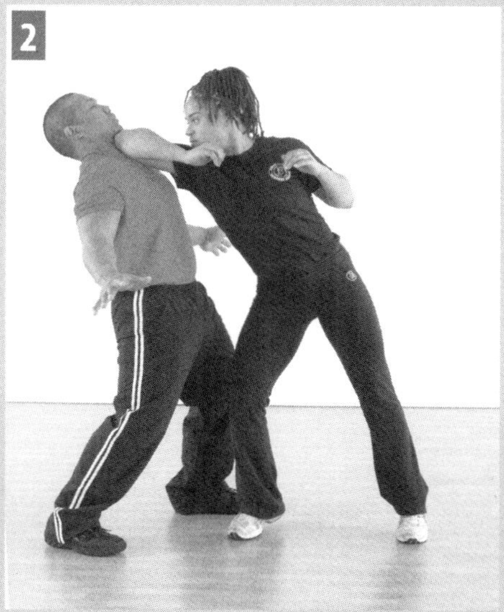

Ellenbogenstoß Nr. 3 (horizontal nach hinten)

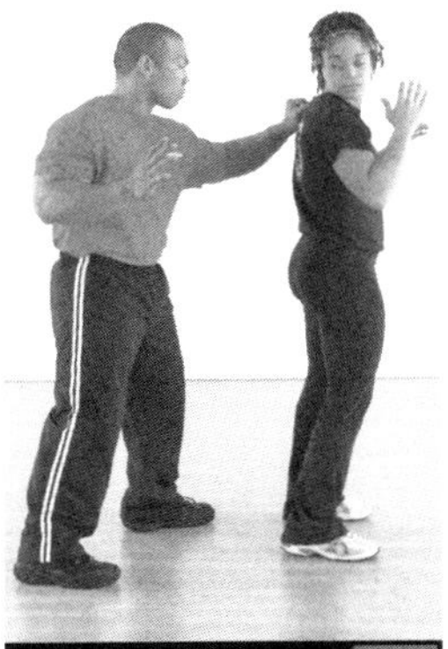

Ausgangsposition

Dieser Ellenbogenstoß richtet sich gegen einen von hinten kommenden Angreifer.

Ausgangsposition: modifizierte neutrale Haltung mit erhobenen Händen.

1 Rechte Hand zur Schulter ziehen, sodass der Ellenbogen stark angewinkelt wird.

2 Ellenbogen in horizontalem Bogen nach hinten schwingen, dabei den Körper herumdrehen und über die Schulter auf das Angriffsziel schauen. Unbedingt das Kinn unten lassen. Mit dem Punkt oberhalb der Ellenbogenspitze zuschlagen.

Ellenbogen zurückschnellen lassen und in die Ausgangsposition zurückkehren.

Tipp: Dies ist ein sehr kraftvoller Stoß, den Sie oft brauchen werden, wenn Sie die Umklammerungs-Defenses einüben. Er sollte eine gern genutzte Waffe Ihres Arsenals werden.

1

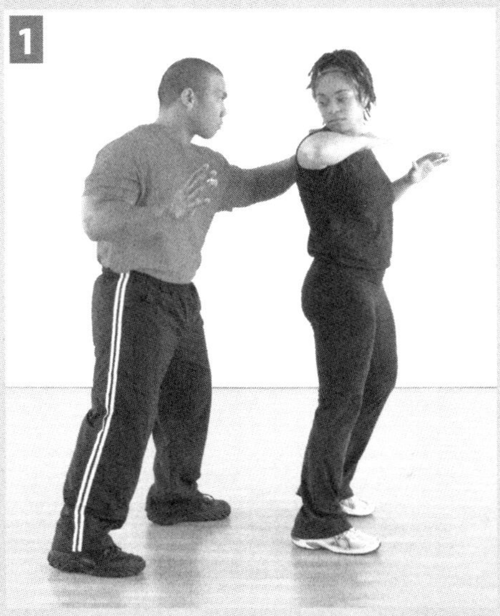

2

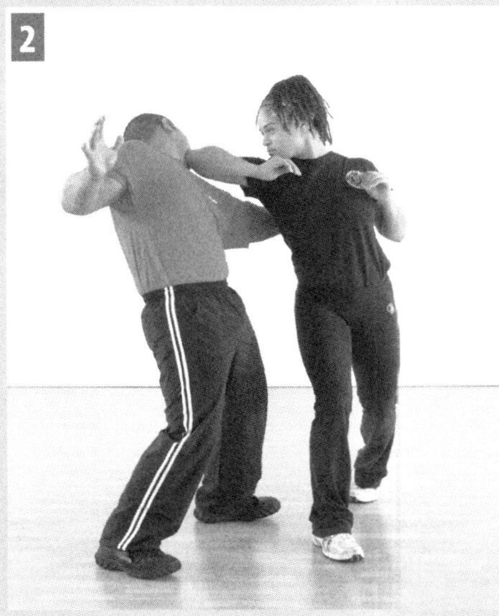

Ellenbogenstoß Nr. 4 (vertikal nach hinten unten)

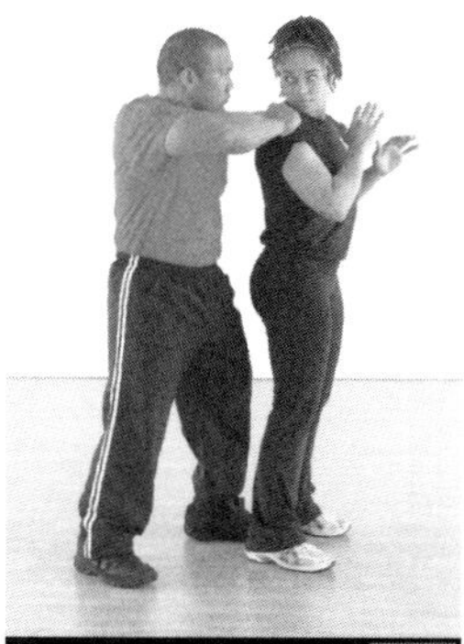
Ausgangsposition

Dieser Ellenbogenstoß richtet sich gegen einen von hinten kommenden Angreifer.

Ausgangsposition: modifizierte neutrale Haltung mit erhobenen Händen.

1 Ellenbogen direkt nach hinten schwingen, auf Bauch oder Rippen des Gegners zu. Mit dem Punkt oberhalb der Ellenbogenspitze zuschlagen, dabei den Körper eindrehen, um mehr Wucht in den Schlag zu legen.

Ellenbogen zurückschnellen lassen und in die Ausgangsposition zurückkehren.

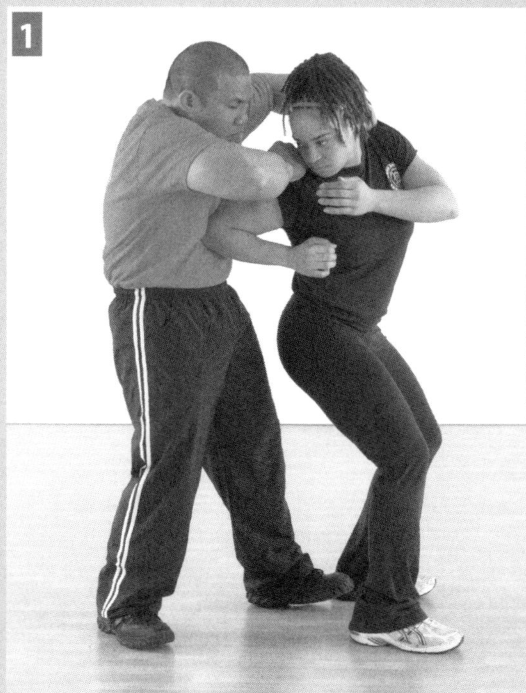
1

Tipp: Beim Üben dieses Ellenbogenstoßes hält man den Arm am besten nah am Körper. Stellen Sie sich vor, jemand versucht Sie von hinten zu umklammern. Wenn Sie den Ellenbogen nun weit vom Körper weg nach hinten schwingen, wird der Stoß möglicherweise blockiert. Der Unterarm sollte an den Rippen entlangstreifen.

Ellenbogenstoß Nr. 5 (vertikal nach hinten)

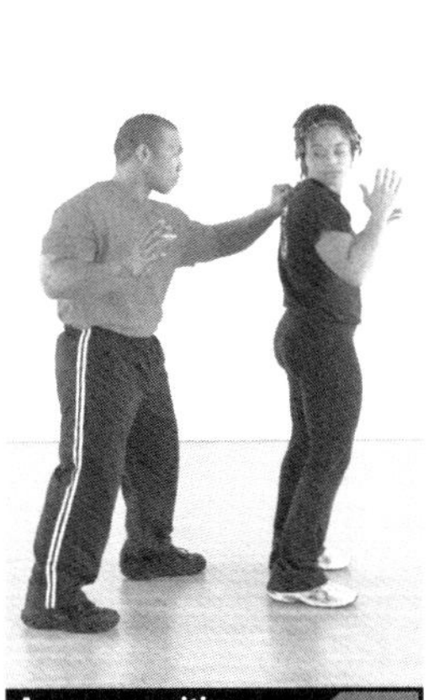

Ausgangsposition

Dieser Ellenbogenstoß richtet sich gegen einen von hinten kommenden Angreifer.

Ausgangsposition: modifizierte neutrale Haltung mit erhobenen Händen.

1 Rechte Hand zur Schulter ziehen, sodass der Ellenbogen stark angewinkelt wird.

2–3 Ellenbogen nach hinten und oben schwingen, dabei die Schulter nach vorn drehen, sodass Hals oder Gesicht des Angreifers getroffen werden. Mit dem Punkt oberhalb der Ellenbogenspitze zuschlagen.

Ellenbogen zurückschnellen lassen und in die Ausgangsposition zurückkehren.

Tipp: Dieser Stoß ähnelt dem Ellenbogenstoß Nr. 4 – nur dass Sie sich bei diesem leicht nach vorn lehnen, sodass der Ellenbogen nicht waagerecht nach hinten geht, sondern aufwärts. In einem echten Kampf schafft man durch das Vorbeugen auch etwas Freiraum zwischen sich und dem Angreifer und der Ellenbogen hat genug Platz, um mit Wucht nach oben zu schnellen.

1

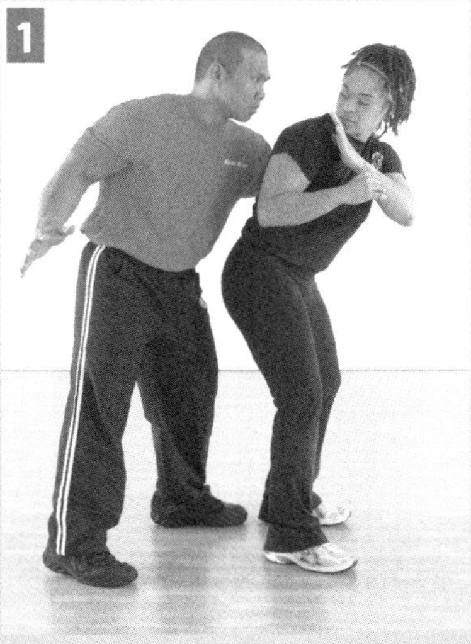

2

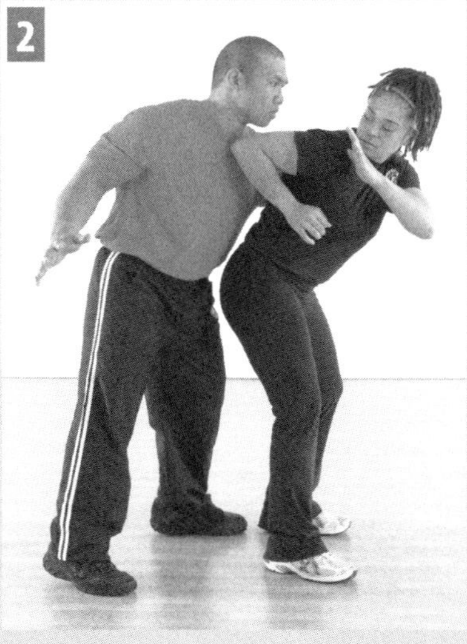

3

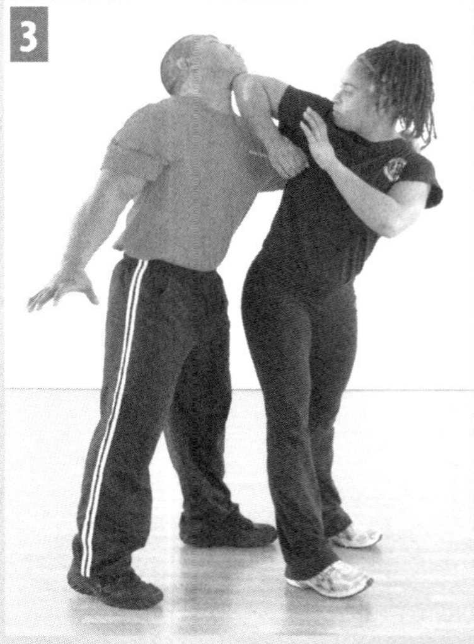

Ellenbogenstoß Nr. 6 (vertikal nach vorn oben)

Dieser Ellenbogenstoß richtet sich gegen einen von vorn kommenden Angreifer.

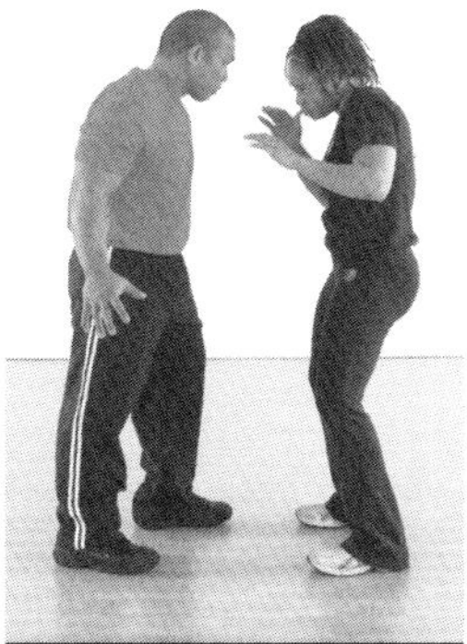

Ausgangsposition

Ausgangsposition: modifizierte neutrale Haltung mit erhobenen Händen.

1 Rechte Hand zur Schulter ziehen, sodass der Ellenbogen stark angewinkelt wird.

2–3 Ellenbogen nach oben schwingen, dabei Schulter und Hüfte einwärts und nach oben drehen, um mehr Wucht zu erreichen. Mit dem Punkt unterhalb der Ellenbogenspitze das Kinn des Angreifers treffen.

Ellenbogen zurückschnellen lassen und in die Ausgangsposition zurückkehren.

Tipp: Diese Stoßbewegung hat man vor Augen, wenn man sich vorstellt, mit der Hand eine Haarsträhne hinter das Ohr zu streichen. Dabei wird der Ellenbogen geradewegs nach oben geschoben. Manche Lernende haben einen eingeschränkten Bewegungsspielraum und können womöglich ihren Arm nicht ganz nach oben drehen. Eine Variante dieser Bewegung besteht darin, den Arm schräg am Körper vorbeizuführen, sodass der Ellenbogen zur anderen Seite hin hochkommt. Diese Variante lässt sich nicht bei jeder Gelegenheit einsetzen, aber sie ist besser, als gar nicht zuzuschlagen.

1

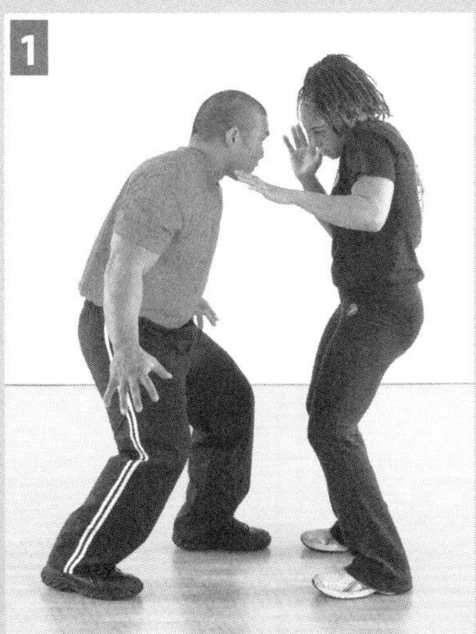

2

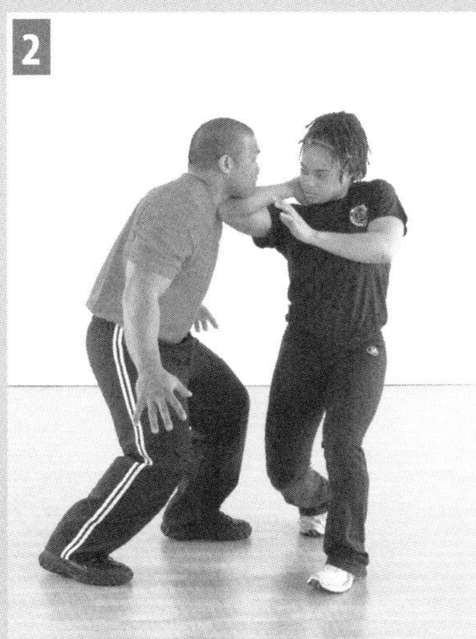

3

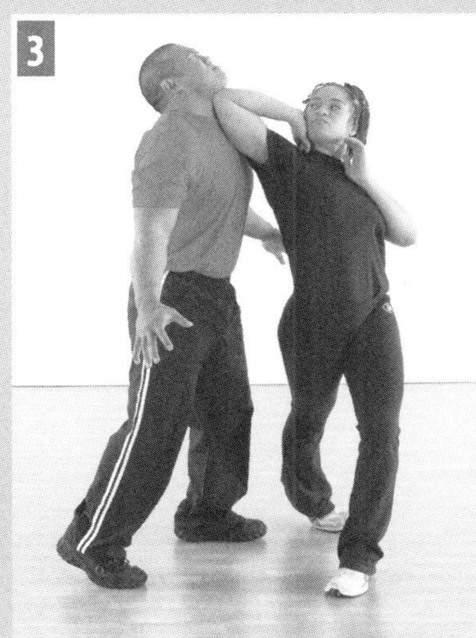

Ellenbogenstoß Nr. 7 (vertikal nach vorn unten)

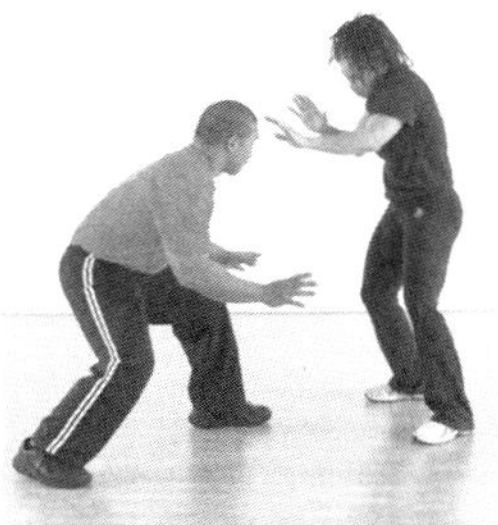

Ausgangsposition

Dieser Ellenbogenstoß ähnelt der Hammerfist nach unten (Seite 95). Der Angreifer attackiert aus geduckter Haltung oder ist vornübergebeugt (zum Beispiel nach einem Tritt zwischen die Beine).

Ausgangsposition: modifizierte neutrale Haltung mit erhobenen Händen.

1 Rechte Hand zur Schulter ziehen, sodass der Ellenbogen stark angewinkelt wird.

2 Ellenbogen nach unten schwingen, dabei die Knie beugen und das Gewicht sinken lassen. Mit dem Punkt oberhalb der Ellenbogenspitze (also in Richtung Schulter liegend) den gegnerischen Kopf oder Nacken treffen.

Ellenbogen zurückschnellen lassen und in die Ausgangsposition zurückkehren.

1

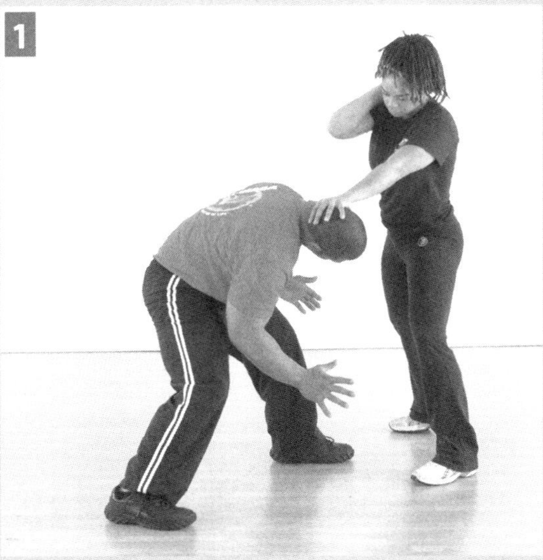

Tipp: Wenn Sie diesen Ellenbogenstoß in einer echten Konfrontation anwenden, müssen Sie damit unbedingt auf empfindliche Stellen zielen. Stoßen Sie nicht auf den Rücken Ihres Gegners ein. Davon merkt er im Adrenalinrausch nichts. Zielen Sie auf Stellen, die ihm sofort wehtun, dann können Sie sich retten.

2

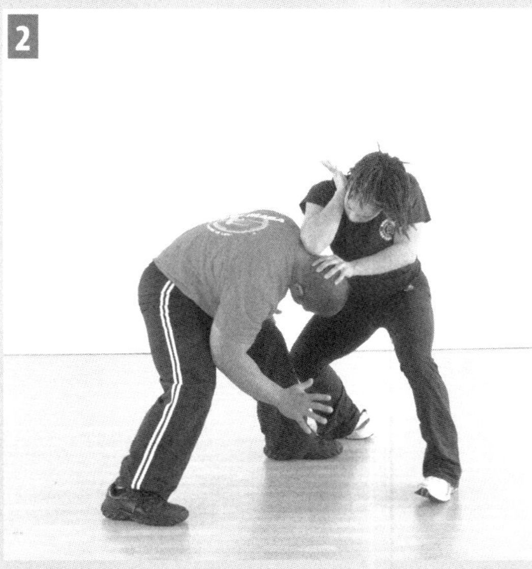

Seitwärtshaken

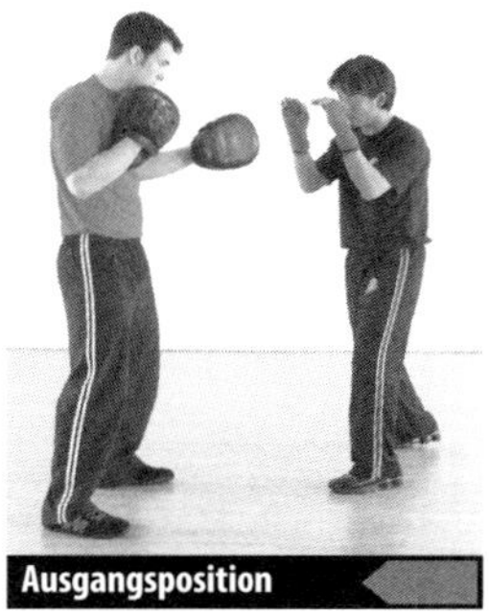

Ein Haken ist dann angebracht, wenn der Gegner nah vor Ihnen steht. Anstatt gerade nach vorn zu schlagen, beugt man den Ellenbogen und schlägt um die Deckung des Gegners herum, um ihn seitlich am Kopf oder am Körper zu treffen. Beim Haken ist die Körperbewegung extrem wichtig. Hier zeigen wir einen linken Haken, aber man kann ebenso mit der Rechten einen Haken schlagen. Ein rechter Haken ist in gewisser Weise leichter, da die hintere Hüfte leichter einsetzbar ist.

Ausgangsposition: Kampfhaltung mit dem linken Fuß vorn.

1 Die linke Faust vorschnellen lassen, dabei den Ellenbogen heben, sodass der Unterarm waagerecht ist. Der Ellenbogen bleibt dabei gebeugt. Auf dem Weg zum Angriffsziel sollte die Faust mit dem kleinen Finger nach unten zeigen. Schulter und Hüfte auf der linken Seite einwärts und nach vorn drehen, um mehr Wucht in den Schlag zu legen. Mit den ersten beiden Knöcheln der Faust den Gegner seitlich am Kiefer oder am Körper treffen. Man entwickelt bei einem linken Seitwärtshaken noch mehr Kraft, wenn man den linken (vorderen) Fuß einwärts dreht.

2 Faust zurückschnellen lassen. Einen Seitwärtshaken beendet man am schnellsten, indem man einfach den Ellenbogen sinken lässt. Dadurch gerät die Hand wieder in eine deckende Haltung. Dann den Körper wieder in die Kampfhaltung zurückdrehen.

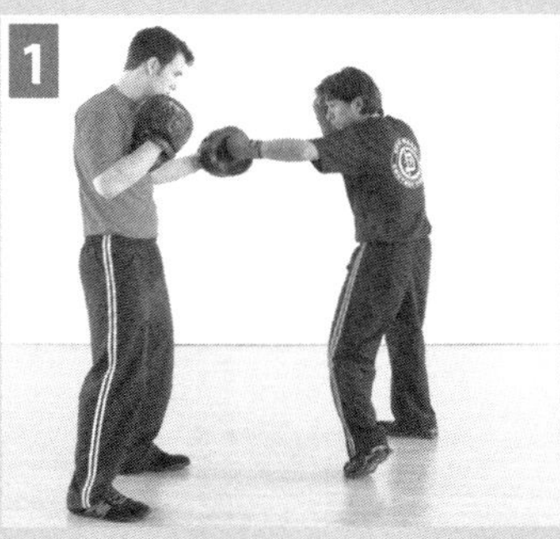

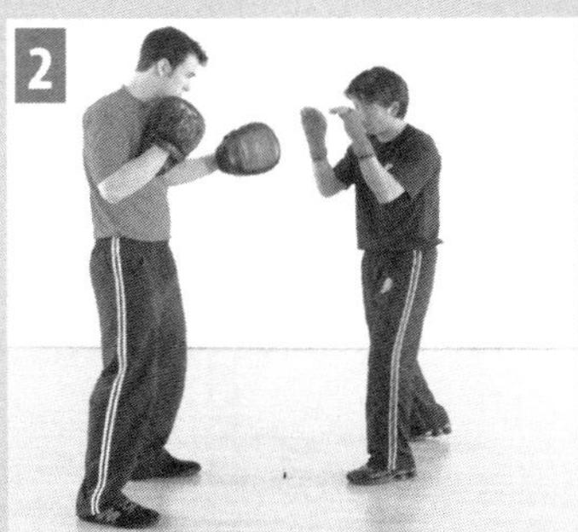

Tipps: Der Haken ähnelt sehr dem Ellenbogenstoß Nr. 1. Mit fortschreitendem Training werden Sie feststellen, dass sich Haken aus vielen verschiedenen Abständen und Winkeln einsetzen lassen. Ist der Gegner sehr nah, schlägt man einen Haken mit stark gebeugtem Ellenbogen. Ist er weiter weg, öffnet man den Ellenbogenwinkel, damit der Haken eine größere Reichweite bekommt.

Auf jeden Fall müssen Ellenbogen und Unterarm stützend hinter der Faust sein. Verläuft der Schlag parallel zum Boden, sollte auch der Unterarm genau waagerecht sein. So kann der Unterarm die Hand im Moment des Auftreffens abstützen, was dem Schlag mehr Wucht verleiht und die Hand vor Verletzung bewahrt.

Es gibt einen Trick, um einen guten Haken hinzubekommen: die Schulter möglichst entspannen. Manche Anfänger spannen ihre Schulter sehr fest an, sodass der Arm nur mit dem Körper zusammen schwingt. Entspannen Sie die Schulter, damit der Arm sich unabhängig vom Oberkörper bewegen kann. Wenn sich dann der Oberkörper dreht und der Arm schwingt, erzeugen die beiden Bewegungen zusammen umso mehr Wucht.

Aufwärtshaken (Uppercut)

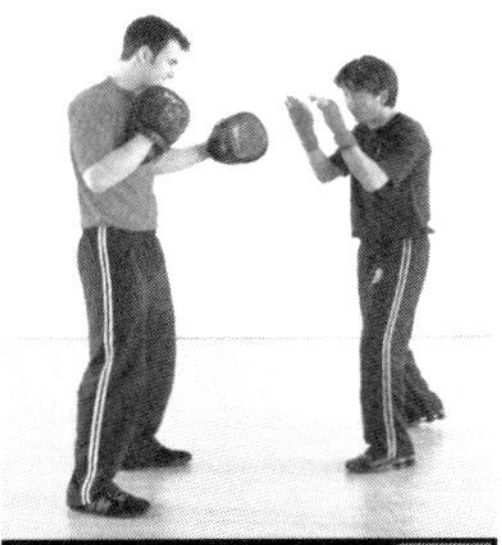

Ausgangsposition

Ein Uppercut ist im Wesentlichen ein Haken aus einem anderen Winkel. So wie sich der Körper beim Seitwärtshaken nach vorn dreht, dreht er sich beim Aufwärtshaken nach oben.

Ausgangsposition: Kampfhaltung mit dem linken Fuß vorn.

1 Leicht in der Hüfte (Bauchmuskeln anspannen) und in den Knien einknicken. Dadurch verlagert sich der Schwerpunkt ein Stückchen unter das Angriffsziel. Je nach Größe des Gegners reicht auch eine ganz leichte Beugung – Hauptsache, die schlagende Hand ist unter dem Angriffsziel und deckt dabei immer noch das Gesicht.

2 Mit der linken Faust nach vorn und oben schlagen, wobei der kleine Finger nach vorn (in Richtung Gegner) zeigt. Die linke Schulter einwärts und nach oben drehen. Ellenbogen dabei immer nah am Körper lassen. Nicht die Hand zur Gürtellinie fallen lassen – damit macht man sich für Gegenangriffe verwundbar. Stemmen Sie sich mit den Beinen nach oben, um die Aufwärtsbewegung der Faust zu verstärken. Kurz vor dem Kontakt die Faust so drehen, dass der Handrücken zum Gegner zeigt, das verleiht dem Schlag etwas Drall.

Faust zurückschnellen lassen. Der Aufwärtshaken sollte den Zielpunkt durchschlagen und dann wie ein Kolben zurückschnellen.

Tipp: Lassen Sie beim Aufwärtshaken den Ellenbogen an den Rippen entlanggleiten. So schlagen Sie eher senkrecht und nicht in einem schrägen Winkel, was ein häufiger Fehler ist. Rammen Sie Ihre Faust durch die Mitte empor, dann wird der Haken wuchtiger und für den Gegner schwerer zu erkennen.

1

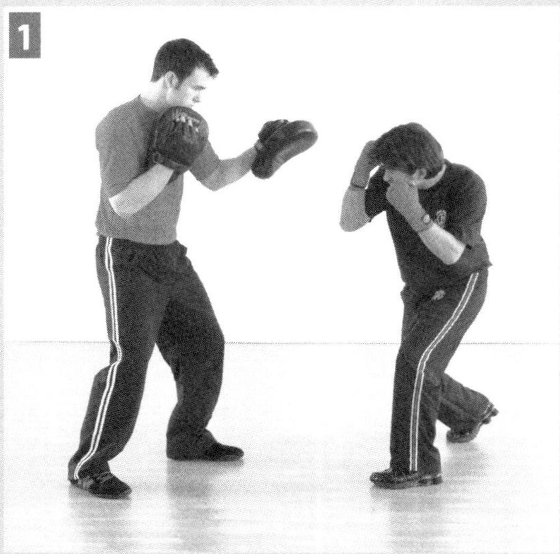

2

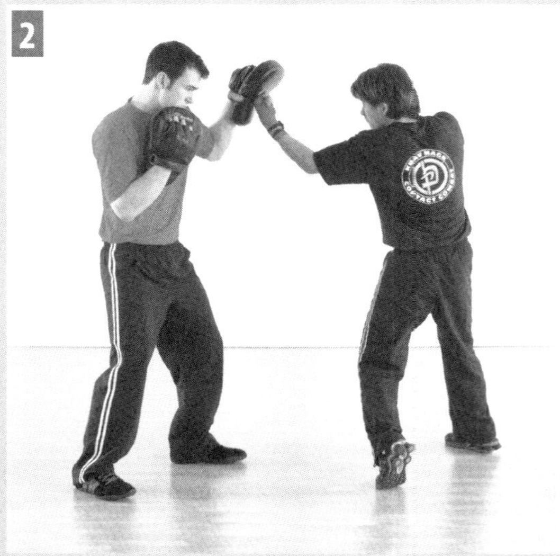

Kopfstoß nach vorn

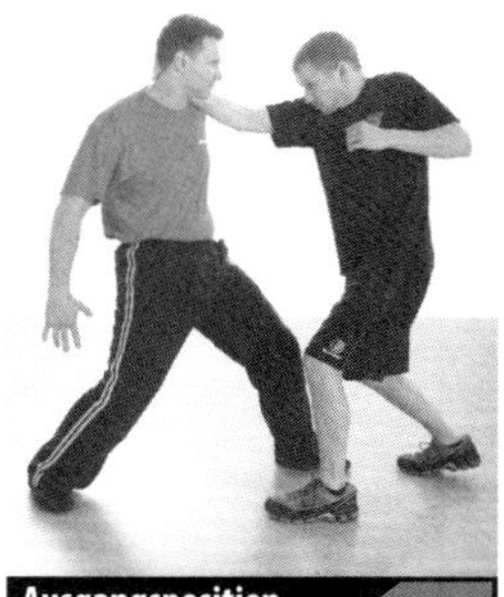

Ausgangsposition

Ein Kopfstoß kann verheerende Wirkung haben; er wird aus sehr kurzer Distanz eingesetzt, entweder im Stehen oder am Boden. Man muss dabei das Kinn auf der Brust lassen und mit der oberen Stirn Weichteile des gegnerischen Kopfes treffen. In diesem Buch behandeln wir nur den Kopfstoß nach vorn. Kopfstöße lassen sich in viele Richtungen ausführen, aber diese ist die meistangewendete.

Ausgangsposition: Dem Angreifer direkt gegenüber stehen, fast Bauch an Bauch. Eventuell den Kopf des Angreifers an den Ohren oder seitlich an den Haaren packen, um genauer und kräftiger zustoßen zu können.

1 Hals steif und Kiefer fest geschlossen halten. Kopf mithilfe von Beinen und Oberkörper nach vorn stoßen. Kontaktpunkt ist der obere Rand Ihrer Stirn, direkt am Haaransatz. Als Angriffsziel eignen sich die Nase des Angreifers, der Wangenknochen oder Ähnliches.

Tipp: Man muss den Gegner nicht unbedingt am Kopf packen. Ein kräftiger (und tückischer) Kopfstoß ist auch ohne Festhalten machbar. Falls Sie doch zupacken, müssen Sie darauf achten, den Kopf des Gegners nicht nach unten zu zerren. Dadurch würde sein Gesicht geschützt, und sein harter Schädel käme ins Spiel, der Ihren Kopf verletzen könnte. Wir haben schon zusehen müssen, wie sich manche Kämpfer mit Kopfstößen selbst k. o. geschlagen haben.

1

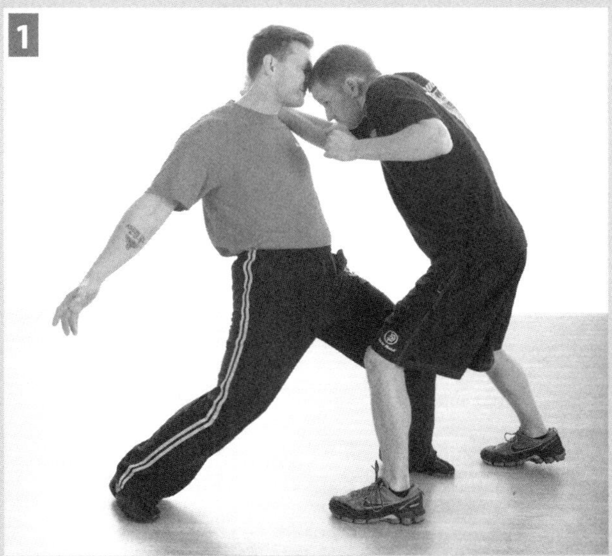

Mechanik des Hammerfist-Schlags

So wie Ellenbogenstöße können Hammerfist-Schläge in fast jede beliebige Richtung Kraft entfalten. Im Training sollten Sie die neutrale Haltung einnehmen, um die treibende Hüftdrehung einzuüben. Kontaktfläche ist bei allen Hammerfist-Schlägen die fleischige Seite der Faust, also die Seite des kleinen Fingers. Bei normalen Faustschlägen besteht immer das Risiko von Knöchelverletzungen, Hammerfists sind dagegen ganz ungefährlich. Am wirksamsten sind sie, wenn man sie gegen das Gesicht oder die Halsseite richtet.

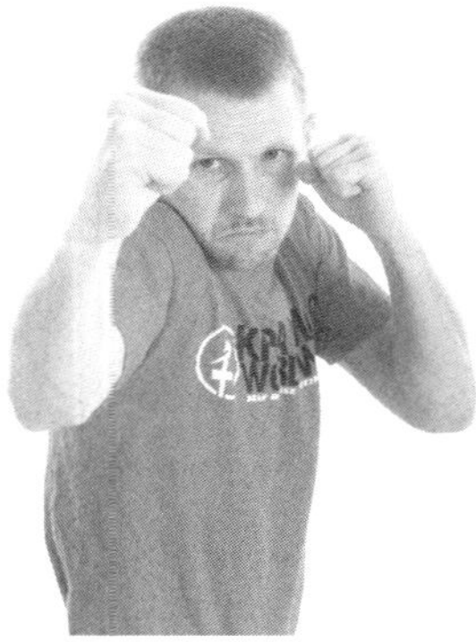

Hammerfists

Hammerfist zur Seite

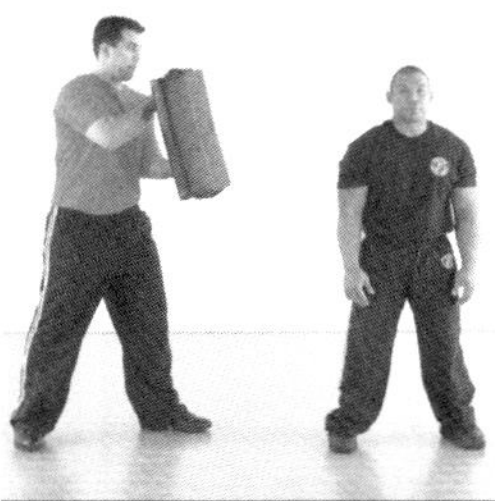

Ausgangsposition

Eine Hammerfist zur Seite kann man sowohl aus der Kampfhaltung als auch aus der neutralen Haltung üben. Da dieser Schlag oft als Reaktion auf einen Überraschungsangriff eingesetzt wird, fangen wir meistens mit der neutralen Haltung an.

Ausgangsposition: neutrale Haltung.

1 Die rechte Hand mit leicht gebeugtem Ellenbogen zur Seite und nach oben bewegen. Mit der Bewegung der Hand zum Zielpunkt hin Hüfte und Schulter eindrehen. Kinn auf die Brust. Der schlagende Arm sollte gleichzeitig auch den Körper decken. Den äußeren Fuß eindrehen und einen Schritt auf den Gegner zugehen, um Gewicht in den Schlag zu legen.

2 Beim Kontakt mit dem Angriffsziel sollte der Ellenbogen immer noch leicht gebeugt sein. Der gebeugte Ellenbogen sollte am Zielpunkt vorbeigehen, damit der Schlag durchdringt; außerdem wird dadurch eine Überstreckung des Ellenbogens vermieden.

Hand zurückschnellen lassen.

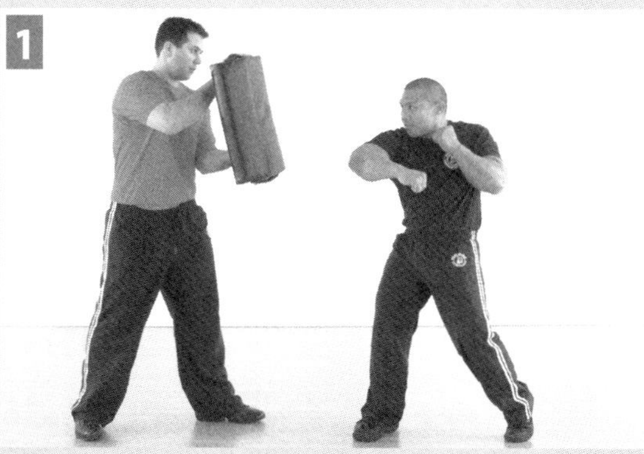

1

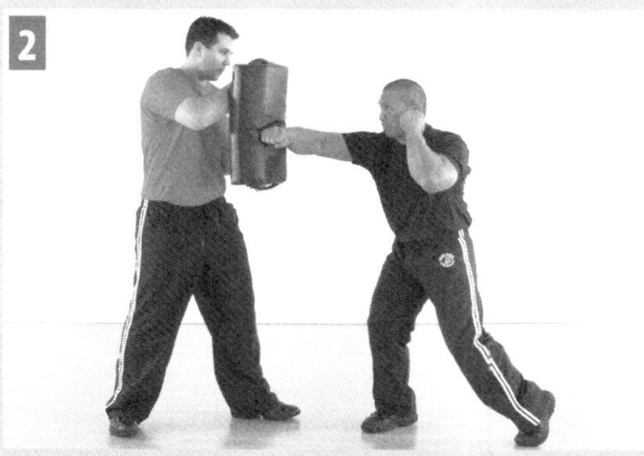

2

Hammerfist nach hinten

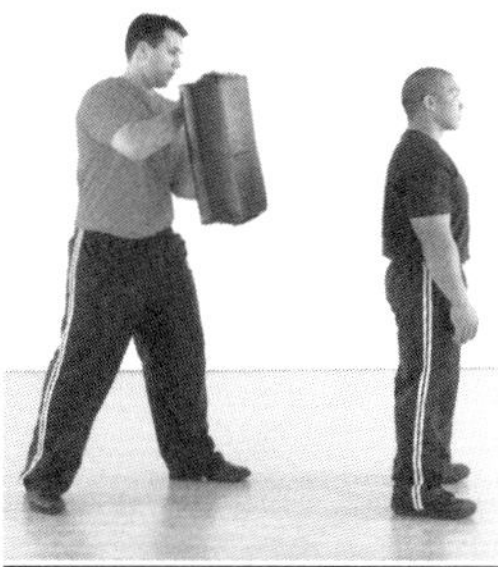

Ausgangsposition

Eine Hammerfist nach hinten ist im Wesentlichen das Gleiche wie eine Hammerfist zur Seite, aber da die Attacke von hinten kommt, benötigt der Schlag mehr Drehung. Üben Sie ihn, um die Erfahrung zu machen, dass Sie in alle Richtungen »um sich schlagen« können.

Ausgangsposition: neutrale Haltung.

1 Über die rechte Schulter schauen. Die rechte Hand mit leicht gebeugtem Ellenbogen zur Seite und nach oben bewegen. Mit der Bewegung der Hand zum Angriffsziel hin Hüfte und Schulter eindrehen. Kinn auf die Brust. Der schlagende Arm sollte gleichzeitig auch den Körper decken. Den äußeren Fuß eindrehen und einen Schritt auf den Gegner zugehen, um Gewicht in den Schlag zu legen.

2 Beim Kontakt mit dem Zielpunkt sollte der Ellenbogen immer noch leicht gebeugt sein. Der gebeugte Ellenbogen sollte durch das Angriffsziel hindurchgehen, damit der Schlag einwirkt; außerdem wird dadurch eine Überstreckung des Ellenbogens vermieden.

Faust zurückschnellen lassen.

Tipp: Achten Sie darauf, dass Sie mit der Schwungbewegung auch Ihr Gesicht decken. Auch wenn sie keine Abwehrtechnik ist – sie ist ein Angriff! –, sollte die Schwungbewegung Ihnen etwas Schutz bieten, falls der Angreifer mit seiner Attacke schneller ist.

1

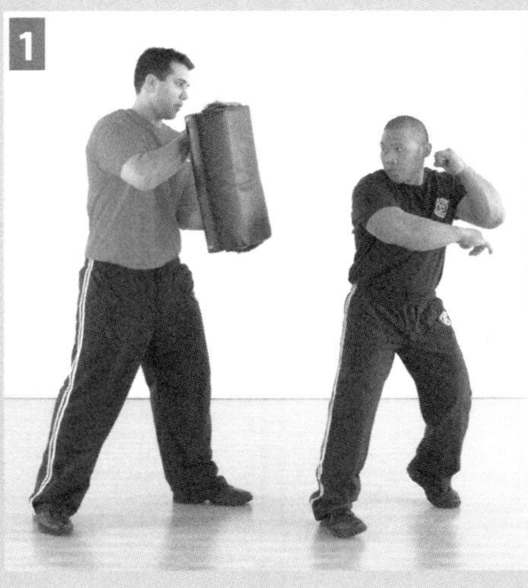

2

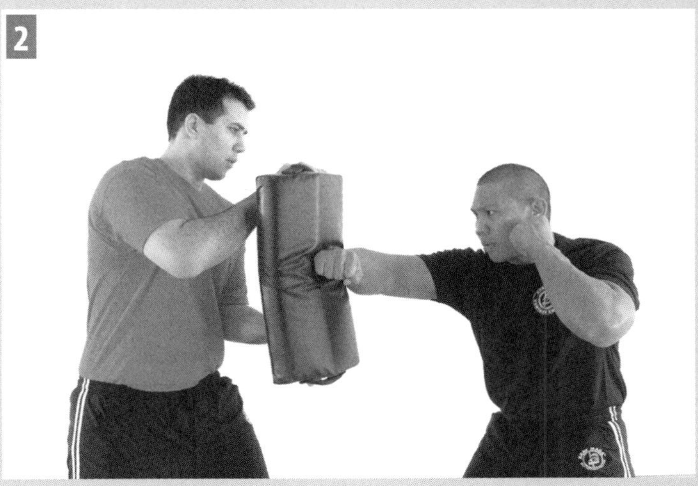

Hammerfist nach vorn

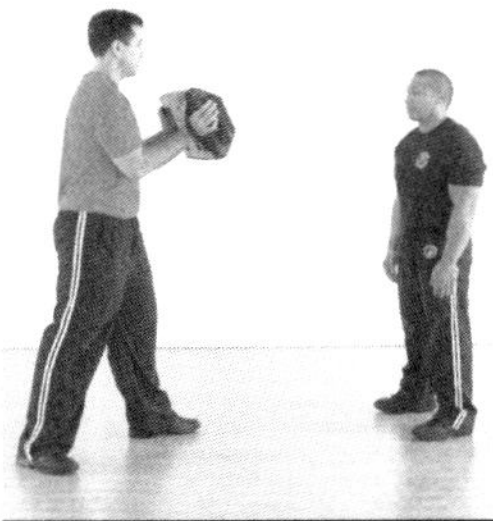

Ausgangsposition

Eine Hammerfist nach vorn hat generell das Gesicht des Gegners zum Ziel.

Ausgangsposition: neutrale Haltung.

1 Mit der rechten Hand leicht nach oben ausholen – etwa von Kinn- bis Augenhöhe. Die Hand nicht zu hoch über den Kopf heben; eine solche Bewegung wäre zu langsam und verräterisch.

2 Während die Faust niedergeht, legt man durch Ein- und Vorwärtsdrehen von Schulter und Hüfte und durch Gegenstemmen der Beine noch mehr Kraft in den Schlag.

Faust zurückschnellen lassen.

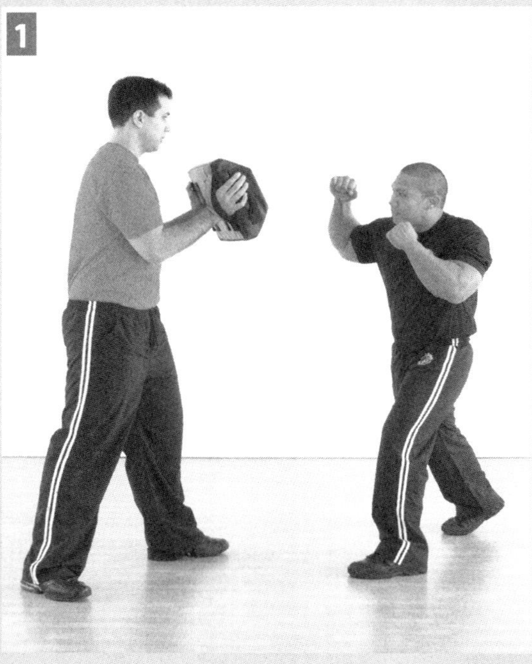

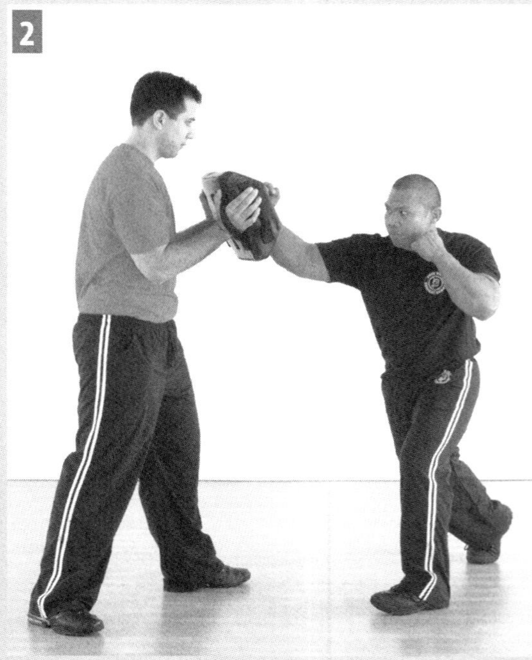

Hammerfist nach unten

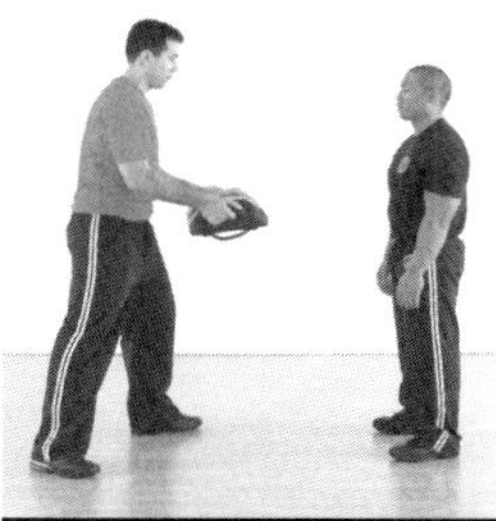

Ausgangsposition

Eine Hammerfist nach unten hat generell den Nacken oder den Hinterkopf (zum Beispiel nach einem Tritt zwischen die Beine) des vornübergebeugten Gegners zum Ziel. Als Ziel kommen auch die Nieren (bei einer tiefen Umklammerung) oder das Gesicht infrage.

Ausgangsposition: neutrale Haltung.

1 Mit der rechten Hand leicht nach oben ausholen.

2 Während die Faust niedergeht, legt man durch Ein- und Vorwärtsdrehen von Schulter und Hüfte und durch Beugen der Knie noch mehr Kraft in den Schlag. Nicht in der Hüfte einknicken.

Faust zurückschnellen lassen.

1

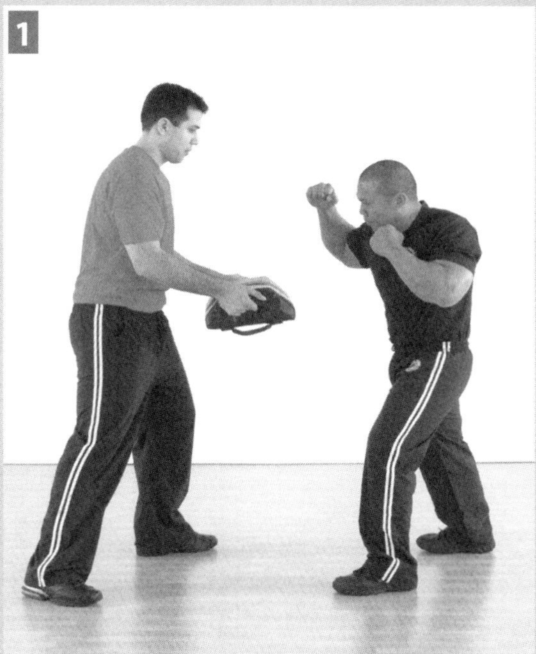

2

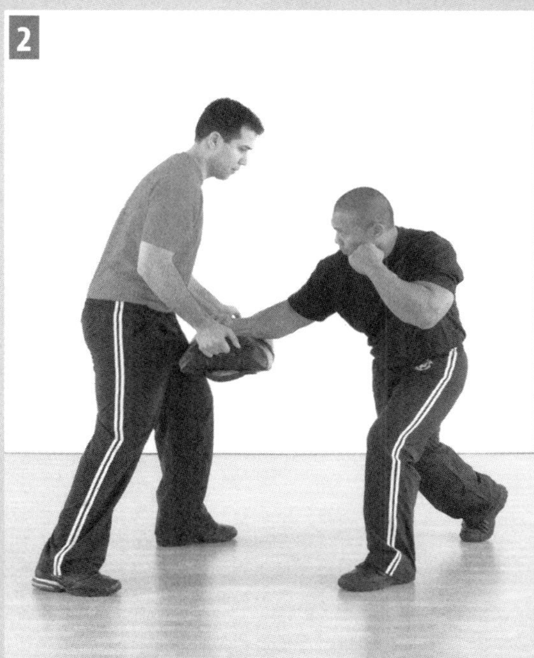

Front-Kick zwischen die Beine

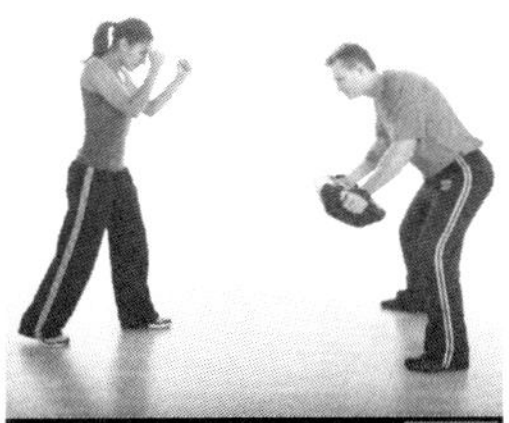

Ausgangsposition

Ausgangsposition: Kampfhaltung mit dem linken Fuß vorn.

1 Rechtes Bein mit angewinkeltem Knie nach vorn schwingen.

2 Fuß vorschnellen lassen und durch das Angriffsziel hindurchtreiben, dabei die Hüfte hoch und nach vorn kommen lassen. Leicht auf dem linken Standbein drehen – dadurch werden die Hüften geöffnet, was den Tritt verlängert und mit Wucht versieht. Mit dem Fußrücken (etwa auf Höhe der Schnürsenkelschleife) oder dem Schienbein auftreffen.

Fuß zurückschnellen lassen. Nach dem Tritt sollten Sie den Fuß entweder vor sich aufsetzen oder zurück in die Kampfhaltung bringen können.

1

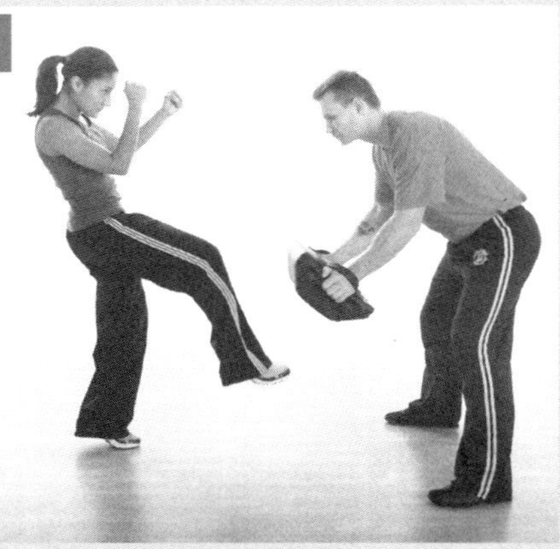

2

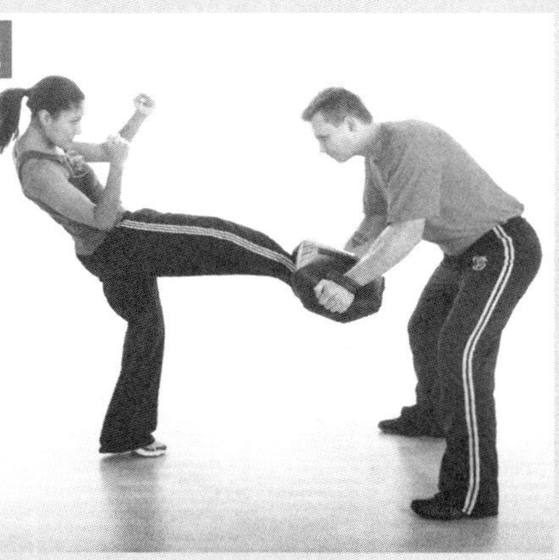

Tipps: Die erwähnte Drehung des Standbeins ist sehr wichtig, vor allem dann, wenn Sie nicht sehr gelenkig sind. Damit der Tritt kräftig wird, müssen sich die Hüften nach vorn öffnen. Bei denen von uns, die weniger flexibel sind, verschafft die leichte Drehung des Fußes den Hüftgelenken mehr Spielraum, um sich zu öffnen. Und wie schon gesagt kann man entweder mit dem Fußrist oder dem Schienbein zutreten. Das Schienbein hält mehr aus, aber der Fuß ist nützlich, wenn das Angriffsziel weiter entfernt ist.

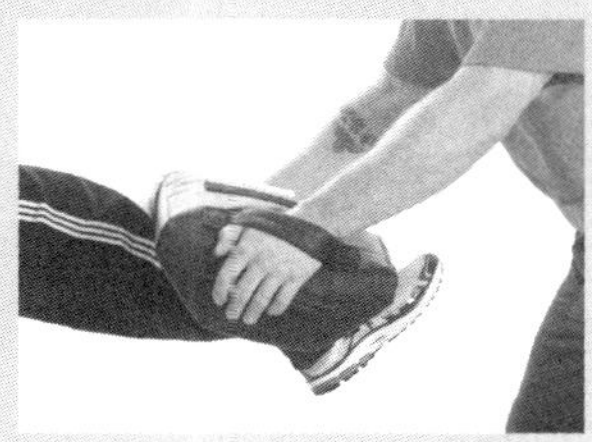

Tritt man aus der neutralen Haltung heraus, ist es eigentlich egal, mit welchem Bein man zutritt. Aber da der Körper ja nicht bereit zum Treten ist, kann folgender Tipp hilfreich sein: Um in der neutralen Haltung Kraft zum Zutreten zu finden, verlagert man das Gewicht plötzlich und explosiv auf das Standbein und lässt das Trittbein in Richtung Angriffsziel schnellen. Eine zu langsame Bewegungsabfolge (also erst die Gewichtsverlagerung, dann der Tritt) verrät dem Gegner die Absicht. Gewichtsverlagerung und Tritt sollten eine einzige gleichzeitige Bewegung sein. Auch sind Schnelligkeit und Durchdringung der gegnerischen Deckung wichtiger als Trittkraft. Zwar wollen wir immer mit Wucht zutreten, aber auch ein leichter Tritt ins Geschlecht kann Schaden anrichten, wenn er nur gut platziert ist!

Front-Kick gegen eine vertikale Fläche

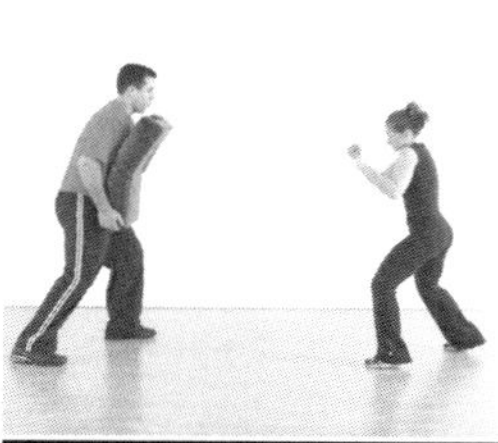
Ausgangsposition

Ausgangsposition: Kampfhaltung mit dem linken Fuß vorn.

1 Rechtes Bein mit angewinkeltem Knie nach vorn heben.

2 Fuß, Bein und Hüfte geradeaus vorschnellen lassen (also nicht nach oben schwingen wie beim Front-Kick zwischen die Beine). Beim Treten die Zehen nach oben in Richtung Fußrücken rollen, sodass der Fußballen gespannt hervortritt. Mit dem Fußballen zutreten.

Fuß zurückschnellen lassen. Nach einem kräftigen Tritt sollten Sie den Fuß dort absetzen können, wo es Ihnen passt, entweder vor sich hin oder zurück in die Kampfhaltung.

1

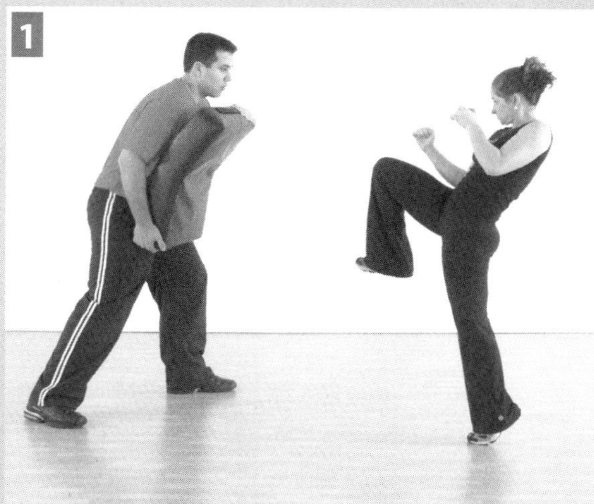

Tipp: Auch wenn dieser Tritt von unten nach oben geht (da der Fuß anfangs auf dem Boden ist), ist die Hauptrichtung doch waagerecht, denn man will ein vertikales Ziel treffen, etwa den gegnerischen Bauch.

2

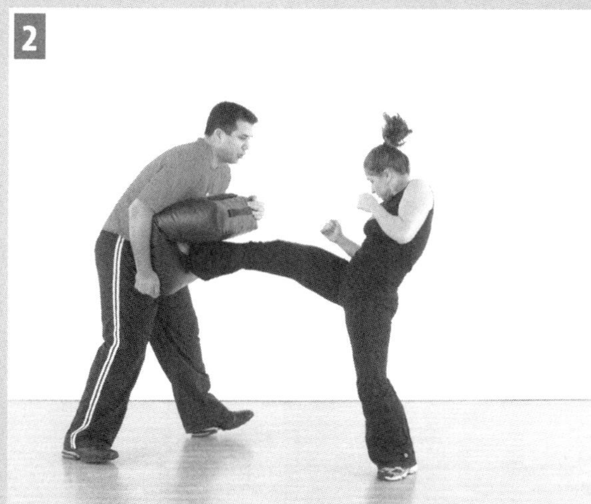

Round-Kick

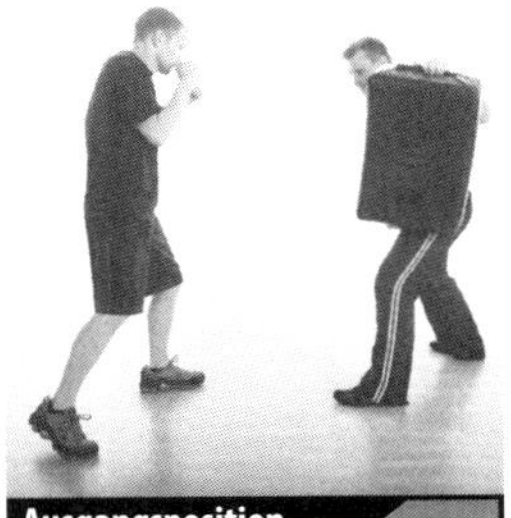

Ausgangsposition

Ein Round-Kick ist im Wesentlichen ein Front-Kick, der im letzten Augenblick eindreht. Wie beim Front-Kick Nr. 1 wird beim Round-Kick mit dem Schienbein oder dem Fußrücken zugetreten. Bei einer Variante für Fortgeschrittene ist der Fußballen die Kontaktfläche. Mit Round-Kicks erreicht man das gegnerische Kniegelenk, den Oberschenkel, die Rippen oder sogar den Kopf, obwohl hohe Tritte bei Krav Maga keine große Rolle spielen.

Ausgangsposition: Kampfhaltung mit dem linken Fuß vorn.

1 Rechtes Bein fast genauso emporschwingen wie beim Front-Kick. Auf dem Weg nach oben jedoch das Becken eindrehen, sodass der Tritt in eine horizontale Richtung wechselt. Es hilft, das Standbein auf dem Fußballen so zu drehen, dass die Ferse nach vorn kommt.

2–3 Die Hüfte weiter eindrehen und mit dem Bein auf das Angriffsziel »einhacken«. Tritt durchziehen, nicht abstoppen. Selbst beim Auftreffen sollte das Knie immer noch leicht gebeugt sein, um es vor Überstreckung zu bewahren.

Fuß zurückschnellen lassen. Nach dem Tritt sollten Sie den Fuß entweder kontrolliert vor sich aufsetzen oder zurück in die Kampfhaltung bringen können.

Tipp: Wenn Sie diesen Tritt austeilen, sollten Sie so stehen, dass Sie den Tritt durchs Angriffsziel durchziehen können, anstatt es nur an der Oberfläche zu treffen. Wenn Sie beispielsweise mit dem rechten Bein treten, sollte das Angriffsziel direkt vor Ihnen sein, damit Sie durchziehen können. Stehen Sie zu weit rechts, wird der Tritt schon an Wucht verloren haben, wenn er auftrifft. Stehen Sie etwas weiter links, wirkt der Tritt durchdringender und richtet mehr Schaden an.

1

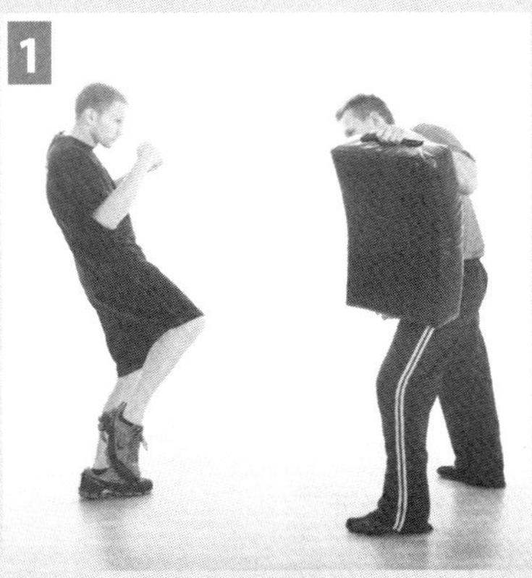

2

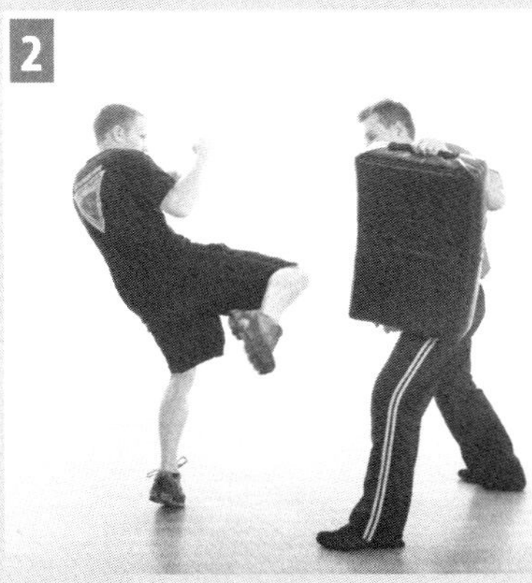

3

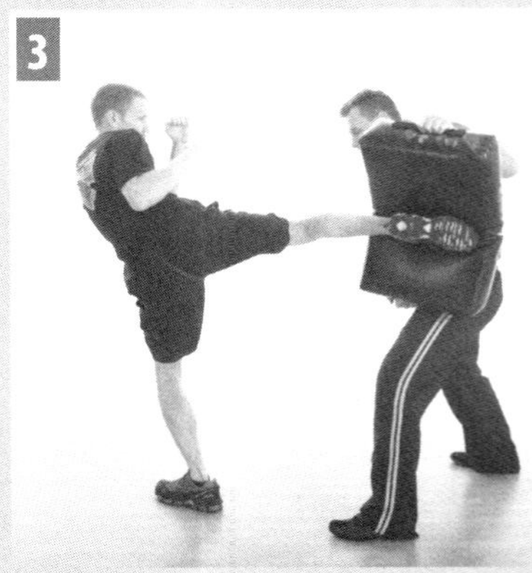

Back-Kick

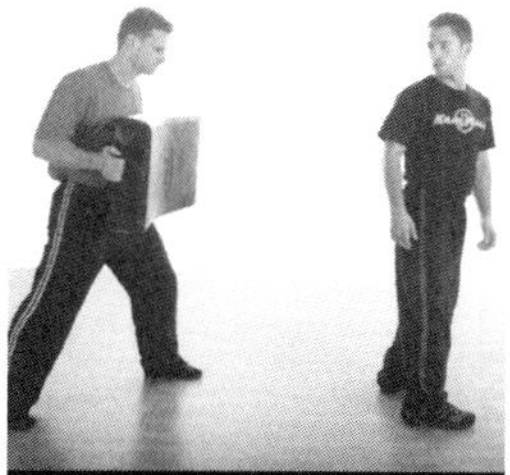

Ausgangsposition

Den Back-Kick stellt man sich am besten als Stampfbewegung vor. Der Kontakt wird mit der Ferse hergestellt. Er wird zuerst aus dem Stand heraus geübt, später dann mit einem kleinen Schritt.

Ausgangsposition: neutrale Haltung. Der Zielpunkt befindet sich direkt hinter Ihnen. Zunächst erkennt man die Bedrohung mit einem schnellen, natürlichen Schulterblick.

1–2 Rechtes Knie vor dem Körper hochziehen, dann den rechten Fuß mit den Zehen nach unten (nicht ausgestreckt) und nach hinten schnellen lassen. Mit der Ferse zutreten und den Zielpunkt durchdringen. Dabei den Oberkörper nach vorn beugen und die Hüften (besonders die auf der tretenden Seite) nach hinten in den Tritt hineinschieben. Beim Zutreten um den Arm herum nach hinten blicken, nicht über die Schulter. Wenn man weiterhin über die Schulter blickt, kann man sich nicht vorbeugen und kein Gewicht in den Tritt legen.

Fuß zurückschnellen lassen. Als Anfänger kommt man womöglich mit dem Rücken zum Gegner zum Stehen. Wer den Tritt beherrscht, sollte sich beim Zurückschnellen auf dem linken Fuß (Standbein) drehen und sich so dem Gegner zuwenden.

Tipp: Um die Mechanik des Back-Kicks zu verstehen, tun Sie einfach so, als zerträten Sie eine Cola-Dose. Dazu heben Sie das Knie vor den Körper und stampfen mit der Ferse auf die imaginäre Dose hinab. Sie werden unwillkürlich etwas Gewicht in die Stampfbewegung legen, indem Sie die Hüfte hinterherstoßen. Merken Sie sich diese Bewegung und stampfen Sie den Back-Kick genauso, nur nach hinten.

1

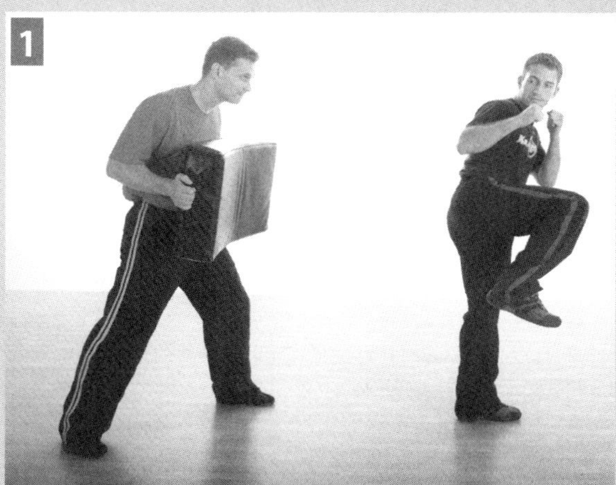

2

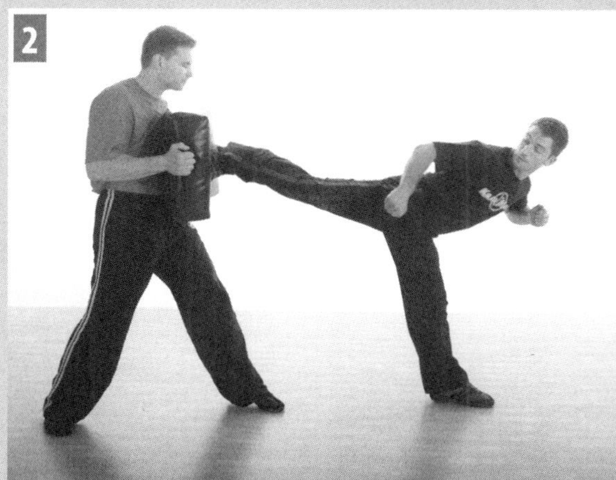

Defensiver Front-Kick

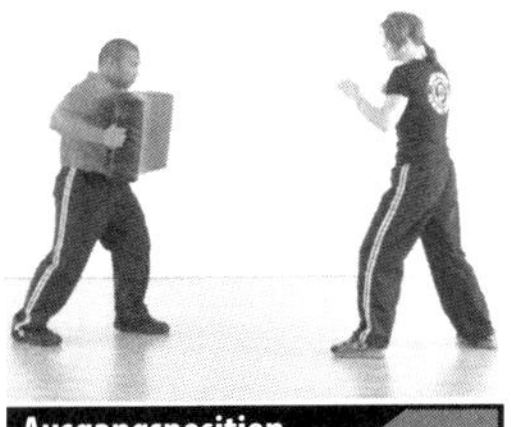
Ausgangsposition

Anders als der Front-Kick gegen eine vertikale Fläche (Seite 97), der eine durchdringende Schadwirkung haben soll, hat der defensive Front-Kick den Zweck, entweder einen näher rückenden Angreifer aufzuhalten oder einen nahen Gegner weiter wegzustoßen. Aus diesem Grund wird mit dem ganzen Fuß zugetreten. Aufgrund der größeren Kontaktfläche wirkt der Tritt eher stoßend als durchdringend.

Ausgangsposition: Kampfhaltung mit dem linken Fuß vorn.

1 Rechtes Knie hochziehen, dabei die Zehen nach hinten ziehen (Fuß nicht zuspitzen). Den Fuß nach vorn stoßen und mit der ganzen Fußsohle zutreten. Beim Auftreffen sollte das Knie noch leicht gebeugt sein, damit es nicht überstreckt wird. Unbedingt die rechte Hüfte in den Tritt hineinschieben und Kraft aus dem Standbein holen.

Fuß zurückschnellen lassen und entweder vorn oder hinten aufsetzen.

1

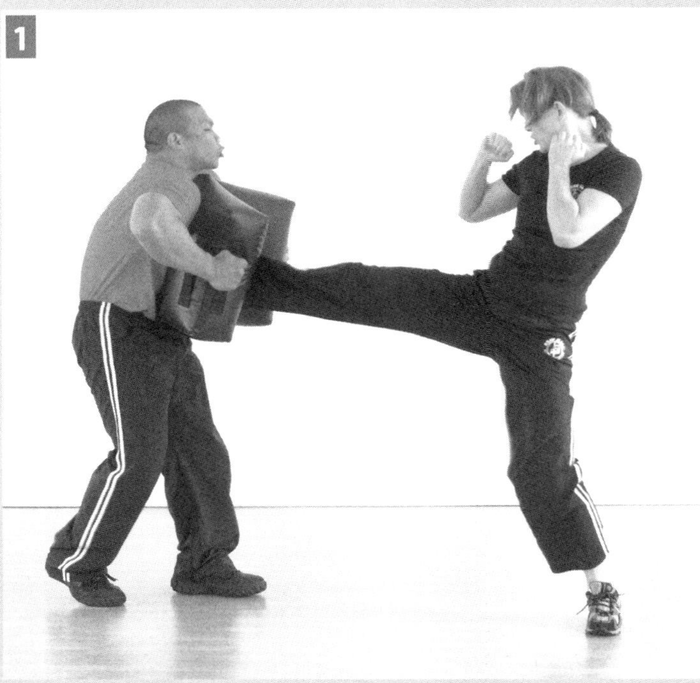

Tipp: Auch wenn wir im Krav Maga möglichst Techniken lehren, bei denen das Timing nicht so wichtig ist, sollten Sie bei dieser hier aufs Timing achten. Treten Sie zu früh, werden Sie Ihr Knie überstrecken. Treten Sie dagegen zu spät auf den näher rückenden Gegner ein, kann der Tritt eingeklemmt werden und Sie könnten hintenüberkippen. Üben Sie den Tritt daher zuerst mit einem unbeweglichen Angriffsziel und dann mit einem, das langsam näher kommt; so lernen Sie den Abstand einzuschätzen.

Kniestoß von vorn

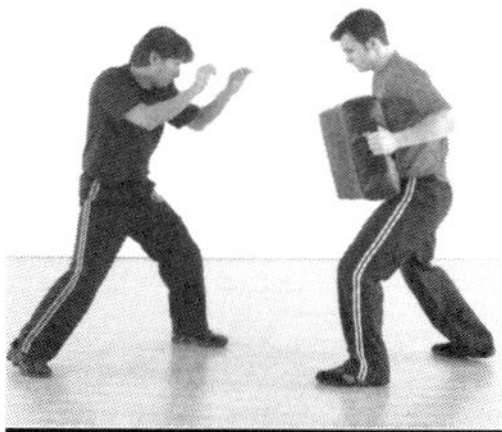

Ausgangsposition

Wenn der Front-Kick der Geraden entspricht, dann sind Kniestöße die Parallele zu Ellenbogenstößen. Sie sind also quasi Tritte auf kürzerer Distanz.

Ausgangsposition: Kampfhaltung mit dem linken Fuß vorn, nah am Gegner.

1 Mit der linken Hand den rechten Oberarm des Gegners festhalten. Mit der rechten Hand seine Schulter oder seinen Hals packen, dazu die Finger in seine Haut krallen. Rechten Unterarm gegen den Hals des Gegners drücken, den Ellenbogen dabei unten lassen. Dadurch wird der Gegner daran gehindert, nach den Beinen zu fassen.

2 Den Körper des Gegners nach vorn und/oder nach unten zerren und dabei das rechte Knie aufwärts rammen. Mit dem Punkt oberhalb der Kniescheibe Genitalien, Bauch oder Gesicht treffen. Hüfte nach vorn schieben, um den Stoß zu verstärken.

Tipp: Ein häufiger Anfängerfehler besteht darin, sich mit dem ganzen Körper dem Gegner entgegenzuwerfen. Das fühlt sich aggressiv an, weil man auf den Gegner einstürzt. Allerdings erhält der Kniestoß an sich auf diese Weise wenig Wucht. Stoßen Sie lieber Ihr Knie und Ihre Hüfte nach vorn in den Gegner hinein. So entfalten Sie mehr Kraft, bleiben besser im Gleichgewicht und halten die Kampfdistanz im Griff.

1

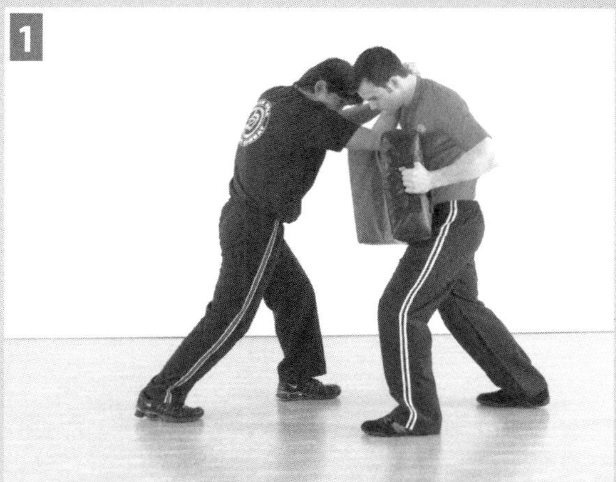

2

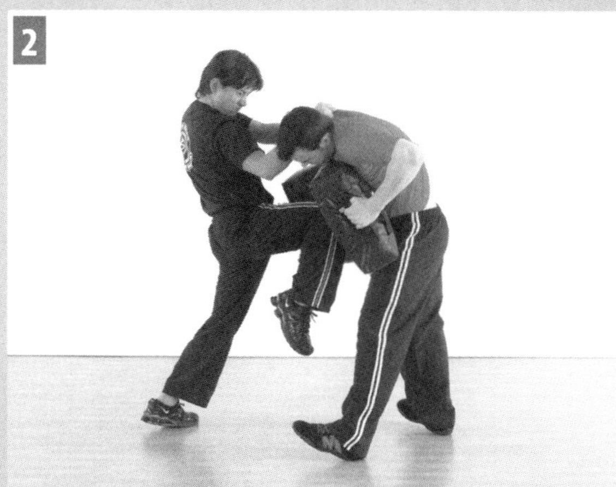

Kniestoß von der Seite

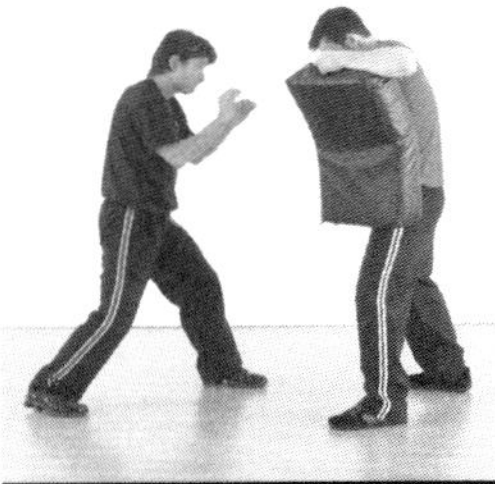

Ausgangsposition

Kniestöße kann man aus verschiedenen Winkeln heraus austeilen. Wie der Round-Kick beginnt auch der Kniestoß von der Seite als ziemlich gerader Tritt, aber dann dreht sich die Hüfte ein. Diese Variante sollte erst dann eingeübt werden, wenn man den einfachen Kniestoß von vorn beherrscht. Sie ist recht wirksam, wenn der Gegner nah vor einem steht und seine Flanke ungeschützt lässt.

Ausgangsposition: Kampfhaltung mit dem linken Fuß vorn, nah am Gegner.

1 Den rechten Arm und die Schulter des Gegners festhalten, dazu die Finger in seine Haut krallen. Rechten Unterarm gegen den Hals des Gegners drücken, den Ellenbogen dabei unten lassen. Dadurch wird der Gegner daran gehindert, sich auf die Beine zu stürzen.

2 Den Körper des Gegners nach vorn und/oder nach unten zerren und dabei das rechte Knie nach vorn schwingen. Die Hüfte ähnlich wie beim Round-Kick eindrehen, sodass das Knie eine eher horizontale Stoßrichtung bekommt. Dieser Stoß zielt normalerweise auf die Rippen, den Bauch oder den Kopf. Hüfte nach vorn schieben, um den Stoß zu verstärken.

Tipp: Um beide Kniestöße einzuüben, sollten Sie sie auch langsam trainieren. Stellen Sie sich nah vor den Partner (oder einen Sandsack) und führen Sie gerade und seitliche Kniestöße aus, mit leichtem Kontakt, aber immer mit in den Stoß hineingeschobener Hüfte.

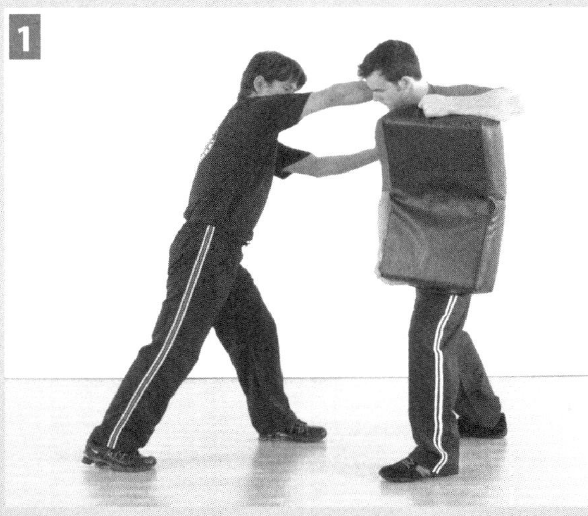

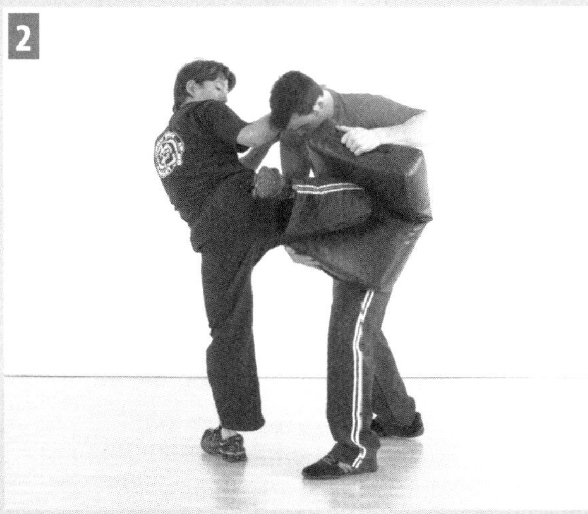

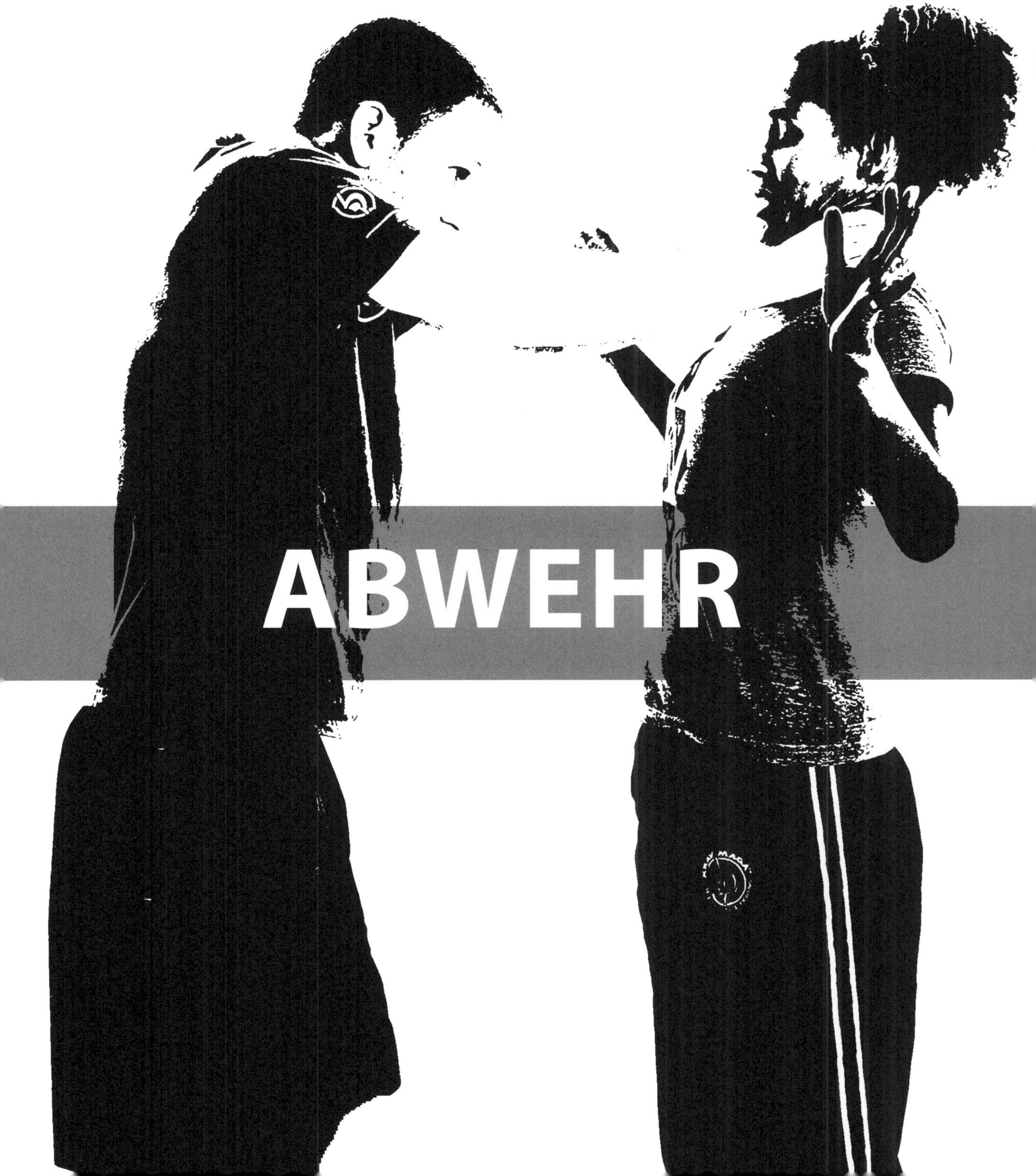

ABWEHR

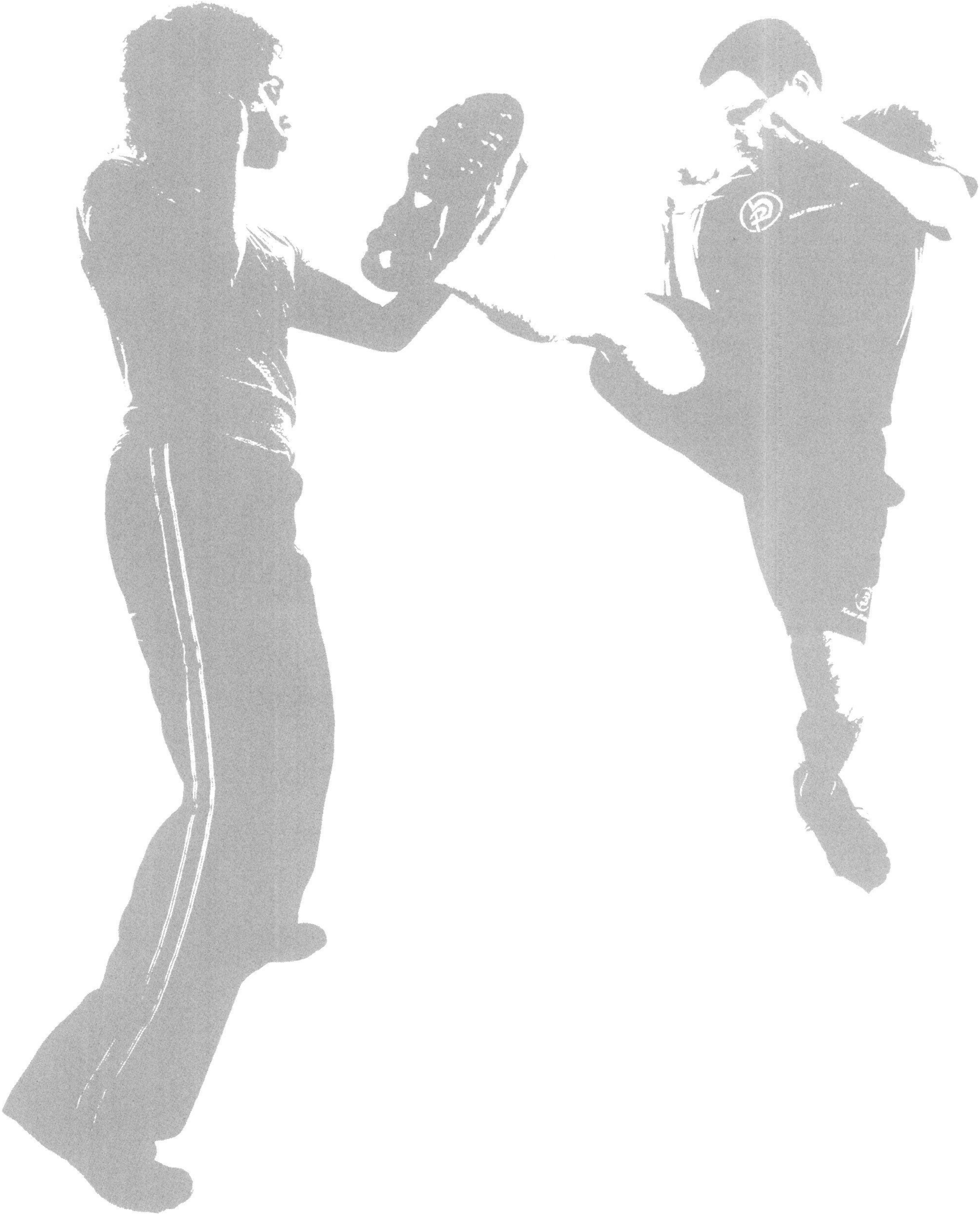

Übersicht: Defenses

Die Selbstverteidigungstechniken – *Defenses* genannt – sind nach Angriffsart geordnet. Zu jedem *Angriff* werden *Hauptgefahr, Nebengefahren, Lösung, erster Konter, Neutralisierung* des Angreifers, *wichtige Hinweise* und *häufige Fragen* aufgeführt. Bei einigen Defenses kommen zum weiteren Verständnis noch Tipps fürs Training hinzu.

Der Begriff **Angriff** ist selbsterklärend. Es handelt sich um das Tun des Angreifers. Die Verteidiger sollten, wie schon erörtert, aus unvorteilhafter Position heraus trainieren, also aus der sogenannten »neutralen Haltung«. Mit **Hauptgefahr** beschreiben wir das wirkliche Problem des Angriffs und den Schaden, den er vom Wesen her bezweckt. **Nebengefahren** sind Probleme, die sich nachfolgend aus der Hauptgefahr oder aus den Folgen der Defense ergeben können.

Die **Lösung** ist die Defense selbst. Sie ist die Abwehrtechnik gegen oder die Reaktion auf die Hauptgefahr. Im Gegensatz dazu ist der **erste Konter** eine Combative, die den laufenden Angriff stoppen soll. Der erste Gegenangriff verändert die Kampfdynamik und sollte möglichst gleichzeitig mit der Defense ausgeführt werden.

Unter **Neutralisierung** werden Combatives genannt, die auf den ersten Konter folgen und dem Angreifer den Willen oder die Fähigkeit zum Weiterkämpfen nehmen sollen, sodass eine Flucht möglich wird. Die nachfolgenden Combatives sollten sich nach den Reaktionen des Angreifers richten und keine festgelegten Schlagabfolgen sein. Auch hier ist Krav Maga eine Problemlösungsmethode. Beispielsweise ist es nicht erfolgversprechend, im Training auf einen Genitalientritt einen Kopfstoß folgen zu lassen, denn meistens macht die natürliche Reaktion auf einen Tritt zwischen die Beine dies unmöglich. Langsam kämpfen zu üben, also Gegenangriffe in stark verlangsamtem Tempo auszuführen, bewährt sich im Training immer wieder. So erlernen Krav-Maga-Schüler die Mittel- und Zielfindung: Welche verwundbaren Stellen sind ungeschützt? Welche Combatives sind momentan am effektivsten? Achtung: Selbst beim langsamen Kämpfen sollte der erste *Pluck* (siehe Seite 136) *immer* explosiv ausgeführt werden.

Damit alles auf einen Blick erfassbar ist, werden am Ende der Erläuterungen **wichtige Hinweise** aufgeführt und anschließend **häufige Fragen** beantwortet. An diesem Abschnitt erkennt man einen weiteren Unterschied zwischen Krav Maga und anderen Kampfstilen und Selbstverteidigungsmethoden. Bei Krav Maga sind Schülerfragen nicht nur willkommen, sondern sogar erwünscht. Dies ist der Grund, warum Krav Maga als Verteidigungstechnik über die Jahre immer besser geworden ist und in Zukunft noch besser werden wird. Krav-Maga-Kursleiter wollen Leben retten, nicht ihr Ego oder eine Tradition bewahren.

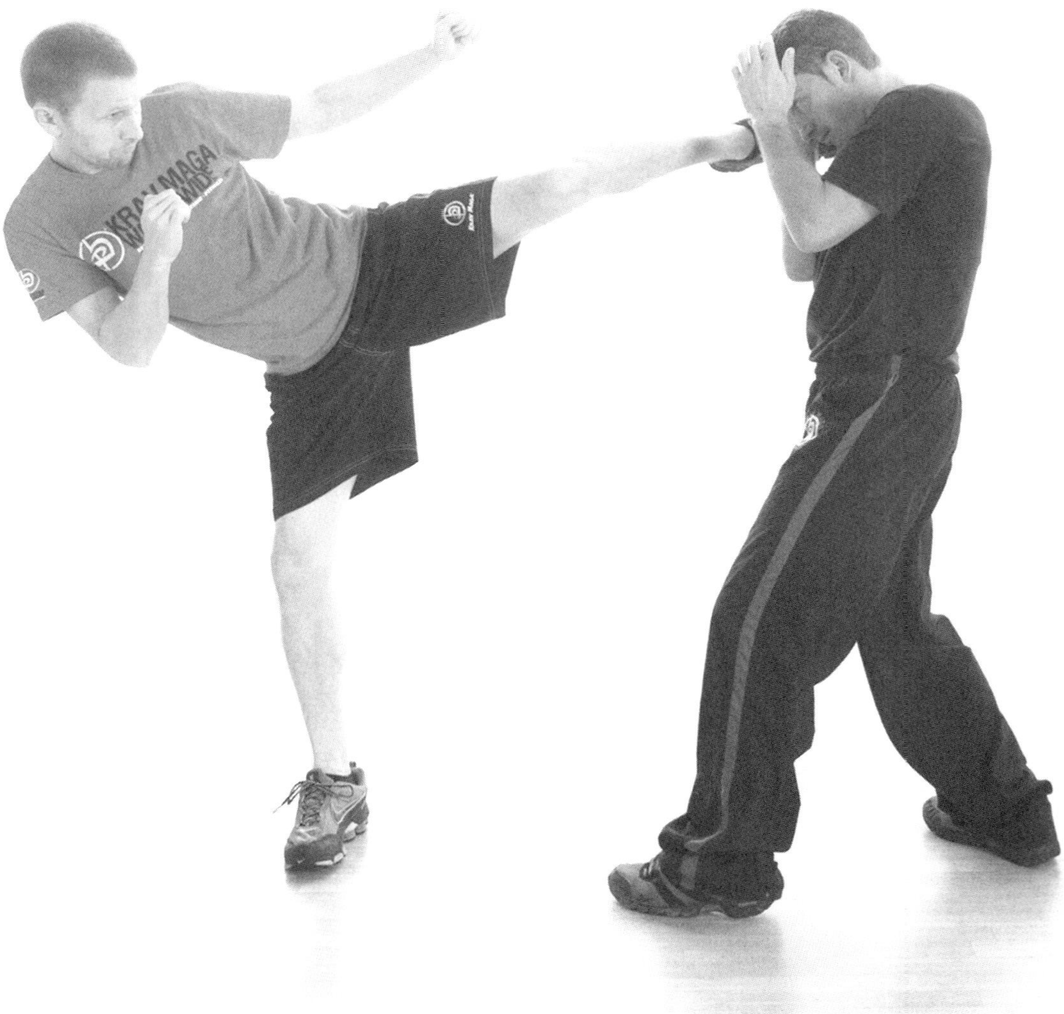

360°-Defense

Diese Übung ist eine Art Grundkurs im Blocken von Angriffen von außen. Bei einer sogenannten »Außen-Defense« bewegt sich der Arm nach außen, weg von der Körpermitte, und die Defense richtet sich gegen einen Angriff, der von außen nach innen kommt, also gegen Schwinger, Tritte von der Seite und später auch gegen Messerattacken. Zwar sind solche Angriffsarten nicht besonders effektiv, aber sie kommen in der Wirklichkeit durchaus vor. Außerdem können Anfänger anhand dieser Angriffsarten nicht nur Defenses lernen, sondern auch ihre Wahrnehmung schärfen und den Kampfgeist trainieren. Als Basis für die 360°-Defense werden instinktive Körperreaktionen genutzt. Die Abwehr wird mit ausgestreckten Fingern ausgeführt. Da es eine weitgehend instinktive Reflexbewegung ist, geschieht sie sehr schnell, und die ausgestreckten Finger verlängern den geblockten Bereich noch um ein paar Zentimeter.

ANGRIFF Der Angreifer schwingt seinen Arm auf den Kopf oder das Schlüsselbein hinab; von unten auf die Genitalien zu; oder von der Seite gegen den Kopf oder den Oberkörper. Zu Trainingszwecken sollte der Angreifer seinen Arm anfangs weit ausgestreckt schwingen, damit er leichter zu erkennen ist. Der Verteidiger trainiert aus der neutralen Haltung heraus, darf aber die Hände erhoben halten. Der Angreifer schlägt nur leicht zu, legt aber ruhig etwas Gewicht in den Schlag, um die Defense zu testen. Der Angriff sollte außerdem den Verteidiger bei ausbleibender Defense durchaus (sachte) treffen.

Bei allen oben beschriebenen Defenses gilt es, die folgenden vier Prinzipien zu beachten:

- Ellenbogen im rechten Winkel halten,
- mit dem Handgelenk aufs Handgelenk zielen,
- mit der Unterarmkante abwehren,
- aggressiv und mit Nachdruck abwehren (»den Angriff angreifen«).

HAUPTGEFAHR ***Geschlagen werden.*** Die Hauptgefahr besteht darin, getroffen zu werden.

NEBENGEFAHREN ***Orientierung oder Gleichgewicht verlieren.*** Wird der erste Angriff nicht abgewehrt, kann der Verteidiger aufgrund des ersten Treffers die Orientierung oder das Gleichgewicht verlieren und dadurch für weitere Treffer verwundbar sein.

LÖSUNG ***360°-Defense.*** Alle Abwehrbewegungen sollten rasch ausgeführt werden, mit anschließendem Zurückschnellen.

Ausgangsposition: neutrale Haltung mit auf Schulter- oder Gesichtshöhe erhobenen Händen.

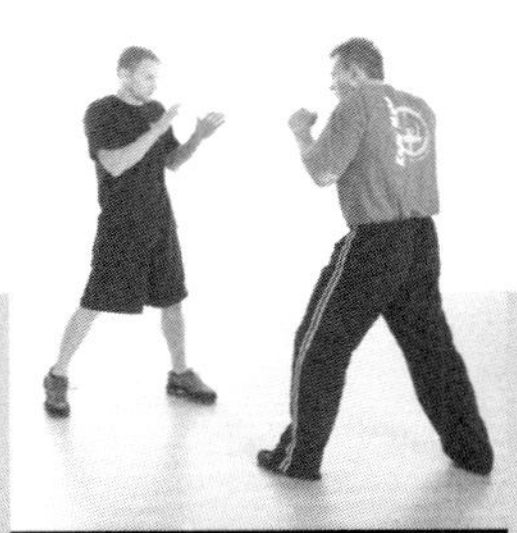

Ausgangsposition

Position 1: Ellenbogen im rechten Winkel. Unterarm über Kopf und leicht nach vorn halten, um einen von oben kommenden Angriff abzuwehren.

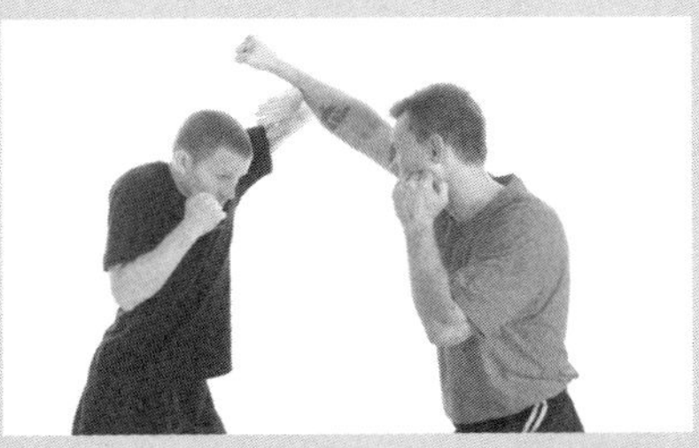

Position 1

Positionen 2–7 auf der nächsten Seite

360°-Defense

Fortsetzung

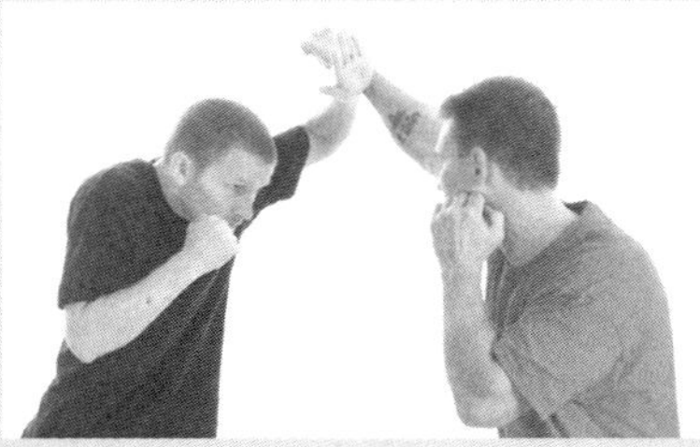
Position 2

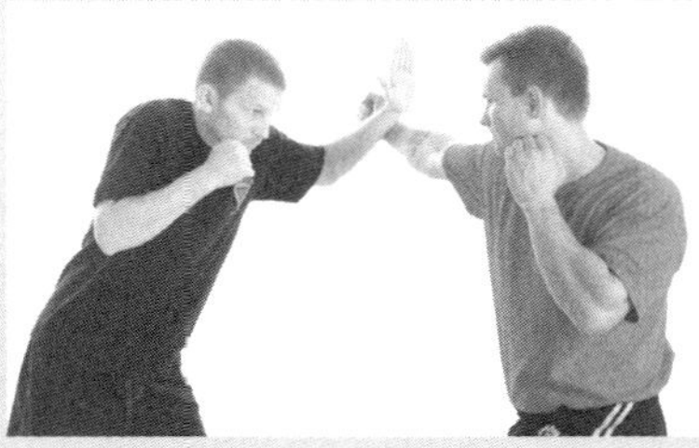
Position 3

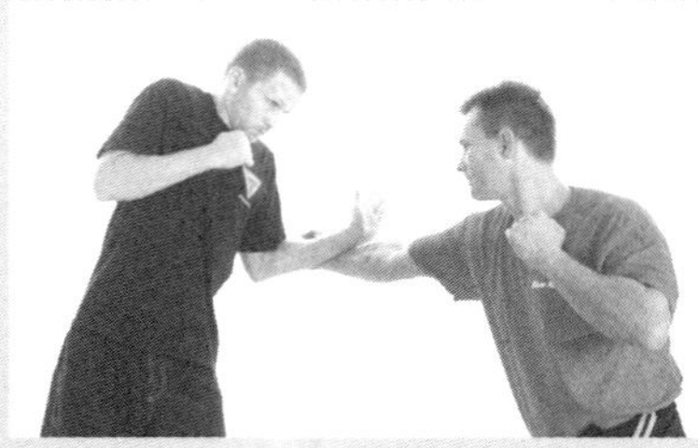
Position 4

Position 2: Ellenbogen im rechten Winkel. Unterarm nach schräg oben (wie ein Hausdach, etwa 30 Grad) halten, um einen von schräg oben (45 Grad) kommenden Angriff abzuwehren.

Position 3: Ellenbogen im rechten Winkel. Unterarm seitwärts bewegen (mit beiden Armen ergäbe dies zwei vertikale Torpfosten), um einen von der Seite kommenden Angriff abzuwehren.

Position 4: Ellenbogen (rechtwinklig gebeugt) eng an die Körperseite legen, um einen von unten kommenden Angriff auf die Rippen abzuwehren. Dabei den Unterarm leicht nach außen abwinkeln und die Bauchmuskeln anspannen.

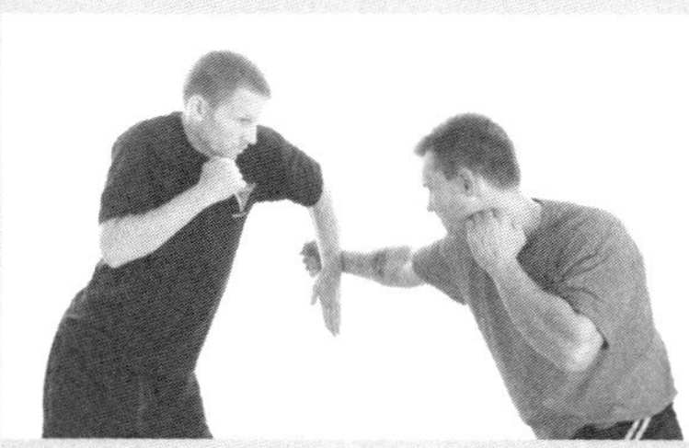
Position 5

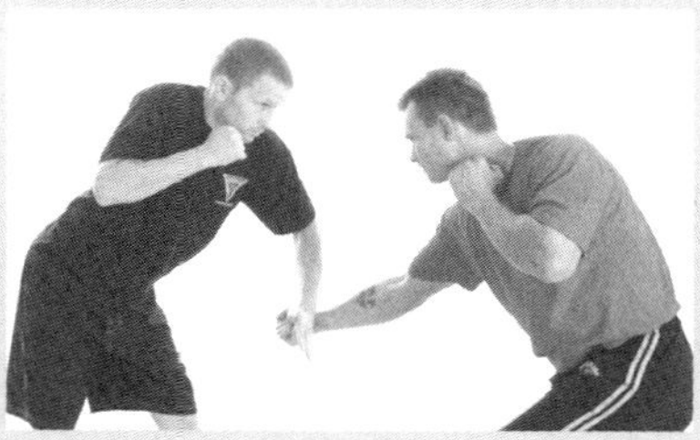
Position 6

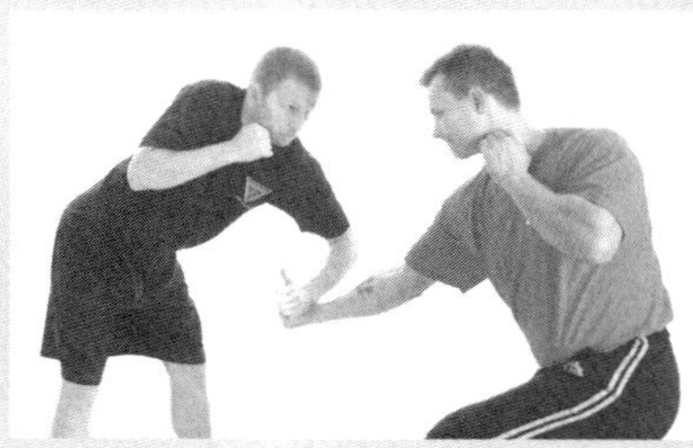
Position 7

Position 5: Ellenbogen im rechten Winkel. Unterarm mit den Fingern nach unten drehen, um einen von unten kommenden Angriff auf die Rippen abzuwehren. Dies ist das genaue Gegenteil von Position 3.

Position 6: Ellenbogen im rechten Winkel. Unterarm im Winkel von 30 Grad nach unten senken, um einen von unten kommenden Angriff auf den Oberkörper abzuwehren. Dabei den Oberkörper vorbeugen, nicht in die Knie gehen.

Position 7: Ellenbogen im rechten Winkel. Unterarm bis unterhalb des Brustkorbs und ein wenig davor senken, um einen von unten kommenden Angriff auf den Bauch abzuwehren. Dabei den Oberkörper vorbeugen, nicht in die Knie gehen.

ERSTER KONTER ***Gerade (Seite 77).*** Als Anfänger trainieren Sie zuerst nur die Defenses. Wenn Sie die 360°-Defenses beherrschen, kommt eine gleichzeitig ausgeführte Gerade dazu, die im Allgemeinen ins gegnerische Gesicht zielt.

NEUTRALISIERUNG Auf den ersten Konter sollte der Verteidiger auf Körper und Gesicht gerichtete Ellenbogenstöße folgen lassen. Ziel sollte sein, dem Angreifer den Willen oder die Fähigkeit zum Weiterkämpfen zu nehmen.

WICHTIGE HINWEISE

- Ellenbogen im rechten Winkel halten,
- mit dem Handgelenk aufs Handgelenk zielen,
- mit der Unterarmkante abwehren,
- Gewicht in die Abwehrbewegung legen (»den Angriff angreifen«).

HÄUFIGE FRAGEN

Warum muss ich die Finger gestreckt halten?

Genau genommen verlängert dies den Unterarm und macht eine erfolgreiche Abwehr wahrscheinlicher, auch wenn die Defense unpräzise gerät. Noch wichtiger ist aber, dass die 360°-Defense ein Reflex sein soll, und Reflexbewegungen geschehen mit gestreckten oder leicht gebeugten Fingern, nicht mit geballter Faust. Und schließlich werden beim Ballen einer Faust die Unterarmmuskeln angespannt, was die Defense verlangsamt.

Warum soll ich mit dem Handgelenk aufs Handgelenk zielen?

Als Anfänger stoppen Sie den Angriff am ehesten, wenn Sie mit Ihrem Handgelenk auf das Handgelenk des Angreifers zielen. Trifft der Schlag dann tiefer als erwartet, ist Ihr ganzer Unterarm zum Blocken da. Dies ist auch das Grundprinzip unserer Messer-Defenses. Bei diesen Abwehrtechniken wird die Messerhand des Angreifers durch den Handgelenk-Handgelenk-Kontakt unter Kontrolle gebracht.

Warum soll ich mit der Unterarmkante abwehren?

Weil sie härter ist und dem Angreifer wehtun kann.

Warum soll ich bei den nach unten gerichteten Defenses den Oberkörper vorbeugen?

Indem Sie den Oberkörper vorbeugen, kommen Sie dem Angriff mit dem Unterarm entgegen, ohne Ihre Distanz zum Angriff zu verringern. Wenn Sie in die Knie gehen, kommt Ihr Oberkörper dem Angriff näher.

Was ist der Unterschied zwischen Position 4 und 5? Sie scheinen denselben Bereich abzudecken.

Diese beiden Positionen decken denselben Bereich ab (untere Rippen). Position 4 wird in der Regel eingesetzt, wenn die Hände schon oben sind. Dann müssen Sie nur den Ellenbogen ein wenig absenken und die Bauchmuskeln anspannen. Position 5 wird oft eingesetzt, wenn die Hände schon unten sind und nur noch der Ellenbogen gehoben werden muss.

Tipp: Sie sollten sich klarmachen, dass die Positionen nur Trainingshilfsmittel sind. Selbstverständlich liegen noch unendlich viele Positionen und Winkel zwischen den sieben gezeigten. Wenn Sie sich die oben aufgeführten Hinweise einprägen, können Sie sich gegen Angriffe aus jeder Richtung verteidigen.

Diese Defenses dürfen Sie sich nicht als kreis- oder bogenförmige Bewegungen mit dem Ellenbogen als Scharnier vorstellen (also eben nicht wie beim Autopolieren im Film *Karate Kid*, um ein Stück Popkultur zu zitieren). Der ganze Arm bewegt sich aus der Schulter heraus, ohne im Ellenbogen zu »schlackern«.

Innen-Defense (hoch)

ANGRIFF Der Angreifer schlägt eine auf Gesicht oder Hals des Verteidigers gerichtete rechte Gerade.

HAUPTGEFAHR ***Geschlagen werden.*** Die Hauptgefahr besteht darin, getroffen zu werden.

NEBENGEFAHREN ***Orientierung oder Gleichgewicht verlieren.*** Wird der erste Angriff nicht abgewehrt, kann der Verteidiger aufgrund des ersten Treffers die Orientierung oder das Gleichgewicht verlieren und dadurch für weitere Treffer verwundbar sein.

LÖSUNG ***Innen-Defense.***

1 Den herannahenden Schlag mit der linken Hand umleiten (bei einer linken Geraden mit der rechten Hand). Dazu die offene Handfläche nach vorn und nach innen schieben, bis zu einem Winkel von circa 45 Grad, aber ***nur*** ein kleines Stück. Den Schlag an der Handfläche entlanggleiten lassen, sodass er ein Stück vom Gesicht weggeleitet wird. Gleichzeitig weicht der Kopf ein wenig zur Außenseite aus. Ellenbogen beim Blocken unbedingt unten lassen, denn dann kann der ganze Unterarm vom Ellenbogen bis zu den Fingern blocken, falls der Schlag höher oder tiefer als erwartet landet.

1

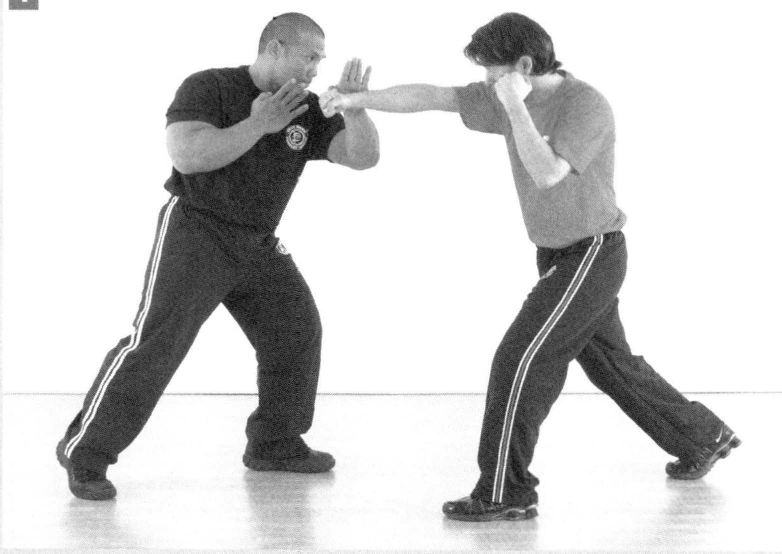

ERSTER KONTER ***Rechte Gerade.*** Als Anfänger trainieren Sie zuerst nur die Defenses. Wenn Sie die 360°-Defenses beherrschen, kommt eine gleichzeitig ausgeführte Gerade mit der anderen Hand dazu, die im Allgemeinen ins gegnerische Gesicht zielt.

NEUTRALISIERUNG Auf den ersten Konter sollte der Verteidiger auf Körper und Gesicht gerichtete Ellenbogenstöße folgen lassen. Ziel sollte sein, dem Angreifer den Willen oder die Fähigkeit zum Weiterkämpfen zu nehmen.

WICHTIGE HINWEISE

- Den Schlag an der Handfläche entlanggleiten lassen und dadurch umleiten,
- keine allzu große Bewegung machen,
- die Hand nicht nur einwärts, sondern auch nach vorn bewegen,
- mit dem Kopf zur Außenseite hin ausweichen.

HÄUFIGE FRAGEN

Ich klatsche immer gegen die Hand des Angreifers. Ist das in Ordnung?

Nein. Das Klatschen deutet darauf hin, dass Sie eine zu große Bewegung machen. Stellen Sie sich vor, dass Sie mit der Handfläche oder dem Handgelenk eine Rampe bilden, an der der Angriff entlanggleitet, sodass er umgeleitet wird.

Muss ich den Schlag mit der Handfläche abwehren?

Die Handfläche ist vorzuziehen, aber möglicherweise landet der Schlag höher oder tiefer als erwartet (wenn der Angreifer beispielsweise auf die Nase zu zielen scheint, aber tatsächlich gegen die Kehle schlägt). Dann leiten Sie den Schlag mit dem Handgelenk oder dem Unterarm ab. Aus eben diesem Grund sollen Sie den Unterarm unten lassen – so nutzen Sie seine gesamte Länge zur Abwehr.

Warum keine größere Abwehrbewegung? Wäre es nicht sicherer, den Schlag noch mehr abzuleiten?

Der Schlag muss das Gesicht nur verfehlen, ein Zentimeter reicht. Es gibt keine Bonuspunkte, wenn er einen halben Meter vorbeigeht. Aber je weiter Sie den gegnerischen Schlag wegschieben, desto weiter gerät Ihre Hand aus ihrer Position. Sie müssen dann aus Ihrer Defense herauskommen, während der Gegner aus seinem Schlag herauskommt. Ist er schneller, haben Sie verloren. Wenn Sie Ihre Defense klein halten, bleiben Ihre Hände so nah wie möglich an Ihrem in Kampfhaltung befindlichen Körper, und Sie können mit den Angriffen, die auf seine erste Gerade folgen, fertigwerden.

Warum ist es so wichtig, nach innen und nach vorn zu blocken? Warum nicht einfach quer am Gesicht vorbei?

Indem Sie Ihre Hand schräg nach innen und nach vorn bewegen, begegnen Sie dem Schlag früher und damit weiter weg vom Gesicht. Sollten Sie Ihre Hand nur seitwärts bewegen, dann wehren Sie den Schlag erst ab, wenn er nähergekommen ist.

Tipp: Anfangs trainieren Sie langsam. Lassen Sie einen Partner langsam zuschlagen, aber doch mit einem echten Faustschlag, der bei ausbleibender Abwehr treffen würde. Prüfen Sie nach, wie klein eine Defense sein kann, die den Schlag dennoch umleitet. Spüren Sie, wie der Schlag an Ihrer Handfläche reibt. Wenn Sie Sicherheit im Umleiten der Schläge gewonnen haben, können Sie Ihren Partner nach und nach schneller zuschlagen lassen.

Lassen Sie Ihren Partner aus etwas Distanz mit der Geraden beim Vorrücken (Seite 78) angreifen. Wenn der Angreifer zu nah steht, bleibt Ihnen möglicherweise nicht genug Zeit zur Abwehr. Jedenfalls sollten Sie in einem echten Kampf lieber angreifen als abwehren, wenn der Angreifer so nah steht.

Innen-Defense (tief)

ANGRIFF Der Angreifer schlägt eine auf den Bauch des Verteidigers gerichtete rechte Gerade.

HAUPTGEFAHR ***Geschlagen werden.*** Die Hauptgefahr besteht darin, getroffen zu werden.

NEBENGEFAHREN ***Orientierung oder Gleichgewicht verlieren.*** Wird der erste Angriff nicht abgewehrt, kann der Verteidiger aufgrund des ersten Treffers die Orientierung oder das Gleichgewicht verlieren oder in Luftnot geraten und dadurch für weitere Treffer verwundbar sein.

LÖSUNG ***Innen-Defense (mit Unterarm oder Ellenbogen).***

1 Den herannahenden Schlag mit der linken Hand umleiten (bei einer linken Geraden mit der rechten Hand). Dabei die Hand oben lassen, um das Gesicht zu decken, falls der Schlag höher als erwartet landet. Die Bewegung wird mit dem Ellenbogen geführt, aber der ganze Unterarm kommt nach vorn und vor den Körper, sodass der Schlag daran abgleitet. Die Bewegung des Unterarms kommt aus der Schulter heraus. Gleichzeitig weicht der Körper aus, indem sich die abwehrende Schulter nach vorn dreht.

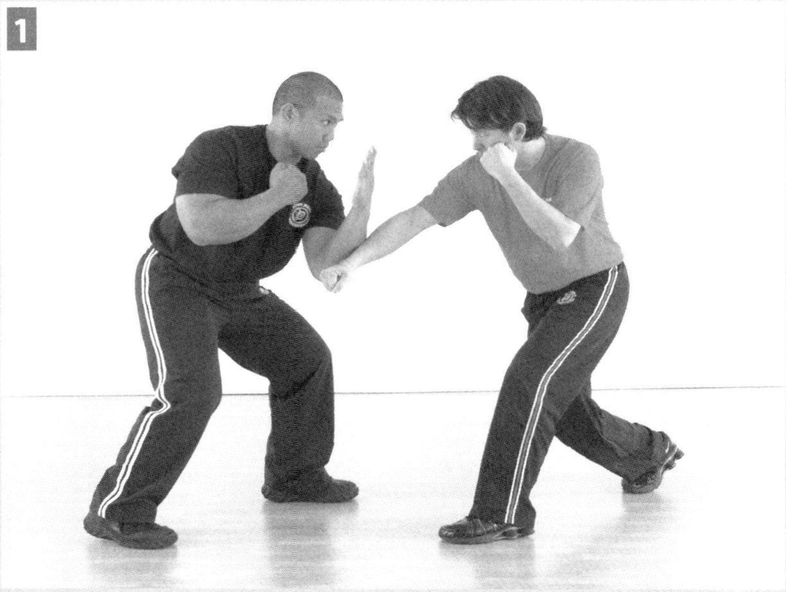

ERSTER KONTER ***Gerade (Seite 77).*** Als Anfänger trainieren Sie zuerst nur die Defenses. Wenn Sie die Innen-Defenses beherrschen, kommt eine gleichzeitig ausgeführte Gerade mit der anderen Hand dazu, die im Allgemeinen ins gegnerische Gesicht zielt.

NEUTRALISIERUNG Auf den ersten Konter sollte der Verteidiger auf Körper und Gesicht gerichtete Ellenbogenstöße folgen lassen. Ziel sollte sein, dem Angreifer den Willen oder die Fähigkeit zum Weiterkämpfen zu nehmen.

WICHTIGE HINWEISE

- Den Schlag am Unterarm entlanggleiten lassen und dadurch umleiten,
- keine zu große Bewegung machen,
- den Ellenbogen nicht nur einwärts, sondern auch nach vorn bewegen,
- mit dem Körper ausweichen.

HÄUFIGE FRAGEN

Ich lasse bei der Abwehr immer die Hand sinken. Ist das in Ordnung?

Nein. Wenn Sie die Hand sinken lassen, können Sie nicht so schnell abwehren (da die Hand ja oben ist und der Schlag nach unten geht) und das Gesicht nicht vor nachfolgenden Schlägen schützen.

Ich führe die Bewegung mit dem Ellenbogen, aber der Schlag kommt trotzdem nah an mich ran. Was mache ich falsch?

Wahrscheinlich sind Ihre Arme während der Defense zu nah am Körper. Wehren Sie nach vorn ab, indem Sie den Unterarm von der Schulter und vom Oberarm wegstrecken (so wie auch die hohe Innen-Defense nach innen *und nach vorn* geht).

Tipps: Beim Üben mit dem Partner muss der Angreifer auf jeden Fall eine feste Faust machen, um sich nicht zu verletzen. Wenn die Defense zu früh kommt, wird der Schlag nicht umgeleitet, sondern geblockt, und dann kann sich der Angreifer an den harten Unterarmknochen die Knöchel brechen. Das wäre unangenehm. Wenn der Angreifer die Hand zur Faust ballt, kann nichts Schlimmes passieren.

Anmerkung: Mit der dominanten Seite (also der rechten, wenn man Rechtshänder ist) ist die Ausweichbewegung immer etwas schwieriger zu bewerkstelligen. Da die Hüfte hinten ist, lässt sie sich nicht so leicht nach vorn drehen, um eine schmale Oberkörperposition einzunehmen. Achten Sie daher beim Ausweichen besonders auf die Eindrehung von Hüfte und Schulter. Zum Glück sind die meisten Angreifer Rechtshänder und Sie können mit einem schwächeren Schlag rechnen, wenn Sie die Defense auf dieser Seite machen.

Bedenken Sie, dass der Körper immer langsamer ist als der Arm – deshalb leiten Sie zuerst den Schlag um und sichern sich dann mit der Ausweichbewegung ab. Drehen Sie den Oberkörper, aber setzen Sie vorher den Arm und die Schulter ein, und zwar unabhängig vom Oberkörper; wenn Sie zu steif sind, hängt die ganze Technik von der Oberkörperdrehung ab und wird zu langsam.

Spannen Sie die Bauchmuskeln an, um den Schlag besser wegzustecken, falls er doch trifft. Außerdem verkürzen die angespannten Bauchmuskeln den Oberkörper etwas, sodass die Defense (vom Ellenbogen bis zu den Fingern) noch mehr Angriffsfläche abdeckt.

Außen-Defenses

Wie der Name schon sagt, wird bei den Außen-Defenses die Hand von innen nach außen geführt, weg von der Körpermitte. Diese Abwehrtechniken richten sich gegen gerade Schläge, die von einem äußeren Winkel kommen.

Abwehr von Schlägen

Außen-Defense Nr. 1–5

ANGRIFF Der Angreifer attackiert mit einer rechten Geraden von der Seite, aus diagonaler Richtung, oder auch, während der Verteidiger die Hände falsch hält, von vorn. Wenn die Hände erhoben sind, der Angreifer aber nicht von vorn kommt, verläuft der Schlag außen an den Händen vorbei, nicht zwischen ihnen hindurch.

HAUPTGEFAHR ***Geschlagen werden.*** Die Hauptgefahr besteht darin, getroffen zu werden.

NEBENGEFAHREN ***Orientierung oder Gleichgewicht verlieren.*** Wird der erste Angriff nicht abgewehrt, kann der Verteidiger aufgrund des ersten Treffers die Orientierung oder das Gleichgewicht verlieren oder in Luftnot geraten und dadurch für weitere Treffer verwundbar sein.

LÖSUNG ***Außen-Defense 1–5***.

Der herannahende Schlag wird mit einer nach außen gerichteten Bewegung der nächsten (linken) Hand abgeleitet. Die Außen-Defense hat fünf Varianten. Bei ALLEN sollte möglichst das Handgelenk des Angreifers getroffen werden, nicht der Unterarm.

Anmerkung: Um der Verständlichkeit willen gehen wir davon aus, dass ALLE Schläge von links kommen – entweder direkt von der Seite oder leicht von schräg links, je nach Variante. Kommt der Angriff von der anderen Seite, wird einfach die andere Hand benutzt. Mit jeder Außen-Defense lassen sich sowohl eine linke als auch eine rechte Gerade abwehren (mit ein paar Einschränkungen, siehe unten).

Variante Nr. 1

1 Der Angreifer steht leicht schräg links und attackiert mit einer rechten Geraden: Die (linke) Führhand in einer kurzen, bogenförmigen Bewegung heben. Im Moment des Kontakts mit dem Angriff das Handgelenk so drehen, dass der Daumen sich zur angreifenden Hand hinwendet. Die bogenförmige Bewegung muss *unbedingt* vor dem Gesicht ablaufen, denn dorthin zielt wahrscheinlich der Schlag. Den gegnerischen Schlag umleiten und dabei mit dem Kopf eine kleine Ausweichbewegung machen.

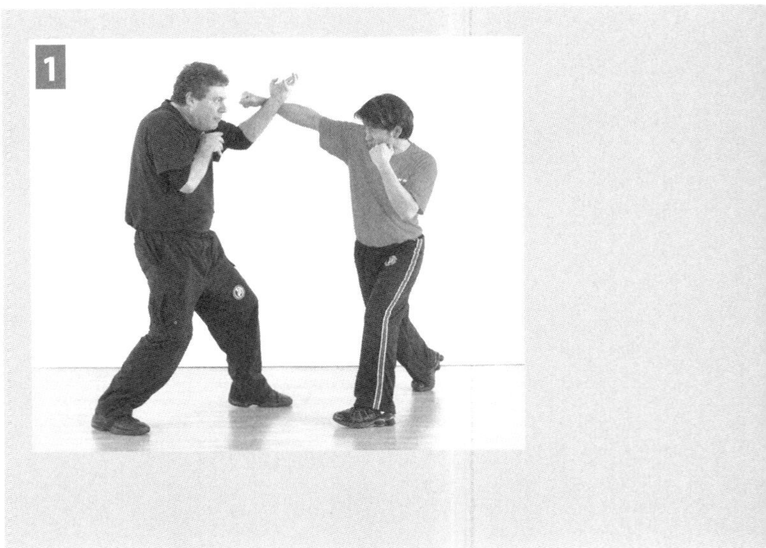

Variante Nr. 2

2 Der Angreifer steht leicht schräg links und attackiert mit einer Geraden: Die (linke) Führhand mit dem Handrücken voran in einer kurzen, bogenförmigen Bewegung heben. Die bogenförmige Bewegung muss *unbedingt* vor dem Gesicht stattfinden, denn dorthin zielt wahrscheinlich der Schlag. Den gegnerischen Schlag umleiten und dabei mit dem Kopf eine kleine Ausweichbewegung machen.

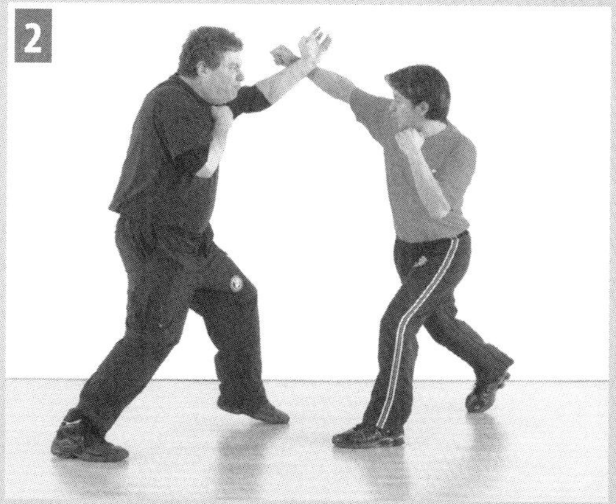

Variante Nr. 3

3 Der Angreifer steht leicht schräg links und attackiert mit einer Geraden: Den linken Unterarm emporheben und dabei Unterarm und Handgelenk eindrehen, damit der Schlag nach oben abgeleitet wird. Gleichzeitige Ausweichbewegung: Bauchmuskeln anspannen und leicht in die Knie gehen, um unter den Schlag abzutauchen.

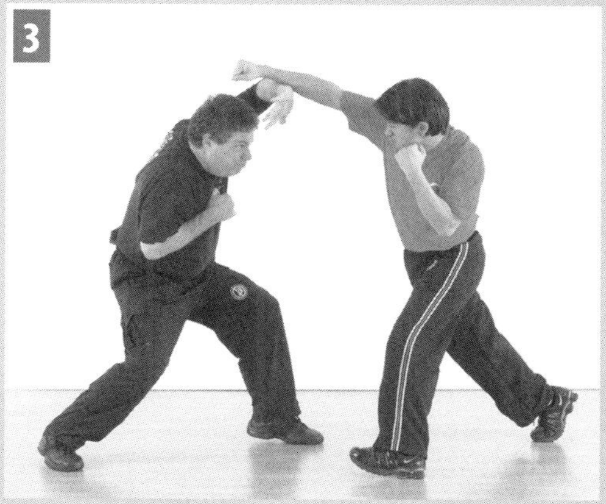

Variante Nr. 4

4 Der Angreifer steht leicht schräg links und attackiert mit einer Geraden: Mit unten gehaltenem Ellenbogen die Linke auswärts stoßen, sodass sie am gegnerischen Arm entlanggleitet und ihn umleitet. Den Kopf gesenkt halten, aber mit den Augen nach oben schauen, um das Kampfgeschehen zu verfolgen. Die Schultern bleiben frontal zum Angreifer ausgerichtet. Sobald man Kontakt mit dem angreifenden Arm spürt, schiebt man den linken Arm weiter auswärts, um den Schlag wegzuleiten. Dies ist eine »Stoß-Defense« und bereitet Sie auf die Defenses gegen Stockangriffe vor, die Sie später lernen.

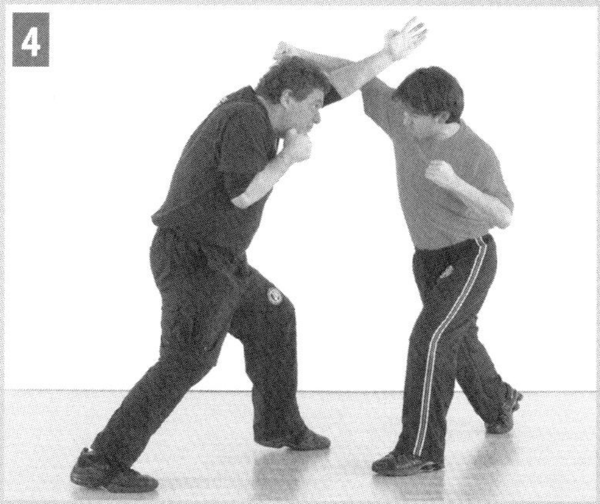

Variante 5 auf der nächsten Seite

Fortsetzung

Variante Nr. 5

5 Der Angreifer kommt jetzt direkt von der linken Seite (beachten Sie den Unterschied zu den vorherigen Positionen): Ähnlich wie bei Variante 1 und 2 reagieren, aber die Bewegung mit der Unterseite der Hand, wo sich der kleine Finger befindet, anführen und die Schulter weiter zur Seite hin öffnen, um den Schlag abzuleiten. Kleine Ausweichbewegung.

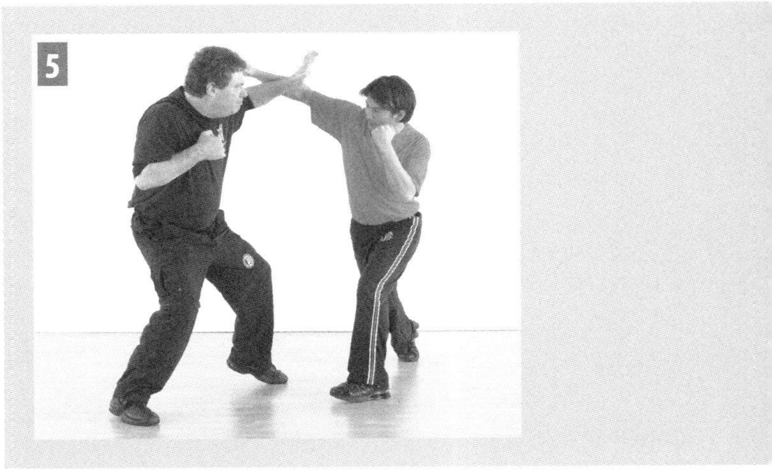

Anmerkung: Auch wenn die Defenses fast allesamt in jeder beliebigen Lage funktionieren, eignen sich manche besonders für bestimmte Angriffe. Beispielsweise:

Außen-Defense Nr. 5 (Handunterseite mit kleinem Finger voraus) eignet sich viel besser für Angriffe von der Seite als für Angriffe von vorn, denn wenn die Bewegung mit dem kleinen Finger angeführt wird, hat die Schulter wenig Kraft, ehe sie sich weiter öffnet.

Außen-Defense Nr. 4 (Stoß-Defense) funktioniert hervorragend, wenn man den Angriff zeitig wahrnimmt und »reingehen« und abwehren will, ehe der Angreifer nah vor Ihnen steht. Außerdem eignet sie sich gut zur Abwehr von weit ausholenden »Schwingern«, da sie aggressives Reingehen ermöglicht.

Außen-Defense Nr. 3 (Unterarm hoch) ist eine hervorragende Allzweck-Defense, die Angriffe aus allen möglichen Richtungen vereitelt.

Die Außen-Defenses Nr. 1 und 2 sind sich sehr ähnlich. Nr. 1 (Daumen voraus) leitet den Angriff eher ab, da die Drehung des Handgelenks den gegnerischen Arm »wegrollt«.

ERSTER KONTER ***Gerade (Seite 77).*** Während die eine Hand den Angriff abwehrt, schlägt die andere Hand zu. Als Konter taugt jede Art von Geraden, aber manche sind besonders vorteilhaft, je nach Defense-Variante:

- Nr. 1 und 2: gerader Schlag ins Gesicht.
- Nr. 3: Wenn der Arm hoch- und der Körper runtergeht, landet man eine Gerade auf Gesicht oder Rumpf. Gesicht wäre besser, aber wenn man tief runtergeht, boxt man eben in den Bauch.
- Nr. 4: Die Stoß-Defense bietet eine gute Gelegenheit, gleichzeitig das Gesicht anzugreifen.
- Nr. 5: Während sich der abwehrende Arm und die Schulter zur Seite hin öffnen, dreht man den Körper und landet eine Gerade im Gesicht.

NEUTRALISIERUNG Auf den ersten Konter sollte der Verteidiger Faustschläge, Tritte, Ellenbogen- und Kniestöße folgen lassen. Ziel sollte sein, dem Angreifer den Willen oder die Fähigkeit zum Weiterkämpfen zu nehmen.

WICHTIGE HINWEISE

- Alle Außen-Defenses sind umleitende Defenses,
- Ausweichbewegung nicht vergessen,
- immer mit der Hand abwehren, die dem Angriff am nächsten ist.

HÄUFIGE FRAGEN

Wieso gibt es fünf verschiedene Möglichkeiten? Geht es bei Krav Maga nicht um Vereinfachung und Vermeidung von lästigen Entscheidungen?

Ja, und sobald Sie alle fünf Varianten erlernt haben, dürfen Sie sich ruhig diejenigen aussuchen, die bei Ihnen am besten funktionieren. Allerdings hat jede Variante, wie schon gesagt, ihre Vorteile bei bestimmten Angriffswinkeln, daher sollte man alle beherrschen.

Kommt die Außen-Defense überhaupt jemals zum Einsatz, wenn der Angreifer vor mir steht?

Kann sein. Angenommen, der Angreifer steht direkt vor Ihnen, aber Ihre Hände sind zu tief. Schlägt er nun eine Gerade, dauert es zu lange, bis die Hand für eine Innen-Defense oben ist. Eine Außen-Defense ist schneller zur Hand.

Hilft Variante Nr. 5 auch gegen einen Angriff von schräg seitlich? Oder benutze ich sie nur, wenn der Angreifer direkt von der Seite kommt?

Die meisten Menschen finden, dass diese Defense am wirksamsten gegen Angriffe von der Seite ist. Aber wenn Sie das Gefühl haben, dass Sie sich damit gut gegen einen Angreifer durchsetzen, der etwas schräg von der Seite kommt, können Sie das tun.

Ist es von Bedeutung, ob der Angreifer eine linke oder rechte Gerade schlägt?

Solange Sie ihn am Handgelenk abwehren können, ist es für die Defense nicht entscheidend. Treffen Sie ihn erst weiter hinten am Arm, kann er möglicherweise den Ellenbogen beugen und so die Abwehr umgehen. Mit welcher Hand er zuschlägt, hat natürlich Auswirkungen darauf, ob Sie nachher auf seiner *Live Side* oder *Dead Side* sind. Sie müssen immer aggressiv kontern, damit er nicht weiter angreifen kann.

Defenses gegen Haken

Gegen Haken helfen zwei Arten von Defense: eine »gestreckte«, die wir bevorzugen, und eine »angewinkelte«, die wir gegen sehr nahe Angreifer einsetzen. Die ***gestreckte Defense*** *ähnelt sehr der 360°-Defense. Allerdings ist die Grundvoraussetzung eine andere. Wir gehen nämlich davon aus, dass der Verteidiger weiß, dass er in einen Kampf verwickelt ist und nicht aus einem Reflex heraus agiert. Die* ***ausgestreckte Defense*** *ist im Straßenkampf zu bevorzugen, weil sie den Angriff weiter weg vom Körper abwehrt; falls Waffen im Spiel sind, ist dies vorteilhaft. Allerdings gibt es auch Situationen, in denen die angewinkelte Defense nötig ist, besonders dann, wenn der Angreifer nah ist und schnelle Schläge abfeuert.*

Abwehr von Schlägen

Defense gegen Seitwärtshaken (gestreckt)

ANGRIFF Der Angreifer attackiert mit einem rechten Haken gegen Gesicht oder Oberkörper.

HAUPTGEFAHR ***Geschlagen werden.*** Die Hauptgefahr besteht darin, getroffen zu werden.

NEBENGEFAHREN ***Orientierung oder Gleichgewicht verlieren.*** Wird der erste Angriff nicht abgewehrt, kann der Verteidiger aufgrund des ersten Treffers die Orientierung oder das Gleichgewicht verlieren oder in Luftnot geraten und dadurch für weitere Treffer verwundbar sein.

LÖSUNG ***Defense gegen Haken (gestreckt).***

1 Den herannahenden Seitwärtshaken mit dem linken Unterarm blocken, der Ellenbogen ist dabei im rechten Winkel gebeugt. Hand zur Faust ballen und den Handrücken nach außen kehren. Normalerweise geht der Arm in Schulterhöhe nach außen, aber da ein Haken aus allen möglichen Richtungen kommen kann, gilt zuallererst: immer am Handgelenk des Angreifers blocken. Blockt man weiter hinten am Arm, kann der Haken die Defense umgehen. Kinn auf die Brust und die Schulter hochziehen, um den Kopf zu schützen. Man kann auch eine kleine Ausweichbewegung machen, indem man den Kopf etwas nach vorn neigt, in den Bogen des Hakens hinein.

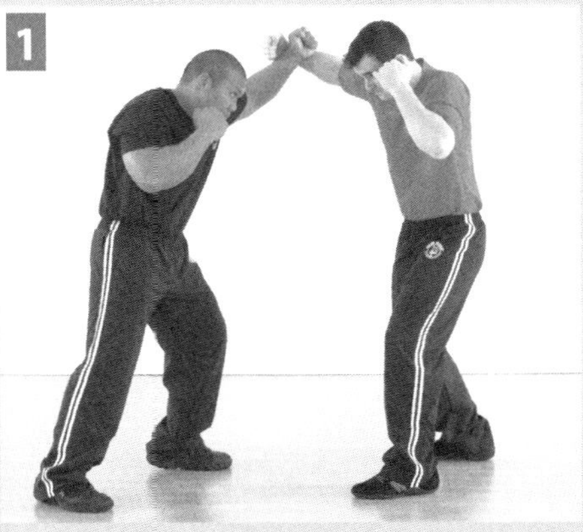

ERSTER KONTER ***Gerade (Seite 77).*** Ein gleichzeitiger Gegenangriff ist möglich, auch wenn der Konter häufig erst kurz nach der Defense folgt. Am ehesten landet man eine Gerade, aber auch ein Ellenbogenstoß ist denkbar (da der Angreifer wahrscheinlich näher steht, wenn er Sie mit einem Haken attackiert).

NEUTRALISIERUNG Auf den ersten Konter sollte der Verteidiger auf Körper und Gesicht gerichtete Schläge folgen lassen. Ziel sollte sein, dem Angreifer den Willen oder die Fähigkeit zum Weiterkämpfen zu nehmen.

WICHTIGE HINWEISE

- Die Defense ähnelt der 360°-Defense, nur dass man eine Faust macht und mit dem Handrücken abwehrt statt mit der Unterarmkante;
- Gewicht und Wucht in die Defense legen;
- am gegnerischen Handgelenk abwehren, damit der Haken nicht die Defense umgeht;
- Kinn auf die Brust und Schulter hoch.

HÄUFIGE FRAGEN

Kann ich nicht einfach eine 360°-Defense machen?

Ja. Die 360°-Defense hat den Vorteil, dass sie schneller vonstattengeht. Aber hierbei setzt man voraus, dass Sie nicht gut vorbereitet sind und Ihre Hände sich unten oder zumindest nicht in Kampfhaltung befinden. Bei dieser Defense gehen wir davon aus, dass Ihnen klar ist, dass Sie kämpfen, und dass Sie die Hände oben haben mit dem kleinen Finger nach vorn. Von dort aus könnte es etwas länger dauern, den Unterarm richtig zu drehen, und dann ist die Defense gegen Haken womöglich besser.

Was passiert, wenn ich nicht am gegnerischen Handgelenk abwehre?

Haken sind dazu da, die Deckung zu umgehen. Wenn Sie den Haken weiter hinten am Arm, in Richtung Ellenbogen erwischen, fliegt die Faust um die Defense herum und kann Sie treffen.

Was, wenn der Haken auf den Körper zielt?

Dann machen Sie die gleiche Bewegung, nur so ähnlich wie bei der 360°-Defense Nr. 4.

Tipp: Da Haken viel Wucht haben, müssen Sie kraftvoll abwehren und Gewicht in die Defense legen.

Defense gegen Seitwärtshaken (angewinkelt)

ANGRIFF Der Angreifer attackiert mit einem rechten Haken gegen Gesicht oder Oberkörper.

HAUPTGEFAHR ***Geschlagen werden.*** Die Hauptgefahr besteht darin, getroffen zu werden.

NEBENGEFAHREN ***Orientierung oder Gleichgewicht verlieren.*** Wird der erste Angriff nicht abgewehrt, kann der Verteidiger aufgrund des ersten Treffers die Orientierung oder das Gleichgewicht verlieren oder in Luftnot geraten und dadurch für weitere Treffer verwundbar sein.

LÖSUNG ***Defense gegen Haken (angewinkelt).***

1 Beim herannahenden Seitwärtshaken den angewinkelten Arm so heben, dass Ober- und Unterarm die Schläfe schützen. Die Hand sollte so weit hinten sein, dass Unterarm und Bizeps als Schutz dienen, NICHT die Hand. Hand zur Faust ballen. Kinn auf die Brust ziehen und Arm gegen den Kopf pressen. Der Ellenbogen zeigt nach vorn.

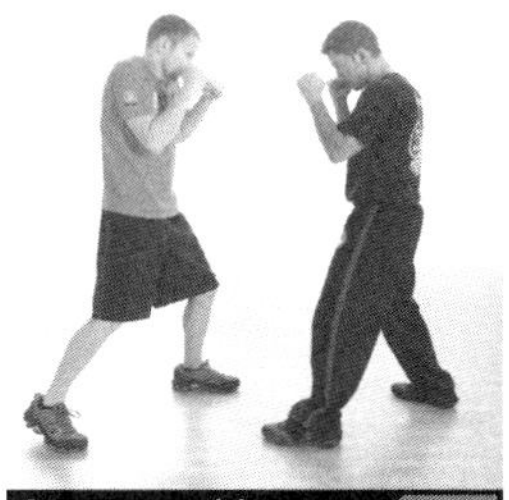

Ausgangsposition

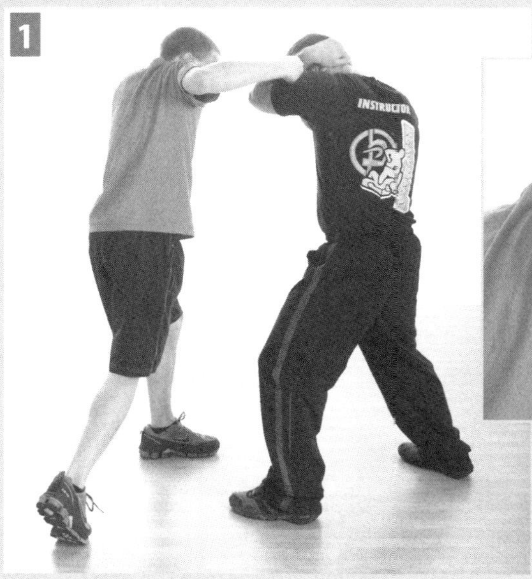

1

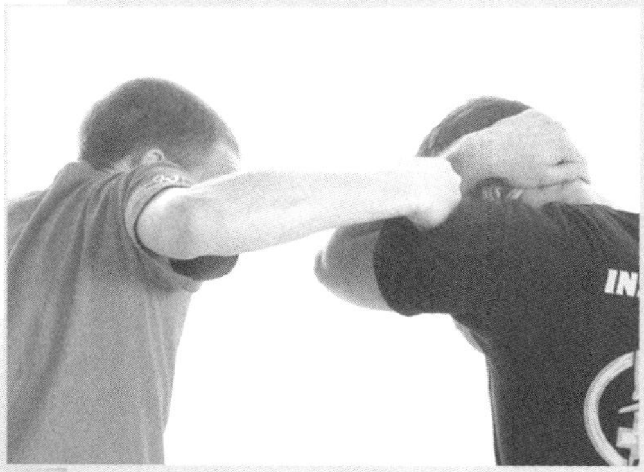

ERSTER KONTER ***Gerade (Seite 77), Front-Kick (Seite 89) oder Seitwärtshaken (Seite 96).*** Ein gleichzeitiger Gegenangriff ist in der Regel nicht möglich, weil man den Schlag mit der Deckung abfängt. Dennoch sollte man so bald wie möglich kontern, etwa mit einem Tritt zwischen die Beine, einer Geraden (mit dem abwehrenden Arm) oder einem Haken mit der freien Hand.

NEUTRALISIERUNG Auf den ersten Konter sollte der Verteidiger auf Körper und Gesicht gerichtete Schläge folgen lassen. Ziel sollte sein, dem Angreifer den Willen oder die Fähigkeit zum Weiterkämpfen zu nehmen.

WICHTIGE HINWEISE

- Arm hochheben, um die Schläfe mit Ober- und Unterarm zu decken;
- die Hand muss weit genug hinten sein, damit der Arm und nicht die Hand als Schutz dient;
- Kinn auf die Brust ziehen, Arm gegen den Kopf pressen, Ellenbogen nach vorn richten.

HÄUFIGE FRAGEN

Bei der Abwehr wird mein Kopf durchgeschüttelt. Was mache ich falsch?

Pressen Sie den Unterarm stärker gegen den Kopf. Wenn zwischen Arm und Kopf ein Zwischenraum bleibt, knallt der vom Haken getroffene Arm gegen den Kopf und verpasst ihm einen Schubs. Bei dieser Defense wird der Schlag abgefangen und das spürt man auch. Die Wucht des Schlages sollte sich allerdings auf Ober- und Unterarm verteilen und dadurch weniger Wirkung haben.

Warum ist die gestreckte Defense der angewinkelten vorzuziehen?

Die gestreckte Defense fängt den Angriff weiter weg vom Körper ab und das kann in einem echten Kampf entscheidend sein, wenn der Angreifer vielleicht ein Messer hält, das Sie nicht erkennen. Falls Sie nun die angewinkelte Defense einsetzen, sticht Ihnen das Messer in den Arm und womöglich in den Kopf. Außerdem lässt die angewinkelte Defense die Rippen ungeschützt und lädt zu Körpertreffern ein.

Warum lernen wir die angewinkelte Defense, wenn sie solche Schwächen hat?

Manchmal kommt der Angreifer im Kampf nah heran und attackiert mit schnellen Haken. Oft ist es dann zu spät, um ihm den Arm entgegenzustrecken. Wenn dazu Zeit ist, sollte man auf jeden Fall die gestreckte Defense einsetzen.

Defense gegen Aufwärtshaken

Diese ist eine umleitende Defense. Sie unterscheidet sich in bestimmten Punkten von der Inside-Defense, basiert aber auf dem gleichen Prinzip des Umleitens.

ANGRIFF Der Angreifer attackiert mit einem rechten Aufwärtshaken gegen Gesicht oder Oberkörper.

HAUPTGEFAHR ***Geschlagen werden.*** Die Hauptgefahr besteht darin, getroffen zu werden.

NEBENGEFAHREN ***Orientierung oder Gleichgewicht verlieren.*** Wird der erste Angriff nicht abgewehrt, kann der Verteidiger aufgrund des ersten Treffers die Orientierung oder das Gleichgewicht verlieren oder in Luftnot geraten und dadurch für weitere Treffer verwundbar sein.

LÖSUNG ***Defense gegen Aufwärtshaken.***

1–3 Beim Herannahen des Aufwärtshakens den linken Unterarm einwärts und aufwärts bewegen und so den Schlag nach oben und etwas zur Seite umleiten. Die Seite des Unterarms gerät dabei in Kontakt mit dem gegnerischen Unterarm. Handgelenk drehen – dadurch wird der Schlag noch weiter vom Körper weggeleitet. Hand oben lassen! Der Ellenbogen führt die Bewegung. Gleichzeitig eine Ausweichbewegung machen: den Körper zur Dead-Side hin drehen. Dem Schlag NICHT zu weit nach oben folgen – die Hände bleiben in Kampfposition. Sie bewegen sich nur so viel, wie zur Abwehr nötig ist.

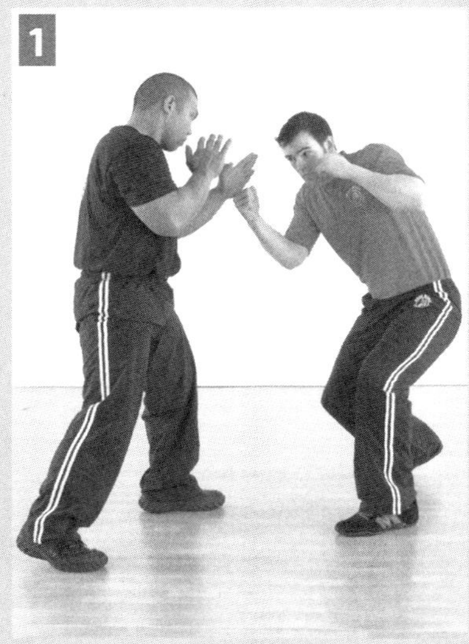

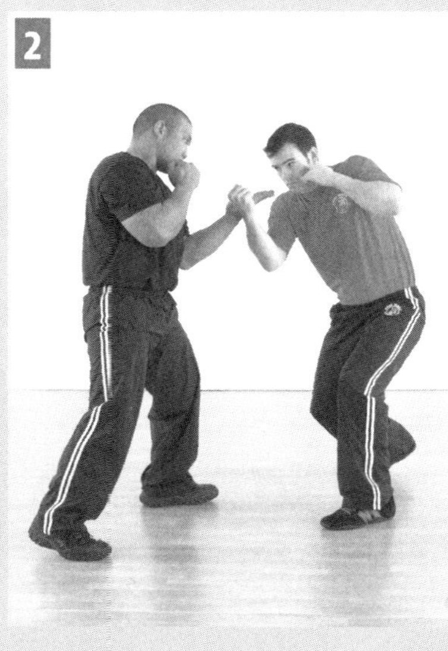

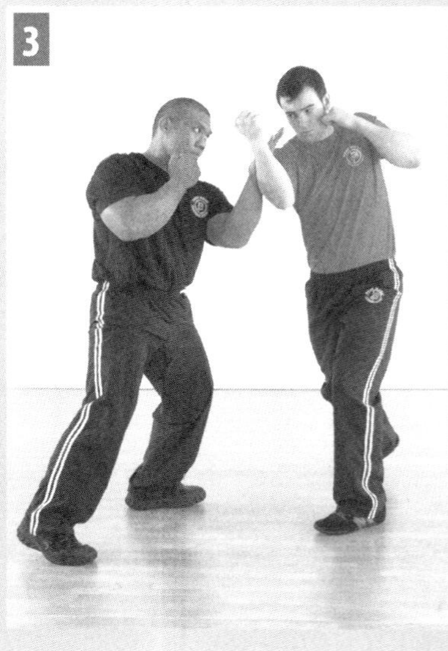

Bemerkenswert ist die Ähnlichkeit mit der tiefen Innen-Defense (Seite 112). Der Bewegungsablauf ist sehr ähnlich, nur dass man hier der Aufwärtsbewegung des Hakens folgt. Manchmal gibt es auch nach vorn gerichtete Haken (die beispielsweise auf den Bauch zielen); in solchen Fällen hat diese Defense umso mehr die Anmutung einer tiefen Innen-Defense.

ERSTER KONTER ***Gerade (Seite 77) oder Seitwärtshaken (Seite 89).*** Unmittelbar auf die Defense sollte ein Konter mit der anderen Hand folgen, entweder als Gerade oder als Seitwärtshaken. Auch andere Gegenangriffe sind denkbar, aber diese beiden werden gemeinhin als besonders stark empfunden.

NEUTRALISIERUNG Auf den ersten Konter sollte der Verteidiger auf Körper und Gesicht gerichtete Schläge folgen lassen. Ziel sollte sein, dem Angreifer den Willen oder die Fähigkeit zum Weiterkämpfen zu nehmen.

WICHTIGE HINWEISE

- Den Schlag nach oben und zur Seite umleiten;
- der Ellenbogen führt, die Hand bleibt oben;
- vom Prinzip her ähnlich wie die tiefe Innen-Defense;
- Ausweichbewegung: Körper schmal machen;
- dem Schlag nicht zu weit nach oben »folgen«; nur so weit, wie zur Abwehr nötig ist.

HÄUFIGE FRAGEN

Warum ist es so wichtig, dass der Ellenbogen führt?

Wird die Bewegung mit dem Ellenbogen geführt, bleibt die Hand auf jeden Fall oben. Wenn Sie mit der Hand führen, geht sie womöglich nach unten. Außerdem kommt der Aufwärtshaken, wie der Name schon sagt, von unten nach oben – wird die Defense mit dem Ellenbogen geführt, fängt sie den Schlag ein bisschen früher ab.

Wozu ist die Drehung des Handgelenks gut?

Halten Sie den Unterarm vor sich und drehen Sie das Handgelenk. Wie Sie sehen, bietet Ihnen der Unterarm jetzt eine etwas breitere Fläche, weil Ihnen jetzt die flache Seite zugewandt ist. Diese breite Fläche hilft, den Schlag weiter wegzuleiten.

Beim Üben blocke ich den Aufwärtshaken manchmal mit dem Arm, anstatt ihn zur Seite abzuleiten. Ist das in Ordnung?

In der Regel bedeutet das, dass Ihre Abwehr sehr, sehr früh kommt, sodass der Arm dem Haken den Weg versperrt, anstatt ihn seitlich zu erwischen und umzuleiten. Im Training kann das passieren, aber in einem echten Kampf reagiert man äußerst selten so schnell!

Übersicht: Abwehr von Tritten

Bei der Abwehr von Tritten gibt es im Wesentlichen zwei Möglichkeiten: Beine oder Hände. Bei tiefen Tritten ist es immer besser, sie nach Möglichkeit mit den eigenen Beinen abzuwehren. So kann man die Hände oben lassen, um sich gegen Schläge zu decken oder sofort zu kontern. Allerdings gibt es Situationen, in denen dies nicht machbar ist. Sind beispielsweise die Beine bereits verletzt oder bietet der Boden keinen Halt oder krümmt man sich gerade nach einem Körpertreffer zusammen, dann sind die Beine nicht zur Abwehr einsetzbar. Unter solchen Umständen hat man keine andere Wahl, als die Hände zu benutzen.

Defense gegen Front-Kick (mit dem Schienbein)

ANGRIFF Der Angreifer attackiert mit einem Tritt zwischen die Beine.

HAUPTGEFAHR ***Getreten werden, und zwar ziemlich schmerzhaft!*** Die Hauptgefahr besteht darin, getroffen zu werden.

NEBENGEFAHREN ***Orientierung oder Gleichgewicht verlieren.*** Zwar sind Genitaltritte nicht immer so schlimm wie in Filmen dargestellt, aber sie verursachen möglicherweise a) Schmerz, der einen zeitweise außer Gefecht setzt, und b) eine instinktive Reaktion (Zurückziehen des Beckens und Zusammenkneifen der Beine) zum Schutz der Genitalien, die einen aus dem Gleichgewicht bringen und für nachfolgende Schläge verwundbar machen kann.

LÖSUNG ***Defense gegen Front-Kick (mit dem Schienbein).***

1 Bei herannahendem Tritt das vordere Knie heben und schräg vor den Unterleib halten, um den Tritt nach oben und zur Seite umzuleiten. Das Knie sollte die Bewegung führen, aber der Unterschenkel bleibt fast senkrecht. Geht das Knie zu sehr voran, wird der Tritt eher geblockt als umgeleitet, und dabei könnte das Schienbein verletzt werden. Die Bewegung soll den Tritt zur Seite leiten, nicht stoppen. Auf jeden Fall die Hände oben lassen, um nachfolgende Schläge abzufangen.

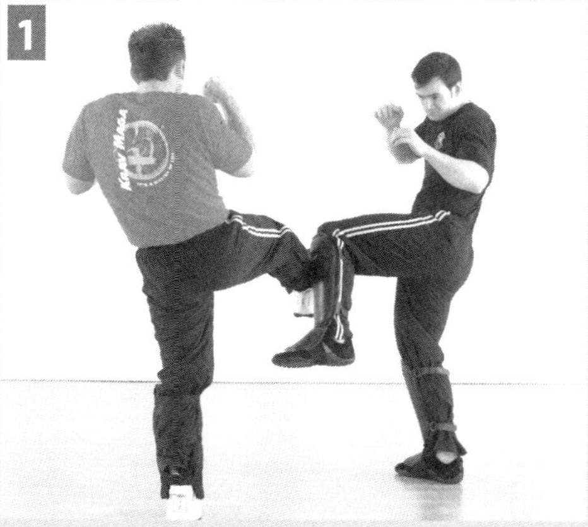

Anmerkung: Auch wenn hier weniger Gleitbewegung stattfindet, folgt diese Defense dem gleichen Prinzip wie die Innen-Defense gegen eine Gerade (Seiten 110 bis 112).

ERSTER KONTER ***Gerade (Seite 77).*** So schnell wie möglich kontern, in der Regel mit einer Geraden. Durch Übung finden Sie heraus, welcher Schlag sich für Sie am besten anfühlt, aber wahrscheinlich werden Sie merken, dass Sie mit der dem abwehrenden Bein gegenüberliegenden Seite am kräftigsten zuschlagen können.

NEUTRALISIERUNG Auf den ersten Konter sollte der Verteidiger auf Körper und Gesicht gerichtete Schläge folgen lassen. Ziel sollte sein, dem Angreifer den Willen oder die Fähigkeit zum Weiterkämpfen zu nehmen.

WICHTIGE HINWEISE

- Knie und Oberschenkel schräg vor den Genitalbereich heben;
- das Knie sollte die Bewegung führen, aber der Unterschenkel bleibt fast senkrecht, um dem Tritt nicht in die Quere zu kommen;
- Tritt nach oben und zur Seite umleiten;
- Hände oben lassen!

HÄUFIGE FRAGEN

Laut Anleitung soll ich das vordere Bein benutzen. Hängt das nicht davon ab, mit welchem Bein der Angreifer zutritt?

Nein. Auf den Genitalbereich zielenden Tritte werden immer mit dem vorderen Bein abgewehrt. Ob der Angreifer mit rechts oder links zutritt – die Zielrichtung ist immer die gleiche und das vordere Bein kann die Genitalien am schnellsten verteidigen.

Wenn ich dem Tritt nicht in die Quere kommen soll, wieso führe ich dann überhaupt mit dem Knie?

Weil es zuallererst darum geht, die Genitalien zu schützen. Schließlich kommt der Tritt von unten nach oben. Wenn die Abwehrbewegung mit dem Fuß geführt wird, ist der Tritt schon zu hoch, bevor man reagiert. Mit dem Knie schützt man sich am schnellsten.

Ich habe das Gefühl, dass ich die Defense richtig mache, aber ich komme immer zu spät. Was mache ich falsch?

Sie können aus mehreren Gründen zu spät sein. Üben Sie zunächst, den Angriff zu erkennen. Arbeiten Sie mit einem Partner in langsamem Tempo, damit Sie in der Zeitlupe erkennen, wie ein solcher Tritt anfangs aussieht. Lassen Sie den Partner dann zwischen langsamen Geraden und Front-Kicks wechseln, bis Sie die Unterschiede in den Körperbewegungen erkennen.

Es kann aber auch ein mechanisches Problem sein. Viele Anfänger drücken den Fuß bei dieser Defense vom Boden ab. Das verlangsamt die Sache, weil der Fuß zum Abstoßen einen festen Stand braucht. Sie erkennen diesen Fehler daran, dass Sie vor dieser Defense jedes Mal noch schnell die Fußstellung ändern. Anstatt den Fuß vom Boden abzustoßen, um das Bein zu heben, sollten Sie das Knie aus der Hüfte heraus anheben (mithilfe der Hüftbeugemuskeln des Musculus iliopsoas). Aber dazu brauchen Sie nicht Anatomie zu studieren – heben Sie einfach das Knie, ohne den Fuß vom Boden abzustoßen, dann klappt's mit der Mechanik.

Defense gegen tiefen Round-Kick (mit dem Schienbein)

ANGRIFF Der Angreifer attackiert mit einem rechten Round-Kick gegen das Bein (Knie oder Oberschenkel).

HAUPTGEFAHR ***Knieverletzung, temporäre Unbrauchbarkeit des Beins.*** Ein Round-Kick kann das Knie seitlich treffen und verletzen oder bestimmte Nerven im Oberschenkel derart reizen, dass das Bein zeitweilig unbrauchbar wird.

NEBENGEFAHREN ***Gleichgewicht.*** Selbst wenn kein ernsthafter Schaden entsteht, kann ein kräftiger, tiefer Round-Kick die Standfestigkeit des Verteidigers erschüttern, ihn aus dem Gleichgewicht und in eine ungünstige Lage bringen.

LÖSUNG ***Blocken mit dem Schienbein.***

1 Bei einem rechten Round-Kick des Angreifers das linke Knie nach vorn hin in Richtung des Trittes heben, wobei der Fuß leicht nach hinten zeigt. Der Tritt soll mit der Vorderseite des Schienbeins abgefangen werden, nicht mit der Seite. Dazu sollte der Unterschenkel etwas Spannung haben, aber auch ein bisschen nachgeben können, um die Wucht wie ein Stoßdämpfer zu absorbieren. Da zudem viele Angreifer beim Front-Kick von oben nach unten treten, sollte der Fuß hinter dem Knie gehalten werden, sodass das Schienbein nach hinten angewinkelt ist und ein nach unten gerichteter Tritt abgleiten kann. Dies verringert den Zusammenstoß Schienbein gegen Schienbein. Am besten richtet man einen harten Bereich der Defense gegen einen weichen Bereich des Angriffs, beispielsweise das obere Schienbein gegen das gegnerische Fußgelenk. Da Kämpfe immer wild und unberechenbar sind, lässt sich ein Zusammenprallen der Schienbeine nicht immer vermeiden, aber auf jeden Fall sollte man mit dem Knie auf den gegnerischen Fuß zielen.

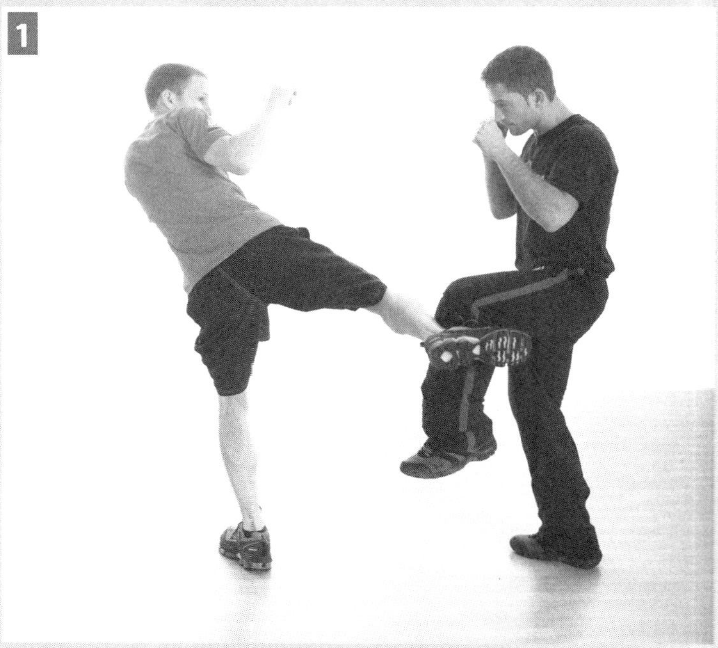

Anmerkung: Hände oben lassen! Der Tritt landet womöglich höher als erwartet. Defenses gegen hohe Round-Kicks finden Sie im Buch von Darren Levine: *Krav Maga – Das umfassende Handbuch mit über 230 Selbstverteidigungs- und Kampftechniken.*

ERSTER KONTER ***Gerade (Seite 77) oder Front-Kick zwischen die Beine (Seite 96).*** Ein einfacher Gegenangriff wäre eine rechte Gerade mit dem Absetzen des Fußes nach der Abwehr des Trittes. Alternativ kann man auch den Tritt abwehren, den abwehrenden Fuß nur ganz kurz absetzen und sofort zwischen die Beine des Angreifers schnellen lassen, die noch geöffnet sind, wenn er nach seinem Round-Kick nicht schnell genug wieder zu Kräften gekommen ist.

NEUTRALISIERUNG Auf den ersten Konter sollte der Verteidiger auf Körper und Gesicht gerichtete Schläge folgen lassen. Ziel sollte sein, dem Angreifer den Willen oder die Fähigkeit zum Weiterkämpfen zu nehmen.

WICHTIGE HINWEISE

- Knie heben und gegen den herannahenden Tritt richten,
- Unterschenkel als Stoßdämpfer einsetzen,
- mit einem starken Bereich (dem dicken Teil des Schienbeins) gegen einen schwachen Bereich (das gegnerische Fußgelenk) abwehren.

HÄUFIGE FRAGEN

Bei dieser Abwehr kommt es mir so vor, als bekäme ich einen Tritt gegen das Schienbein. Was mache ich falsch?

Sie machen sich in der Defense zu steif. Richten Sie keine Mauer auf – sondern einen Stoßdämpfer. Geben Sie etwas nach, wenn Sie den Tritt einstecken, das dämpft den Aufprall. Anmerkung: Nicht zu sehr nachgeben, sonst durchbricht der Tritt die Defense.

Verletze ich mir in einem richtigen Kampf nicht einfach das Schienbein?

Kann sein. Deshalb lehren wir auch noch eine andere Defense (mit dem Oberschenkel, Seite 123). MMA- und Muay-Thai-Kämpfer wehren ständig mit dem Schienbein Tritte ab, aber viele von ihnen trainieren ihre Schienbeine dazu, Tritte einzustecken und weniger Schmerz zu empfinden. Das haben Sie wahrscheinlich nicht vor! Sie sollten aber auch bedenken, dass Sie in einem echten Kampf, der sicherlich nicht lange dauert, wohl kaum mit mehr als einem solchen Tritt fertigwerden müssen. Wenn Sie ihn mit dem starken Teil des Schienbeins abfangen und ein bisschen nachgeben, halten Sie das schon aus.

Defense gegen tiefen Round-Kick (mit dem Oberschenkel)

ANGRIFF Der Angreifer attackiert mit einem rechten Round-Kick gegen das Bein (Knie oder Oberschenkel).

HAUPTGEFAHR ***Knieverletzung, temporäre Unbrauchbarkeit des Beins.*** Ein Round-Kick kann das Knie seitlich treffen und verletzen oder bestimmte Nerven im Oberschenkel derart reizen, dass das Bein zeitweilig unbrauchbar wird.

NEBENGEFAHREN ***Gleichgewicht.*** Selbst wenn kein ernsthafter Schaden entsteht, kann ein kräftiger, tiefer Round-Kick die Standfestigkeit des Verteidigers erschüttern, ihn aus dem Gleichgewicht und in eine ungünstige Lage bringen.

LÖSUNG ***Blocken mit dem Oberschenkel.***

1 Bei einem herannahenden rechten Round-Kick das linke Bein beugen und gegen den Tritt richten, dabei den Quadrizeps anspannen. Den Tritt quer zur Trittrichtung mit der Oberschenkelvorderseite absorbieren, möglichst nicht mit der Schenkelaußenseite. Wenn Sie früh genug reagieren: leicht vorwärts lehnen, um den Tritt abzufangen, bevor er seine ganze Kraft entfaltet.

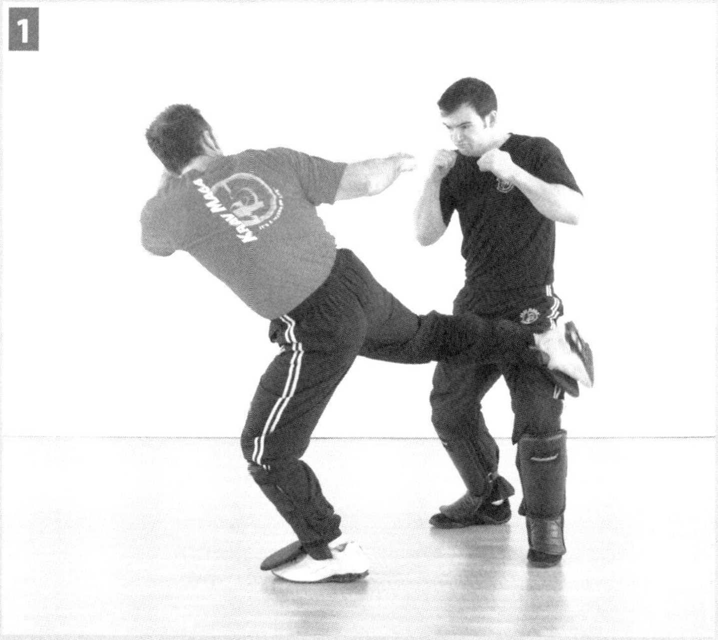

Anmerkung: Hände oben lassen! Der Tritt landet womöglich höher als erwartet. Defenses gegen hohe Round-Kicks finden Sie im Buch *Krav Maga: Das umfassende Handbuch mit über 230 Selbstverteidigungs- und Kampftechniken* von Darren Levine.

ERSTER KONTER ***Gerade (Seite 77).*** Ein einfacher Gegenangriff wäre eine rechte Gerade. Anders als der Konter beim Blocken mit dem Schienbein (Seite 124), der schnell auf die Defense folgt, kann dieser Gegenangriff gleichzeitig mit der absorbierenden Defense geschehen. Dies ist eine sehr wirksame, manchmal sogar verheerende Kombination aus Round-Kick-Defense und Konter.

NEUTRALISIERUNG Auf den ersten Konter sollte der Verteidiger auf Körper und Gesicht gerichtete Schläge folgen lassen. Ziel sollte sein, dem Angreifer den Willen oder die Fähigkeit zum Weiterkämpfen zu nehmen.

WICHTIGE HINWEISE

- Knie und Quadrizeps-Vorderseite gegen den herannahenden Tritt richten, Oberschenkel anspannen, Knie gebeugt halten;
- Tritt mit der Oberschenkelvorderseite abfangen, nicht mit der Außenseite.

HÄUFIGE FRAGEN

Das tut ja weh! Was mache ich falsch?

Vielleicht gar nichts. Dies ist eben eine absorbierende Defense. Sie stecken tatsächlich einen Treffer ein, aber eben so, dass möglichst wenig Schaden entsteht und die Wucht zerstreut wird. Um jedoch die Wirkung zu verringern, können Sie sich auch noch nach vorn lehnen und den Tritt abfangen, bevor er seine ganze Kraft entfaltet. Und achten Sie darauf, dass Sie den Tritt mit der Oberschenkelvorderseite absorbieren, nicht mit der Schenkelaußenseite. An der Außenseite kann nämlich ein empfindlicher Nerv getroffen werden, was beträchtliche Schmerzen verursacht.

Ich habe gehört, dass ich durch das Üben dieser Abfangtechnik Muskeln aufbauen kann. Stimmt das?

Sie sollten diese Technik auf jeden Fall üben, aber Muskeln aufbauen werden Sie damit nicht. Muskeln werden nicht stärker, wenn man sie immer wieder mit Fußtritten traktiert. Mit etwas Übung können Sie den Quadrizeps besser anspannen und den richtigen Zeitpunkt zur Beugung des Knies herausfinden. Außerdem gewöhnen Sie sich an den Schmerz und dadurch nimmt er subjektiv ab.

Reflexartige Defense gegen Front-Kick (mit der Hand)

ANGRIFF Der Angreifer attackiert mit einem Tritt von unten zwischen die Beine des völlig unvorbereiteten Verteidigers in neutraler Haltung.

HAUPTGEFAHR ***Getreten werden, und zwar ziemlich schmerzhaft!*** Die Hauptgefahr besteht darin, getroffen zu werden.

NEBENGEFAHREN ***Orientierung oder Gleichgewicht verlieren.*** Zwar sind Genitaltritte nicht immer so schlimm wie in Filmen dargestellt, aber sie verursachen möglicherweise a) Schmerz, der einen zeitweise außer Gefecht setzt, und b) eine instinktive Reaktion (Zurückziehen des Beckens und Zusammenkneifen der Beine) zum Schutz der Genitalien, die einen aus dem Gleichgewicht bringen und für nachfolgende Schläge verwundbar machen kann.

LÖSUNG ***Reflexartige Defense mit der Hand.***

1 Sobald der Tritt emporkommt, in der Hüfte einknicken, um mit der linken Hand schräg vor dem Körper nach vorn zu fegen. Gleichzeitig die rechte Hand heben und vors Gesicht halten, um gegnerische Schläge mit links oder rechts abwehren zu können. Den abwehrenden Arm von der Schulter bis zu den Fingerspitzen steif wie ein Brett halten; Handgelenk gestreckt halten, der Ellenbogen darf leicht gebeugt sein, um eine Überstreckung zu vermeiden. Der Tritt kann mit jedem Teil des Arms abgewehrt werden, aber je höher der Arm getroffen wird, desto näher kommt der Tritt dem Körper. Mit der »Fegebewegung« soll der Tritt vom Körper weggeleitet werden. Auf der abwehrenden Seite drehen sich Schulter und Hüfte zu einer Ausweichbewegung nach vorn.

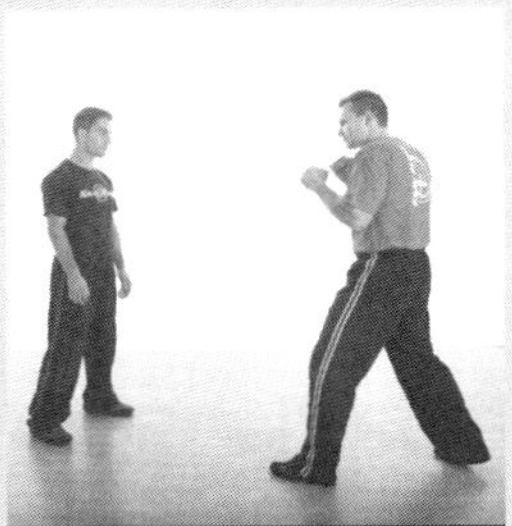

Ausgangsposition

1

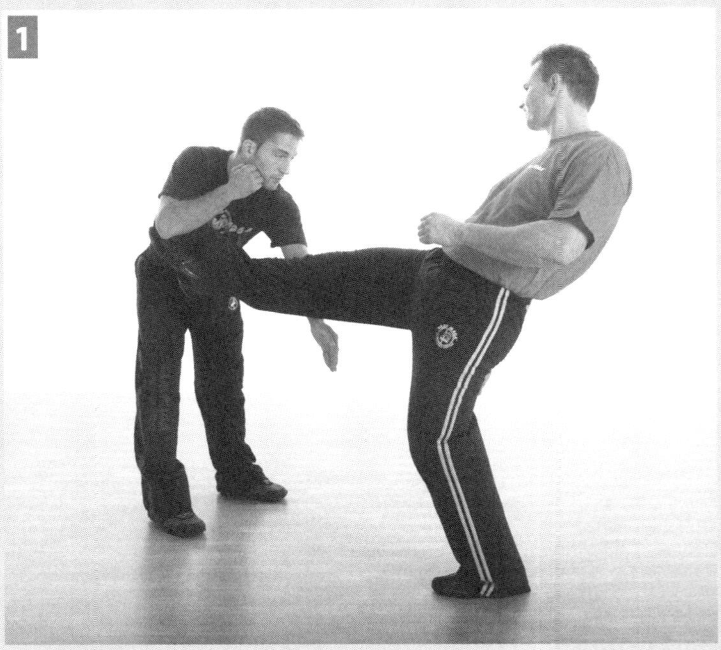

ERSTER KONTER ***Gerade.***

1–2 Gleichzeitig mit der Defense einen explosiven Schritt vorwärts machen und mit der nicht-abwehrenden Hand (also meist der Rechten) den rechten Arm des Angreifers fixieren. Umgreifen, sodass jetzt die linke Hand den Arm des Angreifers fixiert, und mit rechts kontern. Man kann auch weiterhin mit rechts den Arm fixieren und mit links kontern. Das ist schneller, aber meistens weniger kraftvoll.

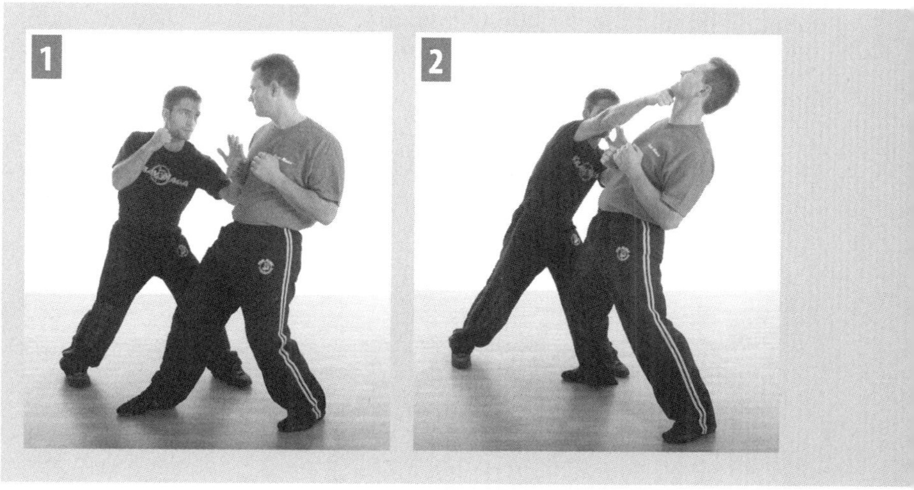

NEUTRALISIERUNG Auf den ersten Konter sollte der Verteidiger auf Körper und Gesicht gerichtete Schläge folgen lassen. Ziel sollte sein, dem Angreifer den Willen oder die Fähigkeit zum Weiterkämpfen zu nehmen.

WICHTIGE HINWEISE

- Arm nach unten strecken und vor dem Körper schräg nach vorn fegen, um den Tritt umzuleiten;
- als Ausweichbewegung den Oberkörper mit der abwehrenden Seite voran eindrehen;
- die andere Hand nach oben vor das Gesicht führen, um sich vor Schlägen zu schützen;
- den abwehrenden Arm von der Schulter bis zu den Fingerspitzen gerade halten (Ellenbogen leicht gebeugt halten, um eine Überstreckung zu vermeiden).

HÄUFIGE FRAGEN

Wehre ich mit derselben Hand ab, egal, mit welchem Bein getreten wird?

Ja. Wie bei der Defense gegen den Front-Kick auf Seite 124 ist die Trittrichtung in beiden Fällen dieselbe, also benutzt man denselben Arm, egal, mit welchem Bein getreten wird. Das hat einen ganz einfachen Grund: Wir gehen davon aus, dass uns der Angriff völlig unvorbereitet trifft und wir in neutraler Haltung stehen. Unter diesen Voraussetzungen bleibt keine Zeit mehr, zu erkennen, mit welchem Bein der Angreifer zutritt, und deshalb muss einfach so schnell wie möglich abgewehrt werden. Je nachdem, welches Bein der Angreifer eingesetzt hat, landet man möglicherweise auf seiner Live-Side und ist weiteren Attacken ausgesetzt. Aus diesem Grund sollten Sie unverzüglich und aggressiv kontern.

Warum gehen wir von einer so späten Reaktion aus?

Auch wenn diese Defense funktioniert, ist sie nicht die wirksamste oder angenehmste. In einer extrem ungünstigen Position kommt sie allerdings den Körperreflexen am nächsten (Hände runter, Becken nach hinten).

Tipp: Beugen Sie sich nach unten, um den Tritt so früh wie möglich abzufangen. Beugen Sie sich leicht nach vorn, dann fangen Sie das Bein, wenn Sie schnell sind, schon am Knie ab, bevor der Fuß hochschnellt.

Stoß-Defense gegen Front-Kick (mit der Hand)

ANGRIFF Der Angreifer attackiert mit einem Tritt von unten zwischen die Beine des Verteidigers in Kampfhaltung.

HAUPTGEFAHR ***Getreten werden, und zwar ziemlich schmerzhaft!*** Die Hauptgefahr besteht darin, getroffen zu werden.

NEBENGEFAHREN ***Orientierung oder Gleichgewicht verlieren.*** Zwar sind Genitaltritte nicht immer so schlimm wie in Filmen dargestellt, aber sie verursachen möglicherweise a) Schmerz, der einen zeitweise außer Gefecht setzt, und b) eine instinktive Reaktion (Zurückziehen des Beckens und Zusammenkneifen der Beine) zum Schutz der Genitalien, die einen aus dem Gleichgewicht bringen und für nachfolgende Schläge verwundbar machen kann.

LÖSUNG ***Stoß-Defense mit der Hand.***

1 Bei emporkommendem Tritt einen explosiven Schritt schräg nach vorn machen und mit der hinteren (rechten) Hand auf das Knie des Angreifer hinabstoßen. Ellenbogen dabei nach hinten und den kleinen Finger zum Körper gerichtet lassen. Dadurch bleibt der Arm gerade und bietet dem Tritt keinen Angriffswinkel. Die Schultern bleiben dem Angreifer zugewandt – wenn man die rechte (abwehrende) Seite einwärts dreht, wird der Tritt zum Körper hin gelenkt, nicht davon weg. Die linke Hand unbedingt oben lassen, damit das Gesicht gegen einen nachfolgenden Faustschlag geschützt ist. Mit dem Abgleiten des Beins den rechten Arm leicht nach außen führen, um den Abwehreffekt noch zu vergrößern.

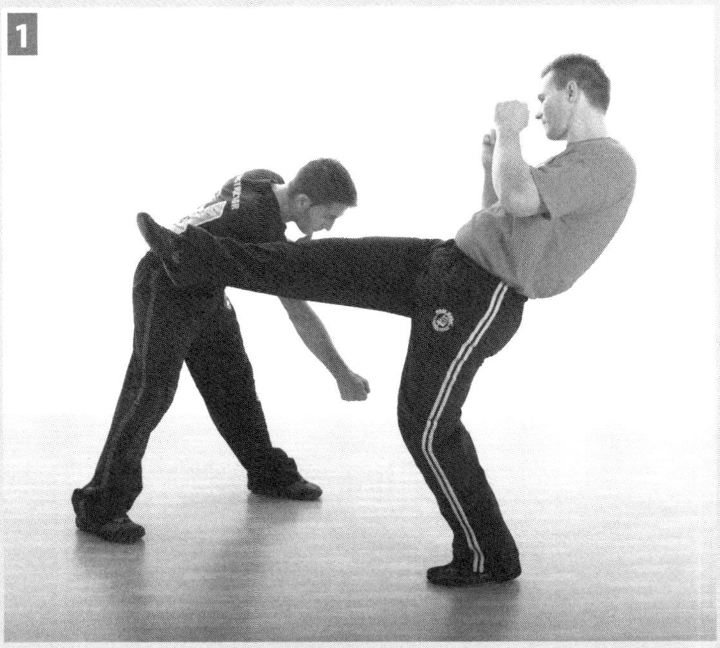

ERSTER KONTER *Gerade.*

1–2 Gleichzeitig mit der Defense einen explosiven Schritt vorwärts machen und mit der nicht-abwehrenden Hand (also meist der Linken) den Arm des Angreifers fixieren und mit rechts kontern. Man kann auch unverzüglich (sogar gleichzeitig) mit der Linken kontern. Das ist viel schneller, aber in der Regel schwächer.

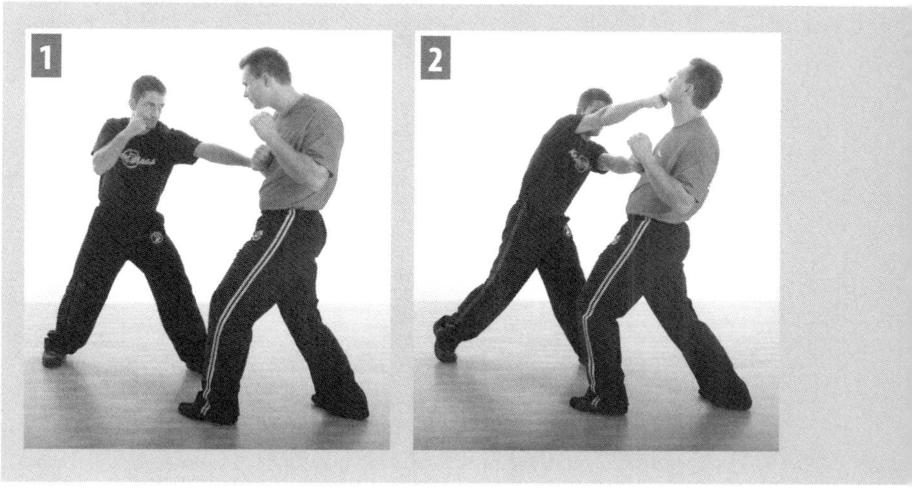

NEUTRALISIERUNG Auf den ersten Konter sollte der Verteidiger auf Körper und Gesicht gerichtete Schläge folgen lassen. Ziel sollte sein, dem Angreifer den Willen oder die Fähigkeit zum Weiterkämpfen zu nehmen.

WICHTIGE HINWEISE

- Mit nach hinten und nach unten zeigendem Ellenbogen die hintere Hand nach unten stoßen, um den Tritt umzuleiten;
- mit der Defense explosiv reingehen;
- Schultern frontal lassen, damit der Tritt vom Körper weggeleitet wird;
- die andere Hand oben und vorn lassen, um das Gesicht zu decken.

HÄUFIGE FRAGEN

Soll ich die Defense immer mit der hinteren Hand machen?

Ja. Der Tritt soll vom Körper weggeleitet werden. Indem Sie dazu die hintere Hand nehmen, leiten Sie den Tritt in Richtung der hinteren Hüfte. Und da die Hüfte hinten ist, gibt es für den Tritt genug Platz, um am Körper vorbeizugehen. Wehrt man ihn dagegen mit der vorderen Hand ab, steht möglicherweise die vordere Hüfte im Weg und der Tritt kann den Körper treffen.

Ist diese Defense besser als die reflexartige?

Die Stoßbewegung ist kraftvoller und leitet den Tritt weniger umständlich um. Durch die Stoßbewegung bildet man im Prinzip eine Rampe, an der der Tritt einfach abgleitet. In den meisten Fällen reicht es, gegen die Innenseite des Beins zu stoßen, dann gleitet es am Arm empor und wird automatisch umgeleitet. Die »Fegebewegung« der reflexartigen Defense funktioniert auch gut, ist aber nicht perfekt.

Innen-Defense gegen hohen Front-Kick (mit der Hand)

ANGRIFF Der Angreifer attackiert mit einem hohen Tritt von unten ins Gesicht des Verteidigers in Kampfhaltung.

HAUPTGEFAHR ***Getreten werden.*** Die Hauptgefahr besteht darin, im Gesicht getroffen zu werden.

NEBENGEFAHREN ***Orientierung oder Gleichgewicht verlieren.*** Auch wenn der Tritt nicht trifft, kann er ein Zurückweichen provozieren, das den Verteidiger Gleichgewicht und Initiative kostet.

LÖSUNG ***Innen-Defense gegen hohen Front-Kick.***

1 Bei herannahendem Tritt den vorderen (linken) Unterarm waagerecht vor dem Gesicht und dem Oberkörper entlangfegen. Die Hand kann zur Faust geballt und so eingedreht sein, dass der Kleinfingerballen den Tritt ableitet. Zusätzlich zum Blocken mit der Hand den Körper leicht ausweichen lassen, indem die linke Schulter einwärts gedreht wird. Darauf achten, dass der Körperschwerpunkt im Kampf bleibt! Hand oben lassen und Ellenbogen nach innen bringen, sodass der Unterarm senkrecht ist. Lässt man die Hand sinken, kann der Arm dem Angriff in die Quere kommen und den Tritt abkriegen.

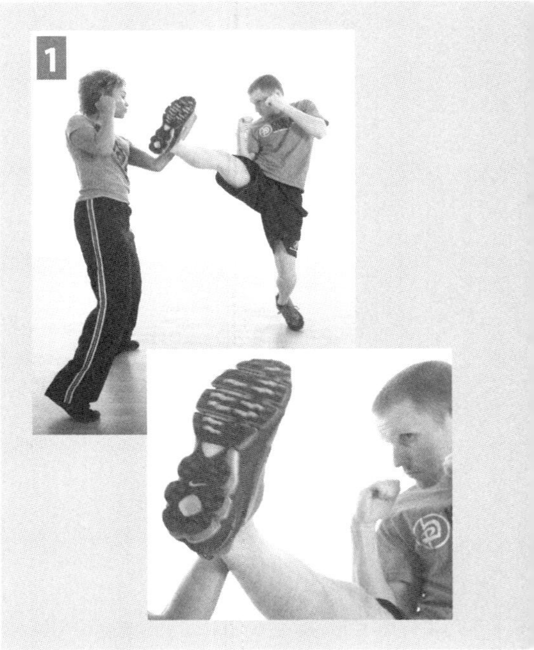

ERSTER KONTER ***Gerade.*** Unverzüglich kontern, gerne mit einer rechten Geraden.

NEUTRALISIERUNG Auf den ersten Konter sollte der Verteidiger auf Körper und Gesicht gerichtete Schläge folgen lassen. Ziel sollte sein, dem Angreifer den Willen oder die Fähigkeit zum Weiterkämpfen zu nehmen.

WICHTIGE HINWEISE

- Den Tritt mit dem Unterarm der Führhand umleiten,
- zur Ausweichbewegung den Oberkörper eindrehen,
- nicht nach hinten ausweichen; im Kampf bleiben!

HÄUFIGE FRAGEN

Wehre ich mit derselben Hand ab, egal, mit welchem Bein getreten wird?

Ja. Die Trittrichtung ist in beiden Fällen dieselbe. Möglicherweise landen Sie auf der Live-Side des Angreifers. Kontern Sie entschlossen und aggressiv.

Ich kriege immer einen Tritt gegen den Arm. Was mache ich falsch?

Wahrscheinlich lassen Sie bei der Abwehr die Hand sinken. Das ergibt meistens einen Tritt gegen den Unterarm. Leiten Sie den Tritt um, indem Sie den Unterarm (Hand oben, Ellenbogen unten) quer vor dem Körper vorbeibewegen.

Soll man lieber eine Faust machen oder die Hand offen lassen?

Mit der offenen Hand ist man entspannter und daher schneller. Bei geballter Faust spannen sich die Muskeln des Unterarms an und schützen ihn, falls er bei schlechtem Timing etwas vom Tritt abkriegt. Also hat beides Vor- und Nachteile. Generell ist die Defense mit offener Hand schneller.

Defense gegen Kniestoß (mit der Hand)

ANGRIFF Der Angreifer attackiert mit einem auf Genitalien, Bauch oder Gesicht gerichteten rechten Kniestoß.

HAUPTGEFAHR ***Gestoßen werden.*** Die Hauptgefahr besteht darin, getroffen zu werden.

NEBENGEFAHREN ***Nachfolgende Angriffe, Takedowns.*** Kniestöße werden aus kurzer Distanz eingesetzt, also ist der Angreifer sehr nah. Wenn der erste Kniestoß trifft, ist man weiteren Schlägen und sonstigen Angriffen ausgesetzt.

LÖSUNG ***Blocken mit dem Unterarm.***

1 Bei emporkommendem Kniestoß eine 360°-Defense mit dem Arm, der der Attacke am nächsten ist (meist der linke), gegen die Mitte des Oberschenkels richten. Die Abwehr sollte möglichst schnell erfolgen – je mehr Schwung das Knie aufnimmt, desto mehr macht es sich bei der Abwehr bemerkbar. Aggressiv abwehren – das emporkommende Bein angreifen, nicht darauf warten.

ERSTER KONTER ***Tiefe Gerade (Seite 79).*** Gleich nach der Defense mit einem Aufwärtshaken oder mit der offenen Hand in die Genitalien schlagen.

NEUTRALISIERUNG Nach dem ersten Konter sollte sich der Verteidiger aus einer eventuellen Umklammerung lösen und auf Körper und Gesicht gerichtete Schläge folgen lassen. Ziel sollte sein, dem Angreifer den Willen oder die Fähigkeit zum Weiterkämpfen zu nehmen.

WICHTIGE HINWEISE

- 360°-Defense (alle dafür geltenden Regeln beachten, zum Beispiel: mit der Unterarmkante abwehren, »den Angriff angreifen«).

HÄUFIGE FRAGEN

Verletzt man sich bei der Abwehr nicht den Arm?

Nur wenn Sie defensiv denken und abwarten, bis das Knie Ihren Arm trifft. Seien Sie aggressiv und wehren Sie den Angriff ab, bevor Sie mit voller Kraft attackiert werden.

Was, wenn ich mich nicht aus der Umklammerung lösen kann?

Kontern Sie weiter und seien Sie bereit für weitere Defenses. Ihre Position ist nicht zu beneiden, aber der Angreifer ist Ihren Angriffen ausgesetzt, wenn Sie auf Bauch und Genitalien einschlagen.

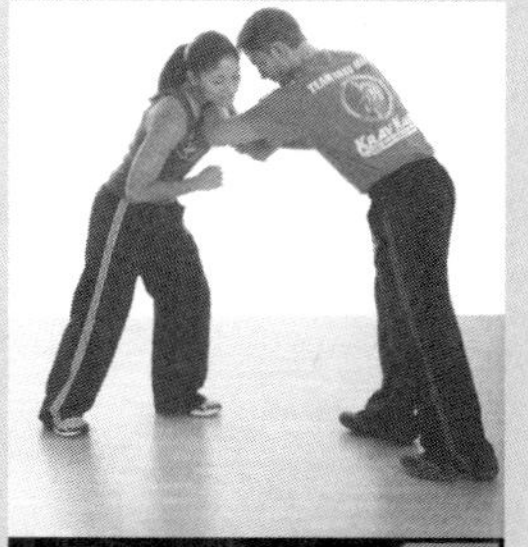

Ausgangsposition

1

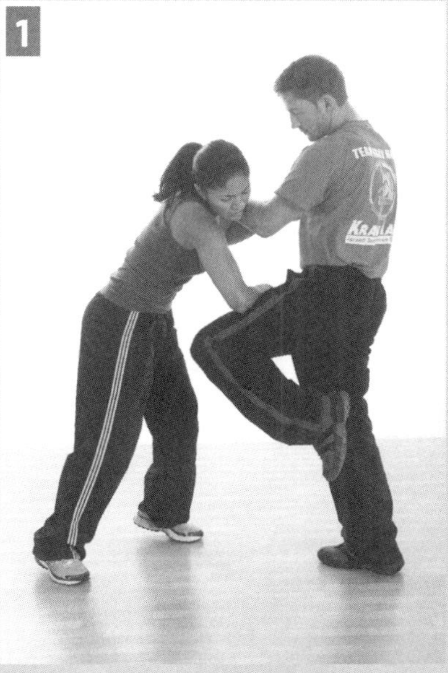

Abwehr von Umklammerungen und Würgegriffen

Dieser Abschnitt befasst sich mit Würgegriffen, Umklammerungen und Schwitzkästen in unterschiedlichen Positionen.

Abwehr von Umklammerungen und Würgegriffen

Würgegriff von vorn (beidhändiger Pluck)

ANGRIFF Der Angriff geschieht von vorn (Live-Side) und der Angreifer legt beide Hände um die Kehle. Der Verteidiger trainiert aus neutraler Haltung heraus. Zu beachten ist, dass die Hände des Angreifers erst hochgerissen werden müssen, bevor sie zur Seite rutschen können.

Sicherheitshinweis: Im Training dem Verteidiger bitte nicht die Hände gegen die Kehle stoßen.

HAUPTGEFAHR ***Daumen auf der Kehle.*** Die Hauptgefahr besteht darin, dass die Daumen die Luftröhre eindrücken können. Ohne Daumen auf der Kehle ist der Angriff weit weniger gefährlich.

NEBENGEFAHREN ***Gleichgewichtsverlust, Kopfstoß.*** Während Angriff und Abwehr können Gleichgewichtsstörungen und Kopfstöße (mit oder ohne Absicht) vorkommen. Bei korrekt ausgeführter Defense werden diese Nebengefahren verringert oder ganz ausgeschlossen.

LÖSUNG ***Beidhändiger Pluck.***

Die natürliche Reaktion auf diesen Angriff besteht darin, die Hände zur bedrohten oder schmerzenden Stelle zu bringen. Durch die Pluck-Bewegung wird aus dem instinktiven Reflex eine Defense, die nicht Kraft erfordert, sondern Explosivität (Schnelligkeit).

1 Die Hände zu Haken formen: dazu Finger und Daumen zusammenpressen und leicht biegen. Beide Hände über die des Angreifers heben und dort tief zwischen sie greifen, wo die Handgelenke und Daumen zusammenstoßen. Die Hände des Angreifers hoch und nach außen reißen. Diese Bewegung sollte von Anfang an explosiv sein. Kinn auf die Brust ziehen, um einem Kopfstoß vorzubeugen.

2 Den Pluck parallel zu den Schultern fortführen und die Hände des Angreifers am Körper fixieren. Dies ist zwar kein entscheidender Teil der Defense, aber es beschränkt die Waffen des Angreifers.

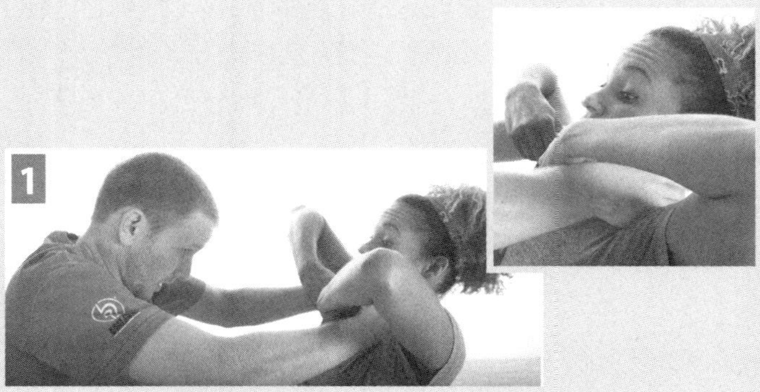

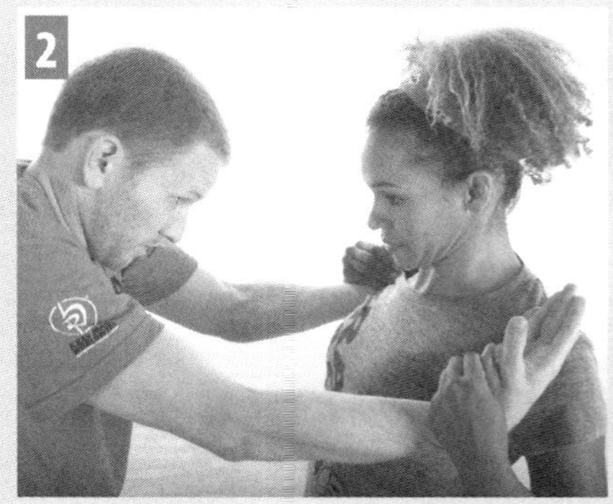

ERSTER KONTER ***Front-Kick zwischen die Beine (Seite 96).*** Der Tritt zwischen die Beine sollte so schnell wie möglich auf den Pluck folgen. Damit erreicht man nicht nur eine schnellere Wende der Kampfdynamik, sondern verringert auch das Risiko eines Kopfstoßes. *Anmerkung:* Je nachdem, wie nah der Angreifer steht, kann aus dem Tritt ein Kniestoß werden, aber man sollte dennoch zutreten, weil die Distanz in der Situation schwer einzuschätzen ist.

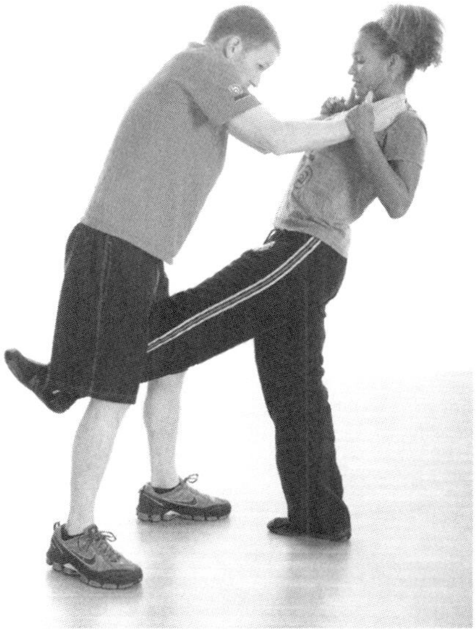

NEUTRALISIERUNG Auf den Genitaltritt lässt man häufig Kniestöße, weitere Tritte und/oder Hammerfists gegen den Hinterkopf folgen, je nach Situation. Unabhängig von der Wahl der Combatives sollte das Ziel sein, dem Angreifer den Willen oder die Fähigkeit zum Weiterkämpfen zu nehmen.

WICHTIGE HINWEISE

- Explosiver Pluck tief zwischen den Handgelenken,
- Hände des Angreifers am Körper fixieren,
- gleichzeitig zwischen die Beine treten,
- aggressiv weiter kontern,
- auf Distanz gehen, wenn die Gefahr gebannt ist.

HÄUFIGE FRAGEN

Warum nicht einfach zwischen die Beine treten?

So wichtig schnelles Kontern ist, zuerst muss die Hauptgefahr beseitigt werden. In diesem Fall wäre es möglich, dass ein Genitaltritt ohne Pluck den Angreifer dazu bringt, zu verspannen und noch fester zu würgen.

Muss ich die Hände des Angreifers fixieren?

Das Fixieren der Hände ist zwar kein Muss, aber es verhindert oder verzögert nachfolgende Angriffe.

Warum ist der Pluck gegen diesen Angriff besser als andere Abwehrtechniken, die ich kenne?

Der Pluck ist von einem natürlichen Reflex abgeleitet und funktioniert daher eher unter Stress. Außerdem funktioniert er bei gebeugten und gestreckten Armen und die Plucks gebrauchen wir gegen viele andere Angriffe.

Tipps: Um sich ein Bild von der Pluck-Bewegung zu machen, stellen Sie sich am besten Superman vor, wie er sich das Hemd vom Leib reißt. Diese nach oben und außen rupfende Bewegung ist sehr kraftvoll, und wenn sie explosiv ausgeführt wird, kann sich der Angreifer nicht darauf einstellen.

Probieren Sie's aus: Lassen Sie eine Freundin ihren Arm ausstrecken und bitten Sie sie, Widerstand zu leisten, während Sie den Arm langsam mit mehr und mehr Druck und Gewicht belasten. Ihre Freundin wird dieser langsam ansteigenden Kraft erstaunlich gut widerstehen können. Dann bitten Sie sie erneut um Widerstand, aber diesmal hauen Sie ihren Arm mit der Hand explosiv und ohne Vorwarnung hinunter. Dieser Krafteinwirkung wird sie nichts entgegensetzen können. Und genau so wirkt der Pluck.

Würgegriff von der Seite

ANGRIFF Der Angriff geschieht von der Seite, und der Angreifer legt beide Hände um Kehle und Hals. Der Verteidiger trainiert aus neutraler Haltung heraus. Der Angreifer sollte einen realistischen Angriff simulieren und die Intensität steigern, je sicherer der Verteidiger die Defense beherrscht. Eine Hand liegt vorn auf der Kehle, die andere hinten auf dem Hals.

HAUPTGEFAHR ***Hände an Kehle und Hals.*** Die Hauptgefahr besteht darin, dass seitlicher Druck auf den Hals ausgeübt wird, der die Halsschlagader und (möglicherweise, je nach Lage der vorderen Hand) die Luftröhre einklemmt.

NEBENGEFAHREN ***Kopfstoß.*** Nach der Defense kann noch ein versehentlicher Kopfstoß erfolgen. Bei korrekt ausgeführter Defense wird diese Nebengefahr verringert oder ganz ausgeschlossen.

LÖSUNG ***Einhändiger Pluck.***

1 Die Finger in die gleiche Hakenform wie beim zweihändigen Pluck, aber diesmal nur die vom Angreifer entfernte Hand. Die Hand hoch und über den Arm des Angreifers heben.

2 Um so explosiv wie möglich zu agieren, schräg über den Brustkorb nach unten plucken und die Stelle zwischen Handgelenk und Daumenballen treffen. Dabei, um einem versehentlichen Kopfstoß vorzubeugen, den Kopf zum Angreifer wenden und das Kinn einziehen, sodass der Scheitel dem Angreifer zugewandt ist, nicht das Gesicht oder die Schläfe. Nachdem man quer über den Brustkorb »gepluckt« hat, kann man die Hand des Angreifers am Körper fixieren. Dies ist zwar kein entscheidender Teil der Defense, aber es beschränkt die Waffen des Angreifers.

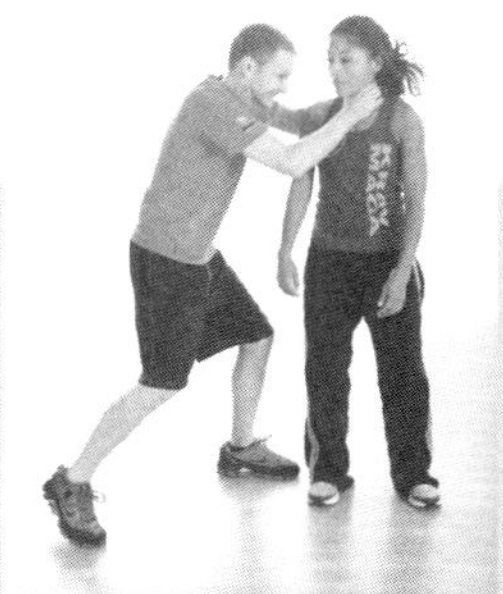

Ausgangsposition

1

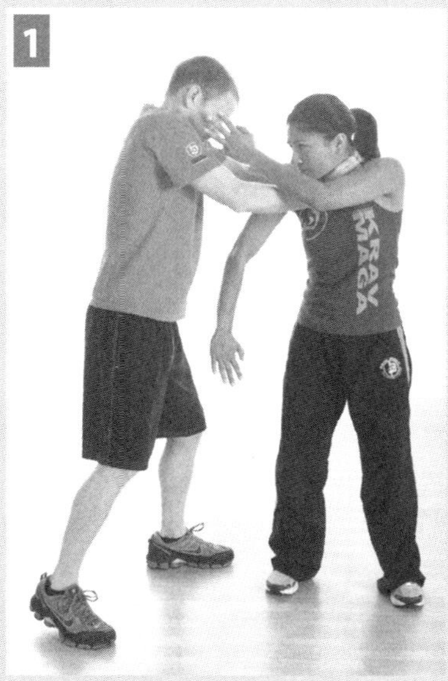

2

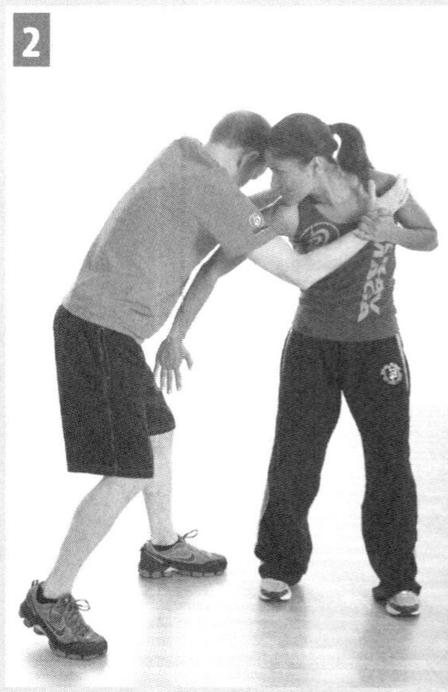

ERSTER KONTER ***Schlag zwischen die Beine.*** Der Schlag zwischen die Beine sollte so schnell wie möglich, wenn nicht gleichzeitig auf den Pluck folgen. Am besten ist dazu wegen der großen Kontaktfläche ein Schlag mit der offenen Hand geeignet, aber auch andere Schlagtechniken (beispielsweise Hammerfist, Seite 92) sind brauchbar.

NEUTRALISIERUNG Auf den Genitaltreffer lässt man häufig auf Kopf und Gesicht gerichtete Ellenbogenstöße folgen (auch Hammerfists sind möglich, wenn der Angreifer vor den Stößen zurückweicht). Der Verteidiger sollte weiter zuschlagen, während er sich dem Angreifer zuwendet, um eine günstigere Kampfposition zu erreichen. Danach lassen sich auch Combatives wie Kniestöße und Tritte leichter einsetzen. Unabhängig von der Wahl der Combatives sollte das Ziel sein, dem Angreifer den Willen oder die Fähigkeit zum Weiterkämpfen zu nehmen.

WICHTIGE HINWEISE

- Explosiver Pluck schräg über den Brustkorb,
- die losgerissene Hand am Körper fixieren,
- gleichzeitig zwischen die Beine schlagen,
- aggressiv weiter kontern und zum Angreifer drehen,
- auf Distanz gehen, wenn die Gefahr gebannt ist.

HÄUFIGE FRAGEN

Wieso sollte jemand so angreifen?

Ein Angriff aus dieser Richtung ist durchaus möglich, aber es kann auch sein, dass der Verteidiger auf eine Bedrohung von vorn zunächst so reagiert, dass er Kopf und Oberkörper wegdreht, sodass er nun von der Seite gewürgt wird (obwohl der Angreifer von vorn würgen wollte).

Muss ich die Hände des Angreifers fixieren?

Das Fixieren der Hände ist zwar kein Muss, aber es verhindert oder verzögert nachfolgende Angriffe. Es ist auch im Training eine gute Gewohnheit, denn die Anspannung der Hand verstärkt den Pluck.

Kann ich auch sofort mit dem Ellenbogen zustoßen und den Genitalschlag weglassen?

Natürlich! Eigentlich ist es sogar die bessere Wahl, wenn die Hand gerade oben ist. Hauptsache, der Konter kommt gleichzeitig mit der Defense.

Tipp: Um den Pluck möglichst effektiv zu gestalten, sollten Sie bis hinter die Hände des Angreifers ausholen, so, als wollten Sie Ihr Ohr berühren. Halten Sie dann Ihre Hand und die des Angreifers eng am Körper. So erreichen Sie einen kräftigen Pluck und haben den Angreifer gut im Griff.

Sehr häufig weichen Schüler bei dieser Defense-Konter-Kombination einen Schritt zurück. Dies schwächt die Defense, weil die Bewegung mit der Krafteinwirkung der vier Pluck-Finger einhergeht. Außerdem verringert das Zurückweichen die Wirkung des Konters und die Reichweite des Genitalschlags.

Würgegriff von hinten

ANGRIFF Der Angriff geschieht von der Dead-Side des Verteidigers und der Angreifer legt beide Hände um Kehle und Hals. Der Verteidiger trainiert aus neutraler Haltung heraus. Der Angreifer sollte einen realistischen Angriff simulieren und die Intensität steigern, je sicherer der Verteidiger die Defense beherrscht.

Sicherheitshinweis: Stoßen Sie im Training dem Verteidiger bitte nicht die Hände gegen die Kehle.

HAUPTGEFAHR ***Finger auf der Kehle.*** Die Hauptgefahr besteht darin, dass die Finger die Luftröhre eindrücken können.

NEBENGEFAHREN ***Gleichgewichtsverlust, Schläge, Tritte.*** Während der Defense besteht ein erhöhtes Risiko, zu stolpern oder umgerissen zu werden. Außerdem sollte der Verteidiger sich vor möglichen Schlägen oder Tritten in Acht nehmen.

LÖSUNG ***Beidhändiger Pluck.***

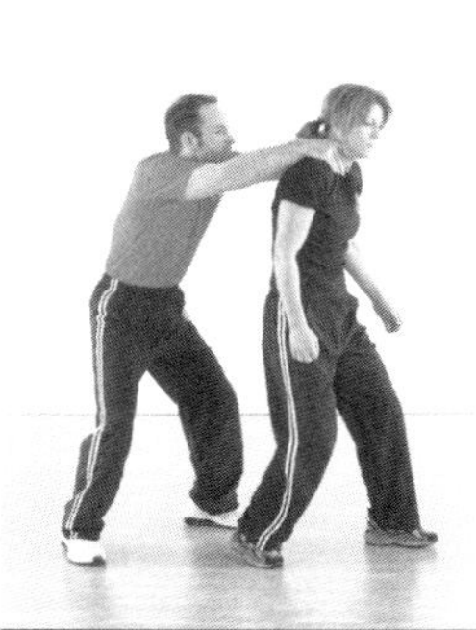

Ausgangsposition

1–3 Hände so weit nach hinten werfen wie möglich und die gegnerischen Hände senkrecht nach unten reißen, dabei die Ellenbogen an die Flanken ziehen. Mit Beginn der Pluck-Bewegung das Kinn einziehen und die Schultern runden (was womöglich instinktiv passiert). Genau wie bei den bereits erwähnten Plucks sollte die Bewegung explosiv sein und möglichst auf Handgelenk und Daumenballen des Angreifers treffen. Beim Plucken mit beiden Füßen einen Schritt schräg nach hinten machen.

1

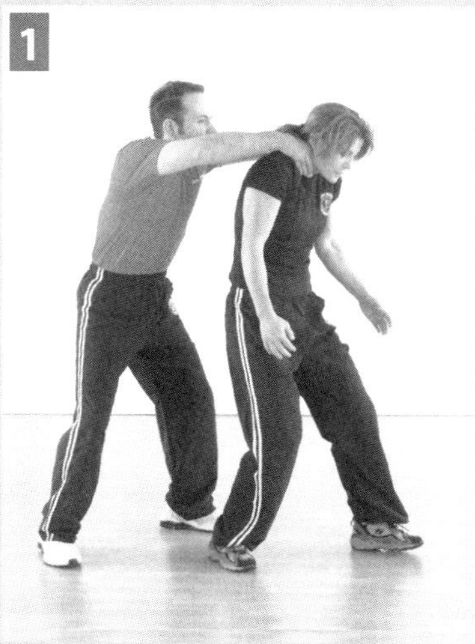

2

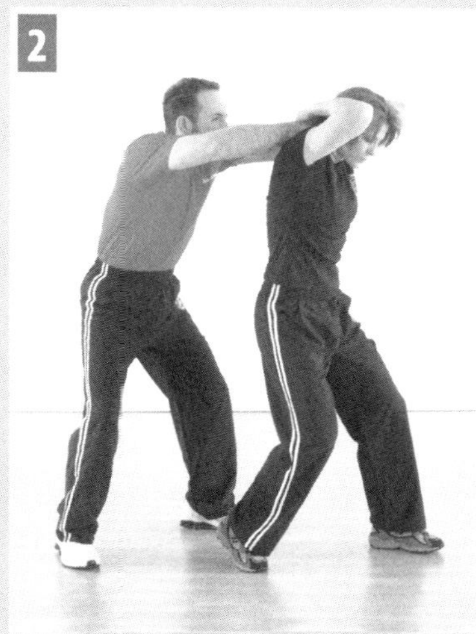

3

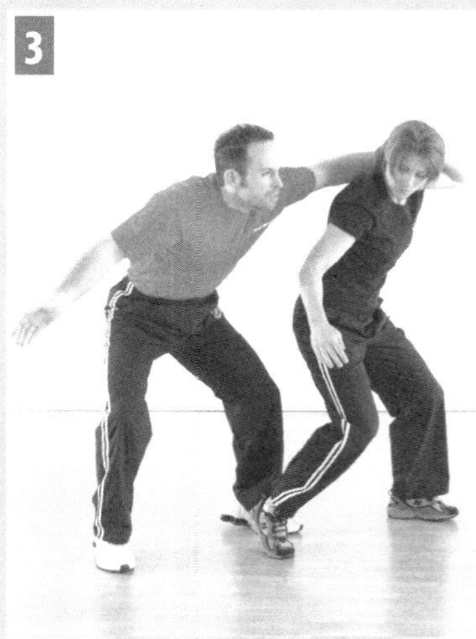

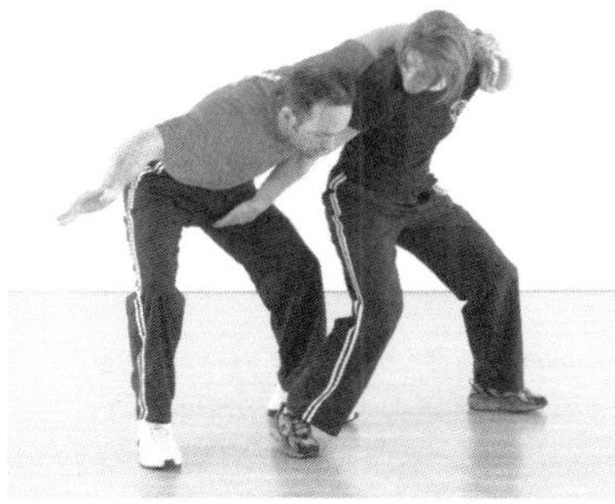

ERSTER KONTER ***Schlag zwischen die Beine.*** Der Schlag zwischen die Beine sollte, wenn nicht gleichzeitig, als natürliche Fortsetzung des Plucks folgen, und zwar als Schlag mit der Handfläche oder als Hammerfist. Der oben erwähnte Schritt schräg nach hinten verringert nicht nur die Stolper- oder Sturzgefahr, sondern macht auch den Weg zum gegnerischen Genitalbereich frei.

NEUTRALISIERUNG Auf den Genitaltreffer lässt man auf Körper und Gesicht gerichtete Ellenbogenstöße folgen, während man sich dem Angreifer zuwendet und weiterhin seine andere Hand fixiert. Je nach Reaktion des Angreifers auf die ersten Konter können auch Combatives mit größerer Reichweite eingesetzt werden, etwa Hammerfists, und man kann die Hand loslassen, um mit Kniestößen, Tritten und dergleichen nachzusetzen. Unabhängig von der Wahl der Combatives sollte das Ziel sein, dem Angreifer den Willen oder die Fähigkeit zum Weiterkämpfen zu nehmen.

WICHTIGE HINWEISE

- Explosiver, senkrechter Pluck gegen Handgelenk und Daumen;
- Schritt schräg nach hinten, um den Genitalbereich zu erreichen, einen sicheren Stand zu finden und dem freien Arm des Angreifers auszuweichen;
- Schlag zwischen die Beine als Fortsetzung des Plucks;
- aggressiv weiter kontern und zum Angreifer drehen;
- losreißen.

HÄUFIGE FRAGEN

Ich dachte, bei Krav Maga wird gleichzeitig abgewehrt und gekontert?

Das wird zwar angestrebt, ist aber nicht immer möglich. In diesem Fall kommt der Angriff von der Dead-Side des Verteidigers und daher sind wirksame Attacken nicht gleichzeitig mit der Defense machbar. Trotzdem sollte der Schlag zwischen die Beine erfolgen, sobald die Hauptgefahr gebannt ist.

Muss ich die Hand des Angreifers fixieren?

Das Fixieren der Hand ist zwar kein Muss, aber es verhindert oder verzögert nachfolgende Angriffe. Außerdem ist es hilfreich, den Angreifer für die nachfolgenden Konter in Reichweite zu halten.

Wenn ich die Pluck-Bewegung nicht bis zwischen die Beine fortsetzen kann, was dann?

Das ist kein großes Problem; gehen Sie einfach zu Ellenbogenstößen ins Gesicht über und schlagen Sie beim Umdrehen weiter zu.

Zu welcher Seite soll ich mich bei der Defense drehen?

Aus technischer Sicht ist das einerlei. Aus taktischen Gründen mag allerdings die eine Richtung besser sein als die andere (zum Beispiel Hindernisse, Waffen, Verletzungen auf einer Seite).

Tipp: Wenn Sie sich zum Angreifer drehen, müssen Sie unbedingt weiter zuschlagen und gleichzeitig einen sicheren Stand bewahren. Damit die Drehung klappt, ohne dass Sie über den Fuß des Angreifers stolpern, sollten Sie Ihren Fuß im Bogen um den gegnerischen Fuß herumbugsieren, bis Sie in die Kampfhaltung kommen.

Würgegriff von vorn mit Stoß

ANGRIFF Der Angriff geschieht von vorn (Live-Side), der Angreifer legt beide Hände um die Kehle und schiebt nach hinten. Der Verteidiger trainiert aus neutraler Haltung heraus und lässt sich etwas aus dem Gleichgewicht bringen. Der Angreifer sollte einen realistischen Angriff simulieren und die Intensität steigern, je sicherer der Verteidiger die Defense beherrscht.

Sicherheitshinweis: Stoßen Sie im Training dem Verteidiger bitte nicht die Hände gegen die Kehle. Erst den Würgegriff ansetzen, dann schieben – so bleibt das Verletzungsrisiko gering.

HAUPTGEFAHR ***Daumen auf der Kehle, Gleichgewichtsverlust.*** Die Hauptgefahr besteht darin, dass die Daumen die Luftröhre eindrücken können und dass man aus dem Gleichgewicht gebracht wird.

NEBENGEFAHREN ***Unmittelbare Umgebung.*** Je nachdem, was der Angreifer beabsichtigt, kann man gegen eine Wand, ein Auto oder ein sonstiges Hindernis geschubst werden, was die Selbstverteidigung erschwert und die Gefahr erhöht. Bei rechtzeitig ausgeführter Defense wird diese Nebengefahr verringert oder ganz ausgeschlossen.

LÖSUNG ***Dreh-Defense*** (***Anmerkung:*** Die Defense kann in beide Richtungen ausgeführt werden, zum besseren Verständnis wird hier nur eine Seite beschrieben.)

Die natürliche Reaktion auf diesen Angriff ist, die Arme hochzureißen und zurückzuweichen. Beide Bewegungen sind instinktive Reflexe, die das Gleichgewicht erhalten sollen, aber für diese Technik wird nur ein Arm benötigt.

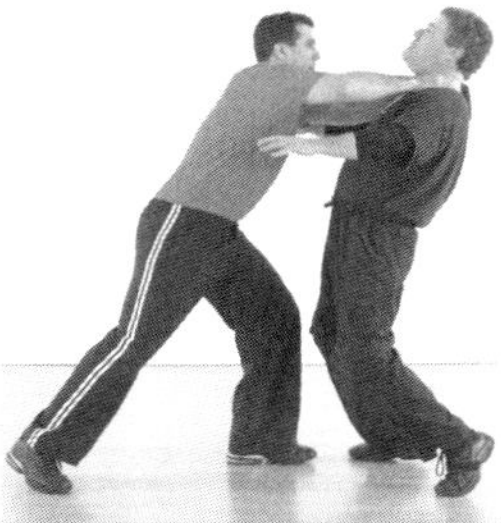

Ausgangsposition

1 Mit dem linken Fuß einen Schritt nach hinten machen und den rechten Arm in die Höhe strecken. Oberarm und Schulter sollten dabei möglichst nah am rechten Ohr sein.

2 Ruckartig nach links umdrehen. Dadurch wird Druck auf das Handgelenk des Angreifers ausgeübt und der Druck auf die Kehle gelockert.

3 Mit der rechten Hand einen vertikalen Ellenbogenstoß nach vorn und nach unten (Nr. 7) ausführen, um sich aus den Händen des Angreifers zu lösen, dann seine Arme mit der linken Hand am Körper fixieren.

1

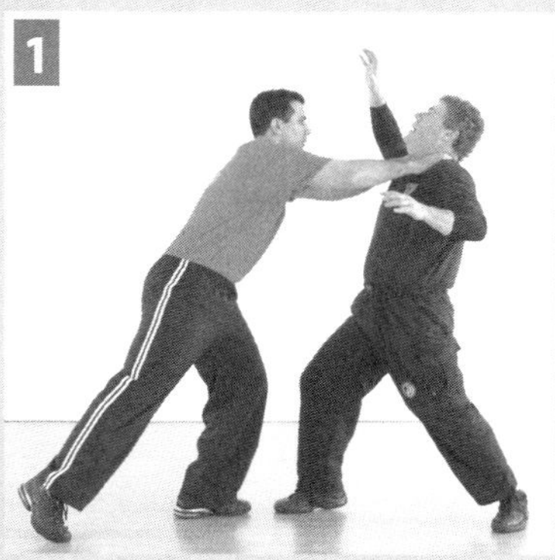

2

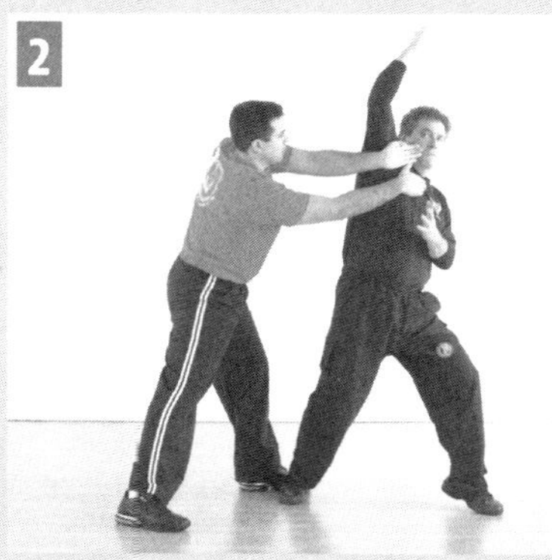

3

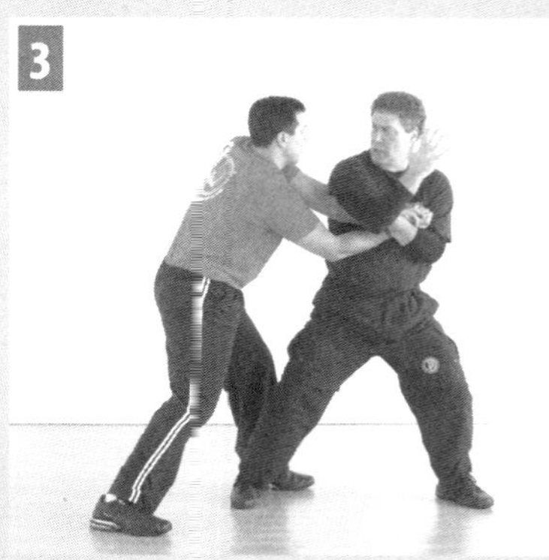

ERSTER KONTER ***Ellenbogenstoß zur Seite (Nr. 2, Seite 83)***. Der Ellenbogenstoß sollte zwar nicht gleichzeitig mit der Defense, aber sofort nach dem Lösen und Fixieren der Hände erfolgen. Dabei unbedingt das Kinn einziehen und Gewicht in den Stoß legen.

NEUTRALISIERUNG Auf den Ellenbogenstoß lässt man Ellenbogenstöße und Hammerfists gegen den Kopf folgen, während man sich dem Angreifer zuwendet. Unabhängig von der Wahl der Combatives sollte das Ziel sein, dem Angreifer den Willen oder die Fähigkeit zum Weiterkämpfen zu nehmen.

WICHTIGE HINWEISE

- Im Training nach hinten lehnen, um den Gleichgewichtsverlust zu simulieren;
- Arm senkrecht in die Höhe strecken, um den Gegner am Handgelenk zu treffen;
- einen Schritt machen, Arm hoch, ruckartig umdrehen;
- Gewicht in den ersten Konter legen;
- aggressiv weiter kontern;
- auf Distanz gehen, wenn die Gefahr gebannt ist.

HÄUFIGE FRAGEN

Diese Defense kommt mir sehr wirksam vor. Kann ich sie anwenden, wenn kein Stoßen vorliegt?

Ja, diese Defense ist sehr effektiv und hilft sicherlich auch gegen einen »statischen« Würgegriff. Im Krav Maga lernt man zuerst die Pluck-Defense, weil sie instinktiver und schneller erlernbar ist.

Kann ich die Defense in beide Richtungen machen?

Sie sollten die Defense in beide Richtungen üben, sobald Sie sich damit vertraut gemacht haben. Die Defense funktioniert, egal, ob Sie den Schritt mit rechts machen und den linken Arm heben oder umgekehrt.

Tipps: Lassen Sie zu, dass der »Angreifer« Sie aus dem Gleichgewicht bringt, bevor Sie den Schritt nach hinten machen. So simulieren Sie einen Überraschungsangriff. Sie können sogar mit geschlossenen Augen beginnen, sodass Ihre Abwehr zwangsläufig »zu spät« kommt.

Beachten Sie, dass die ruckartige Drehung die Defense ausmacht, nicht der Ellenbogenstoß. Sie müssen unbedingt den Arm in die Höhe reißen und den Körper explosiv wegdrehen. Die Technik beruht nicht auf Kraft, sondern auf Hebelwirkung.

Würgegriff von hinten mit Stoß

ANGRIFF Der Angriff geschieht von hinten (Dead-Side), der Angreifer legt beide Hände um die Kehle und schiebt nach vorn. Der Verteidiger trainiert aus neutraler Haltung heraus und lässt sich etwas aus dem Gleichgewicht bringen. Der Angreifer sollte einen realistischen Angriff simulieren und die Intensität steigern, je sicherer der Verteidiger die Defense beherrscht.

Sicherheitshinweis: Stoßen Sie im Training dem Verteidiger bitte nicht die Hände gegen die Kehle. Erst den Würgegriff ansetzen, dann schieben – so bleibt das Verletzungsrisiko gering.

HAUPTGEFAHR ***Verletzung von Hals oder Kehle, Gleichgewichtsverlust.*** Die Hauptgefahren bestehen darin, dass der Hals ein Schleudertrauma erleidet, dass die Finger die Luftröhre eindrücken und dass man aus dem Gleichgewicht gebracht wird.

NEBENGEFAHREN ***Unmittelbare Umgebung.*** Je nachdem, was der Angreifer beabsichtigt, kann man gegen eine Wand, ein Auto oder ein sonstiges Hindernis geschubst werden, was die Selbstverteidigung erschwert und die Gefahr erhöht. Bei rechtzeitig ausgeführter Defense wird diese Nebengefahr verringert oder ganz ausgeschlossen.

LÖSUNG ***Dreh-Defense*** (***Anmerkung:*** Die Defense kann in beide Richtungen ausgeführt werden, zum besseren Verständnis wird hier nur eine Seite beschrieben.)

Die natürliche Reaktion auf diesen Angriff ist, die Arme hochzureißen und einen Schritt nach vorn zu machen. Beide Bewegungen sind instinktive Reflexe, die das Gleichgewicht erhalten sollen, aber für diese Technik wird nur ein Arm benötigt.

1 Mit dem linken Fuß einen Schritt nach hinten machen und den rechten Arm in die Höhe strecken. Oberarm und Schulter sollten dabei möglichst nah am Ohr sein. Ruckartig nach links umdrehen. Dadurch wird Druck auf das Handgelenk des Angreifers ausgeübt und der Druck auf die Kehle gelockert. Drehen Sie sich so weit (mehr als 90 Grad), dass Sie sich dem Angreifer zuwenden.

2 Weiter drehen und dabei mit dem linken Fuß einen Schritt rückwärts machen, um sicheren Stand zu gewinnen. Den linken Ellenbogen hinabstoßen, um die Hände des Angreifers vom Hals zu lösen und am Körper zu fixieren.

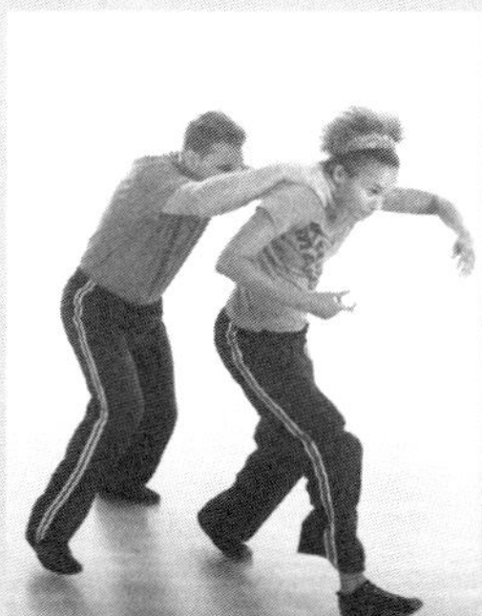
Ausgangsposition

1

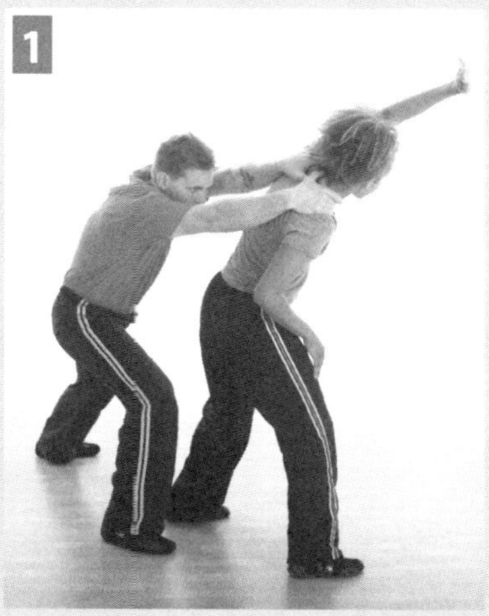

2

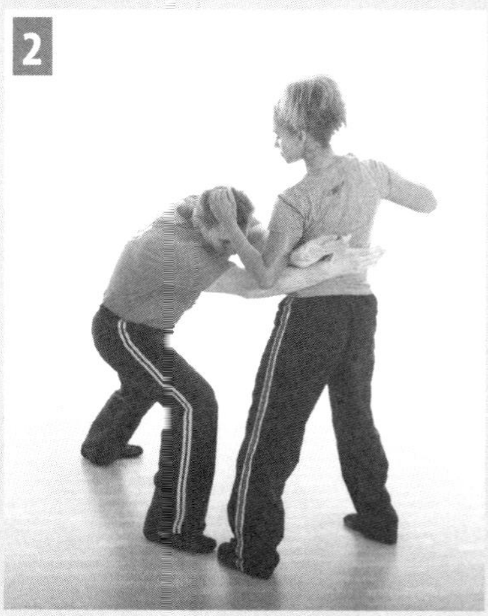

ERSTER KONTER ***Gerade (Seite 77).*** Der Faustschlag sollte zwar nicht gleichzeitig mit der Defense, aber sofort nach dem Lösen und Fixieren der Hände erfolgen. Nach der hier dargestellten Abwehr wäre dies eine rechte Gerade ins gegnerische Gesicht.

NEUTRALISIERUNG Auf den Faustschlag lässt man am besten Kniestöße folgen. Unabhängig von der Wahl der Combatives sollte das Ziel sein, dem Angreifer den Willen oder die Fähigkeit zum Weiterkämpfen zu nehmen.

WICHTIGE HINWEISE

- Im Training nach vorn lehnen, um den Gleichgewichtsverlust zu simulieren;
- Arm senkrecht in die Höhe strecken, um den Gegner am Handgelenk zu treffen;
- einen Schritt machen, Arm hoch, ruckartig umdrehen;
- aggressiv weiter kontern;
- auf Distanz gehen, wenn die Gefahr gebannt ist.

HÄUFIGE FRAGEN

Wenn ich die Defense im Training mache, stürzt mein Partner oft an mir vorbei. Was mache ich falsch?

Wahrscheinlich machen Sie gar nichts falsch. Wenn der Angreifer sehr stark schiebt, ist es nicht nur möglich, sondern sogar wahrscheinlich, dass er vor lauter Schwung vorbeirauscht. Deshalb ist der Schritt nach hinten so wichtig.

Kann ich die Defense in beide Richtungen machen?

Sie sollten die Defense in beide Richtungen üben, sobald Sie sich damit vertraut gemacht haben. Die Defense funktioniert, egal, ob Sie den Schritt mit rechts machen und den linken Arm heben oder umgekehrt.

Ist es okay, die gegnerischen Arme nach dem Ablösen zu umklammern?

Krav Maga bevorzugt Techniken, die bei jedem funktionieren. Wenn Sie die Arme umklammern, geben Sie dem Angreifer ein gewisses Maß an Kontrolle, und wenn er deutlich größer oder ein besserer Ringer ist, kann das sehr problematisch werden. Wenn Sie die Hände einfach mit dem Ellenbogen einklemmen, können Sie sie nötigenfalls schnell loslassen.

Tipp: Wenngleich wir es aus Sicherheitsgründen nicht trainieren, kann man auch den abwehrenden Arm für einen Ellenbogenstoß oder eine Hammerfist einsetzen. Damit kontert man schneller, aber es lässt sich nur schwer einüben, ohne den Trainingspartner zu treffen.

Um die Drehung einfacher und wirksamer zu machen, sollten Sie sich auf der Stelle um die eigene Achse drehen und nicht die Schulter nach hinten wenden. Ein solches Wegdrehen würde mehr Widerstand hervorrufen und die Abwehr erschweren.

Schwitzkasten von der Seite

ANGRIFF Es handelt sich hier um den typischen Schulhof-Schwitzkasten, bei dem der Angreifer Kopf und Hals des Verteidigers umschlingt. Der Angreifer sollte einen realistischen Angriff simulieren und die Intensität steigern, je sicherer der Verteidiger die Defense beherrscht.

Sicherheitshinweis: Wärmen Sie die Halsmuskulatur auf, bevor Sie diese Defense üben.

HAUPTGEFAHR ***Druck auf Hals und Kehle, Gleichgewichtsverlust.*** Die Hauptgefahren bestehen darin, dass man zu Boden geworfen wird und dass der gegnerische Unterarm den Blutfluss zum Gehirn behindert oder die Luftröhre eindrückt.

NEBENGEFAHREN ***Schläge.*** Möglicherweise hält der Angreifer den Verteidiger fest, um ihm ins Gesicht zu schlagen. Bei korrekt ausgeführter Defense wird diese Nebengefahr verringert oder ganz ausgeschlossen

LÖSUNG ***Hohe und tiefe Defense.*** Die natürliche Reaktion auf diesen Angriff ist, durch Fußstellung einen Sturz oder ein Gestürztwerden zu verhindern. Wahrscheinlich rudert man auch mit den Armen, um das Gleichgewicht zu halten. Diesem natürlichen Drang sollte man nicht widerstehen.

1 Mit der Dynamik des Schwitzkastens mitgehen, dabei aber das Kinn den gegnerischen Händen zuwenden und einziehen, um sich gegen Schläge in Deckung zu bringen und den Würgegriff unwirksamer zu machen. Dem Angreifer die äußere Hand zwischen die Beine schwingen, dabei gleichzeitig die innere Hand heben und zwischen den eigenen Kopf und den des Angreifers bringen.

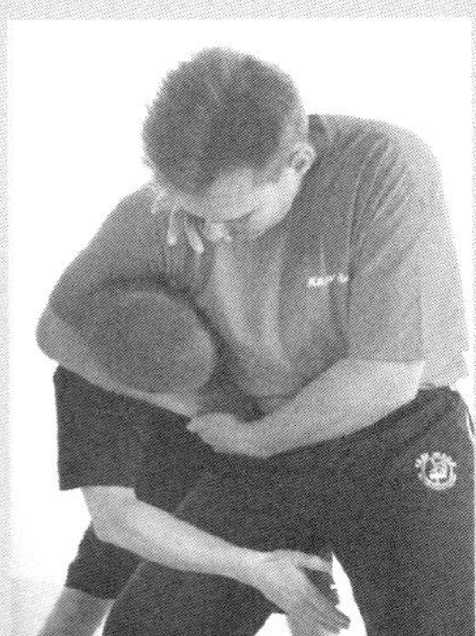
Ausgangsposition

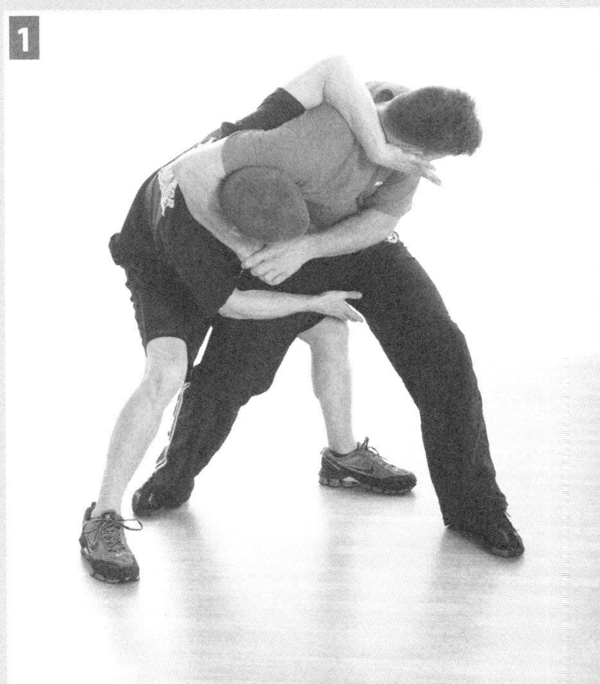
1

ERSTER KONTER ***Schlag zwischen die Beine, Griff ins Gesicht.*** Die äußere Hand sollte in den gegnerischen Genitalbereich klatschen oder stoßen. Die innere Hand, die sich zwischen dem eigenen Kopf und dem des Angreifers befindet, sollte ihm ins Gesicht greifen. Daumen unters Kinn und Zeigefinger unter die Nase legen, den Mund meiden.

NEUTRALISIERUNG Das Kinn des Angreifers hochreißen und seinen Kopf senkrecht nach unten drücken, dabei die Beine strecken und den Rücken aufrichten. Mit Hammerfists, Handballen- und Faustschlägen Gesicht und Hals des Angreifers attackieren und ihn dabei zu Boden drücken.

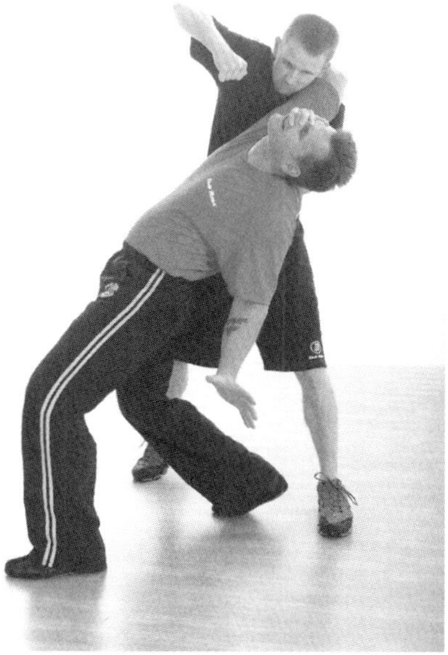

WICHTIGE HINWEISE

- Dem Zug folgen, nicht widerstehen;
- Kinn drehen und einziehen, um Schlägen oder Würgeversuchen zu entgehen;
- gleichzeitig zwischen die Beine schlagen und ins Gesicht greifen;
- das Kinn des Angreifers anheben, dann den Ellenbogen (und den gegnerischen Kopf) hinabdrücken;
- beim Kontern nicht dem Angreifer auf den Boden folgen;
- aggressiv weiter kontern;
- auf Distanz gehen, wenn die Gefahr gebannt ist.

HÄUFIGE FRAGEN

Was, wenn ich nicht an das Gesicht des Angreifers herankomme?

Wenn der Angreifer Haare auf dem Kopf hat, können Sie ihn auch am Haaransatz packen und den Kopf nach hinten und nach unten zerren, während Sie Combatives einsetzen. Möglich ist auch, die Muskeln an der Halsseite zu kneifen und zu drehen, um dem Angreifer Schmerzen zuzufügen und die nötige Hebelwirkung zu erreichen. In jedem Fall müssen Sie den Ellenbogen wie beschrieben am Rücken des Angreifers entlang nach unten ziehen.

Tipp: Häufig ziehen Schüler den Ellenbogen nicht nach unten, sondern nach hinten. Damit bekommen Sie den Angreifer aber nicht so in den Griff, wie es fürs fortgesetzte Kontern nötig ist. Achten Sie darauf, dem Angreifer den Kopf in den Nacken zu ziehen, wobei die Bewegung von Hand, Arm und Ellenbogen ein Fragezeichen beschreibt. Danach ziehen Sie den Ellenbogen senkrecht nach unten, sodass der Angreifer an seiner Stelle bleibt und nicht weggedreht oder -geschoben wird.

Lassen Sie nicht nach, sobald Sie den Angreifer im Griff haben und aufgestanden sind. Zerren Sie seinen Hals weiter nach unten und schlagen Sie auf ihn ein, bis er zu Boden geht oder das Gleichgewicht verliert.

Schwitzkasten von hinten (Karotischer Würger)

ANGRIFF Beim Schwitzkasten von hinten umschlingt der Angreifer den Hals des Verteidigers; der Hals wird dabei von vorn und von den Seiten angegriffen. Der Angreifer sollte einen realistischen Angriff simulieren und die Intensität steigern, je sicherer der Verteidiger die Defense beherrscht. Man sollte sich über die Gefährlichkeit dieses Angriffs im Klaren sein und ihn so schnell wie möglich abwehren, ehe der Angreifer Sie richtig fest in den Schwitzkasten nimmt.

Sicherheitshinweis: Wärmen Sie die Halsmuskulatur auf, bevor Sie diese Defense üben. Üben Sie als Angreifer nicht zu viel Druck auf die Kehle aus und hüten Sie sich vor Stichen in die Augen.

HAUPTGEFAHR ***Druck auf Luftröhre oder Halsschlagader.*** Die Hauptgefahr hängt bei diesem Angriff von der Platzierung des Arms ab. Liegt der Unterarm auf der Kehle, besteht die Gefahr, dass er die Luftröhre eindrückt. Ist der Arm so um den Hals geschlungen, dass die Kehle im Ellenbogen liegt, besteht die Gefahr, dass man das Bewusstsein verliert, weil die Halsschlagadern eingeklemmt werden.

NEBENGEFAHREN ***Gleichgewichtsverlust.*** Um diesen Würgegriff anzuwenden, ist es für den Angreifer unter Umständen nötig oder vorteilhaft, den Verteidiger nach hinten zu reißen und aus dem Gleichgewicht zu bringen.

LÖSUNG ***Pluck.***

Die natürliche Reaktion auf diesen Angriff besteht darin, die Hände zur gefährdeten und schmerzenden Stelle zu bringen. Durch die Pluck-Bewegung wird aus dem instinktiven Reflex eine Defense, die nicht Kraft, sondern Explosivität (Schnelligkeit) erfordert. Wenn möglich, sollte man das Kinn den gegnerischen Händen zuwenden und an die Brust ziehen.

1 Hände nach oben und nach hinten zu den Händen des Angreifers heben.

2 Hände explosiv im 90-Grad-Winkel gegen den Würgegriff nach unten reißen. Richtet sich der Schwitzkasten gegen die Kehle, geht der Pluck über die Brust; richtet sich der Schwitzkasten gegen die Halsseite, geht der Pluck entlang der Schulter.

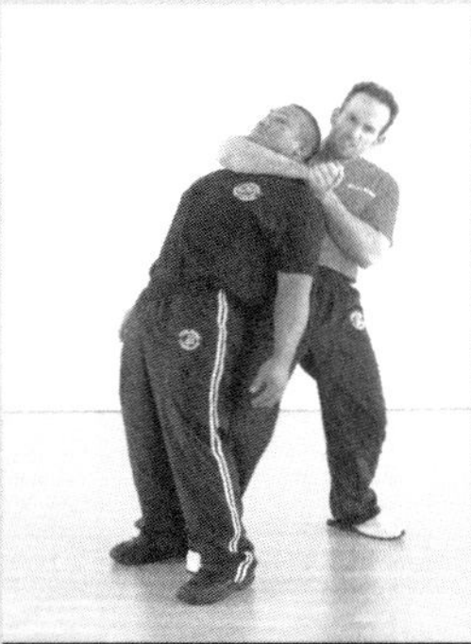

Ausgangsposition

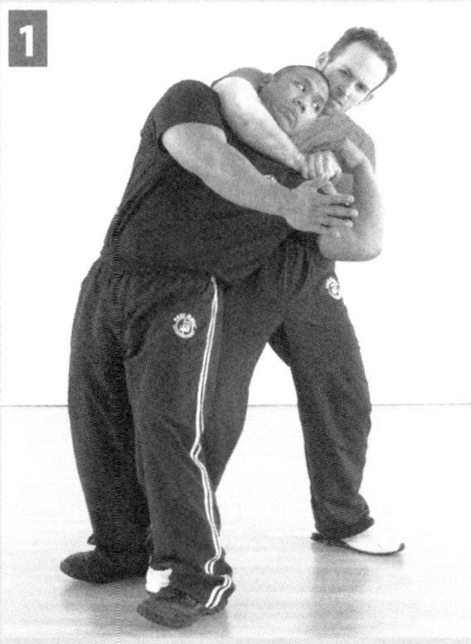

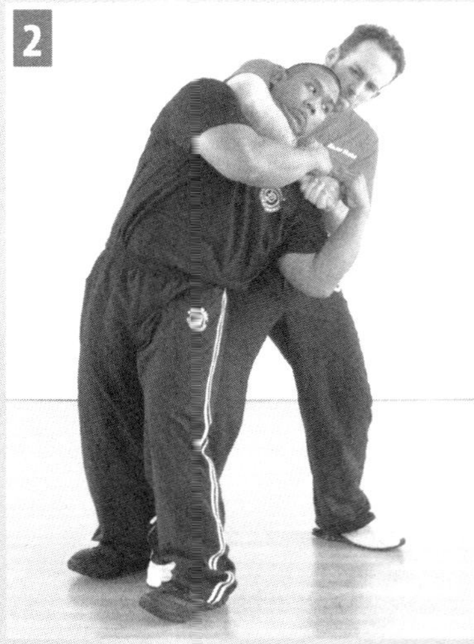

3–5 Den Körper zur Öffnung drehen, die der Pluck aufgerissen hat, und sofort den Kopf herausziehen.

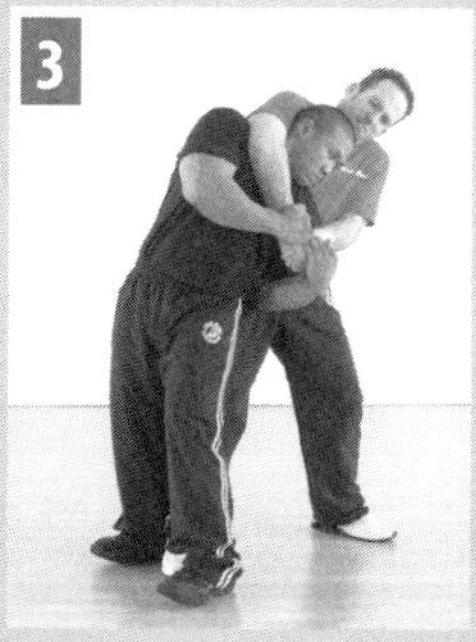

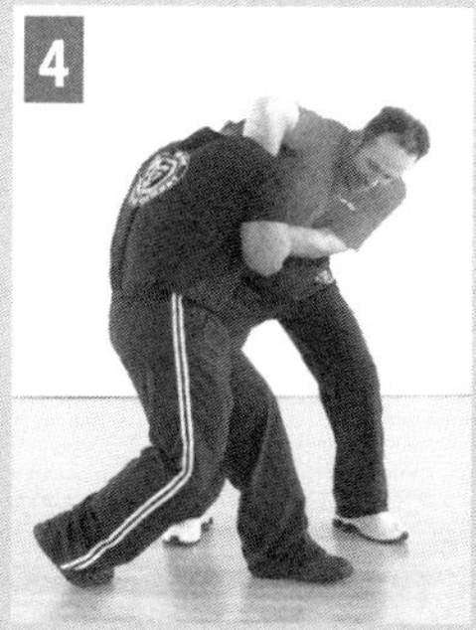

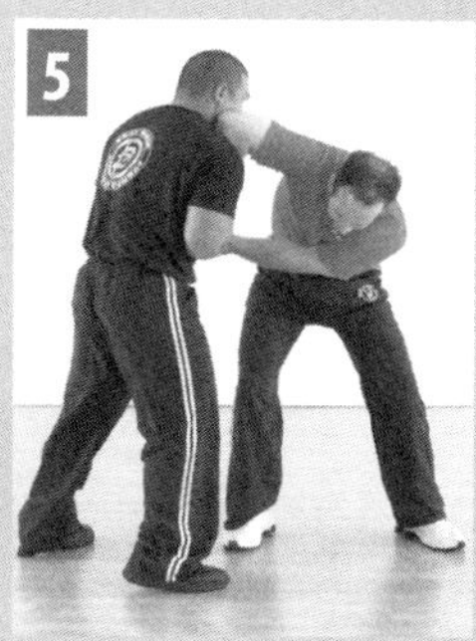

ERSTER KONTER ***Schulterstoß.*** Die innere Schulter sollte schroff gegen den Oberkörper des Angreifers gedreht werden, sodass noch mehr Freiraum entsteht, um den Kopf aus der Umklammerung zu befreien.

NEUTRALISIERUNG Sobald der Kopf frei ist, attackiert man mit Kniestößen, Faustschlägen, Hammerfists und sonstigen Combatives.

WICHTIGE HINWEISE

- So schnell wie möglich das Kinn drehen und einziehen;
- explosiver Pluck im 90-Grad-Winkel gegen den Würgegriff;
- mit beiden Händen so weit wie möglich nach hinten ausholen;
- Schulter schroff gegen den Angreifer wenden, dann Kopf herausziehen;
- aggressiv kontern, mit beliebigen Combatives.

HÄUFIGE FRAGEN

Ich kann den gegnerischen Griff nicht lösen. Was mache ich falsch?

Möglicherweise gar nichts. Die Pluck-Bewegung ist dazu gedacht, den Griff zu lockern, den Druck zu vermindern und Freiraum zu schaffen. Er soll nicht unbedingt den Griff aufbrechen, auch wenn er auf die schwächste Stelle des Schwitzkastens zielt.

Warum bekomme ich meinen Kopf nach dem Pluck nicht frei?

Dafür brauchen Sie zwar nicht viel Freiraum, aber Sie müssen dazu das Kinn drehen und den Kopf so halten, dass er schmaler ist. Bei einem starken Angreifer schaffen Sie zusätzlichen Platz mit einer kräftigen, explosiven Schulterdrehung.

Tipp: Zwar sollte man im Training von unvorteilhaften Positionen ausgehen, aber dieser Angriff ist extrem gefährlich und lässt sich nur schwer abwehren, wenn man zu spät reagiert. Achten Sie daher auf eine SCHNELLE Reaktion. Damit der Pluck so explosiv wie möglich wird, sollten Sie beim Ausholen auf die Augen des Angreifers zielen. In den meisten Fällen entsteht nämlich nicht die nötige Wucht, wenn man ihm direkt an die Hände fasst.

Umklammerung von vorn (Arme gefangen, kein Spielraum)

ANGRIFF Der Angreifer umschlingt den Verteidiger von vorn und fixiert dabei dessen Arme am Körper.

HAUPTGEFAHR ***Keine.*** Anders als die meisten Angriffe verursacht die Umklammerung an sich keinen Schaden und stellt keine unmittelbare Gefahr dar.

NEBENGEFAHREN ***Ortswechsel, Takedown, mehrere Angreifer.*** Mögliche Gefahren hängen davon ab, was der Angreifer beabsichtigt: den Verteidiger wegschleppen, zu Boden werfen, für einen weiteren Angreifer festhalten und dergleichen

LÖSUNG UND ERSTER KONTER ***Base & Space, Konter.***

1 Sofort den Körperschwerpunkt sinken lassen, um dem Angreifer das Hochheben zu erschweren (Base). Schlag oder Griff zwischen die Beine des Angreifers, einhändig oder beidhändig, um Spielraum zu schaffen (Space).

2–3 Handballen gegen die Hüften des Angreifers schieben, um für Spielraum zu sorgen. Mit Kniestößen in die Genitalien oder in den Bauch kontern.

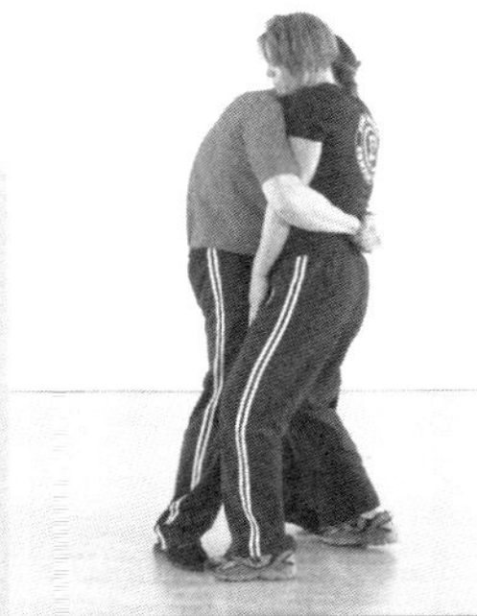

Ausgangsposition

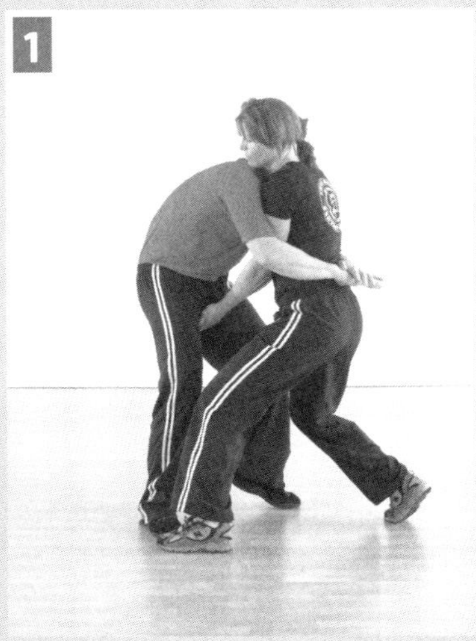

1

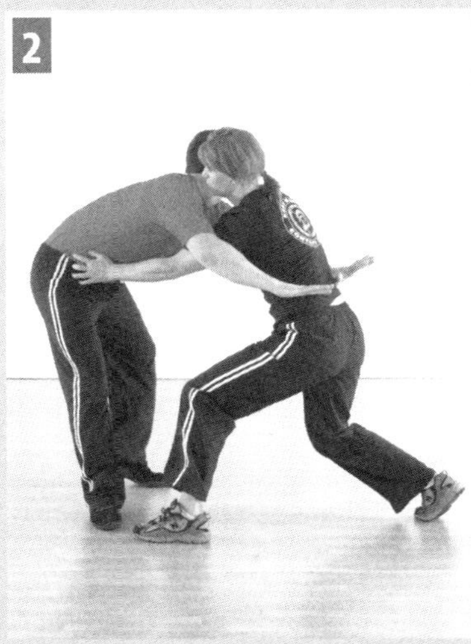

2

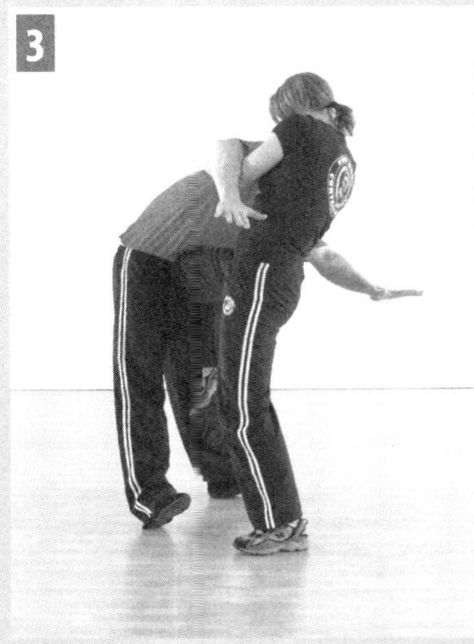

3

NEUTRALISIERUNG Sobald genügend Spielraum geschaffen ist, sollte man den Angreifer in den Griff kriegen. Dazu hebt man den inneren Arm nach oben, packt den Angreifer zwischen Schulter und Hals und legt den Unterarm an seinen Hals und vor seine Brust. Aus dieser Position heraus kann man weitere Kniestöße und Tritte landen und sich besser gegen Takedown-Versuche wehren.

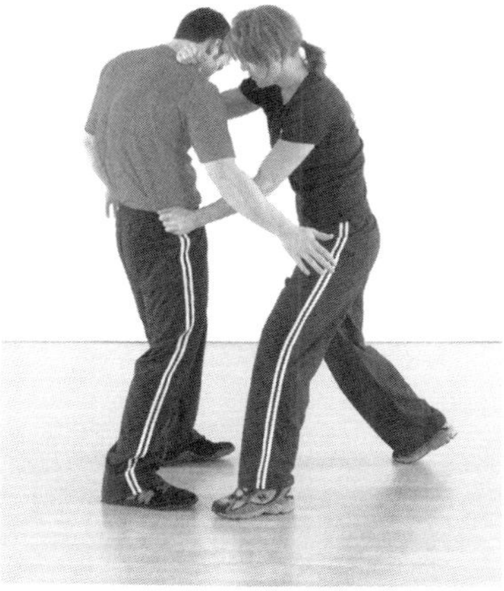

WICHTIGE HINWEISE

- Base & Space und sofort kontern;
- Griff oder Schlag zwischen die Beine sorgt für den nötigen Spielraum;
- das Schieben der Hände gegen die Hüften erhält den nötigen Spielraum;
- möglichst mit einer Hand die Schulter umgreifen;
- aggressiv mit Kniestößen und Tritten kontern;
- auf Distanz gehen, sobald die Gefahr gebannt ist.

HÄUFIGE FRAGEN

Was, wenn genug Spielraum da ist? Muss ich dann zwischen die Beine schlagen?

Nein, aber Sie sollten sofort kontern, egal, ob mit Genitalschlag, Stampftritt oder was gerade passt.

Ohne Spielraum komme ich nicht an den Genitalbereich heran. Was mache ich falsch?

Manchmal sind die Genitalien schwer zu erreichen, aber wenn Sie Ihr Becken zur Seite schieben, müsste die Bahn frei werden für einen Schlag zwischen die Beine.

Mein Trainingspartner reagiert kaum auf den Schlag zwischen die Beine. Ist das okay?

Eine große Reaktion dürfen Sie nicht erwarten und ist auch gar nicht nötig. Mit dem Schlag in die Genitalien werden Sie den Kampf nicht beenden. Wenn der Angreifer das Becken nur ein wenig zurückzieht, gerade so, dass Sie sicheren Stand gewinnen, dann reicht das.

Tipps: Nicht vergessen: Womöglich müssen Sie sich gar keinen Spielraum verschaffen. In jedem Fall sollten Sie so schnell wie möglich kontern. Anders als bei anderen Angriffen können Sie auch als Erstes kontern, denn die Umklammerung an sich ist ungefährlich.

Beim Angriff auf die Genitalien sind Sie in der Regel mit den Händen am schnellsten, aber Sie können auch mit dem Knie zustoßen, indem Sie mit dem Bein nach hinten ausholen und das Knie zwischen die Beine des Angreifers schwingen.

Umklammerung von vorn (Arme frei)

ANGRIFF Der Angreifer umschlingt den Verteidiger von vorn, ohne dabei dessen Arme zu fixieren.

HAUPTGEFAHR ***Keine.*** Anders als die meisten Angriffe verursacht die Umklammerung an sich keinen Schaden und stellt keine unmittelbare Gefahr dar.

NEBENGEFAHREN ***Ortswechsel, Takedown, mehrere Angreifer.*** Mögliche Gefahren hängen davon ab, was der Angreifer beabsichtigt: den Verteidiger wegschleppen, zu Boden werfen, für einen weiteren Angreifer festhalten und dergleichen.

LÖSUNG UND ERSTER KONTER ***Base & Space, Konter.***

1 Sofort den Körperschwerpunkt sinken lassen, um dem Angreifer das Hochheben zu erschweren (Base). Becken und Füße so weit wie möglich nach hinten bewegen und gleichzeitig die Hände gegen die gegnerischen Hüften stemmen (Space).

2 Sofort mit Kniestößen in die Genitalien oder in den Bauch kontern.

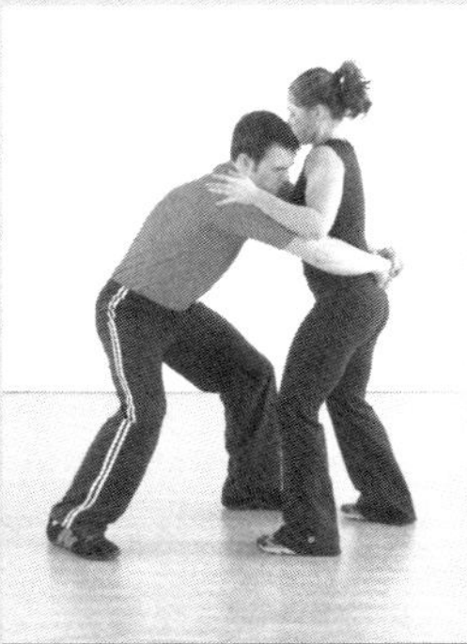
Ausgangsposition

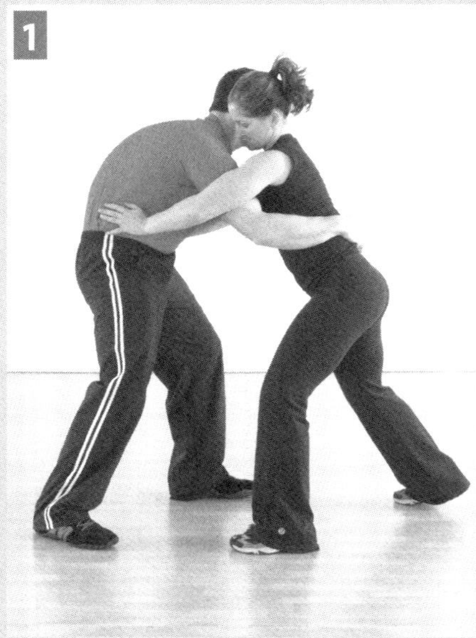

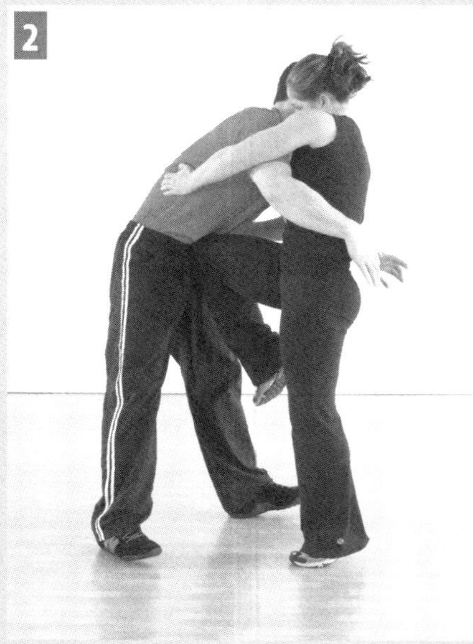

NEUTRALISIERUNG Die gegnerischen Hüften loslassen, sobald dies ohne Gefahr machbar ist, und weiter angreifen. Auf Distanz gehen, wenn die Gefahr gebannt ist.

WICHTIGE HINWEISE

- Base & Space und sofort kontern;
- Becken wegschieben, um Spielraum zu schaffen;
- sobald wie möglich die gegnerischen Hüften loslassen;
- aggressiv mit Kniestößen, Tritten und sonstigen Combatives kontern;
- auf Distanz gehen, sobald die Gefahr gebannt ist.

HÄUFIGE FRAGEN

Was, wenn ich nicht um die Arme des Angreifers herumkomme und seine Hüften nicht erreiche?

Bei einem großen Angreifer ist das womöglich ein Problem, aber Sie müssten genug Platz für Kniestöße haben, die Ihnen den Spielraum erhalten und dem Angreifer Schaden zufügen.

Tipps: Mit diesem Angriff wird der Verteidiger sehr leicht zu Boden gebracht. Daher ist es wichtig, Becken und Füße explosiv nach hinten zu bringen und sofort mit Kniestößen zu kontern.

Eine weitere Möglichkeit bietet die folgende Defense, die auch gegen große Angreifer und bei fehlendem Spielraum hilft.

Umklammerung von vorn (Arme frei, Halshebel)

ANGRIFF Der Angreifer umschlingt den Verteidiger von vorn, ohne dabei dessen Arme zu fixieren.

HAUPTGEFAHR ***Keine.*** Anders als die meisten Angriffe verursacht die Umklammerung an sich keinen Schaden und stellt keine unmittelbare Gefahr dar.

NEBENGEFAHREN ***Ortswechsel, Takedown, mehrere Angreifer.*** Mögliche Gefahren hängen davon ab, was der Angreifer beabsichtigt: den Verteidiger wegschleppen, zu Boden werfen, für einen weiteren Angreifer festhalten und dergleichen.

LÖSUNG UND ERSTER KONTER ***Base & Space, Konter durch Halshebel.***

1 Sofort den Körperschwerpunkt sinken lassen, um dem Angreifer das Hochheben zu erschweren. Becken und Füße so weit wie möglich nach hinten bewegen. Wegen des fehlenden Spielraums kann es sein, dass man dazu ins Hohlkreuz gehen muss und daher nicht so leicht einen sicheren Stand findet. Auch ein Schlag zwischen die Beine kann schwierig sein. Stellen Sie sich so sicher wie möglich auf und attackieren Sie wie folgt:

2 Bei einer festen Umklammerung dreht der Angreifer in der Regel den Kopf zur Seite und drückt ihn gegen Ihre Brust. Jetzt greift man mit dem gegenüberliegenden Arm um den Kopf des Angreifers herum und greift ihm an der Schläfe in die Haare. Falls er keine hat, greift man ein Stückchen weiter, packt ihn am Nasenrücken und drückt ihm dabei in die Augen.

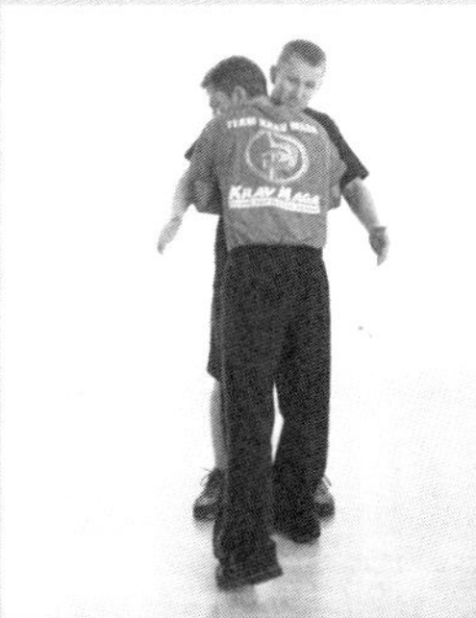

Ausgangsposition

1

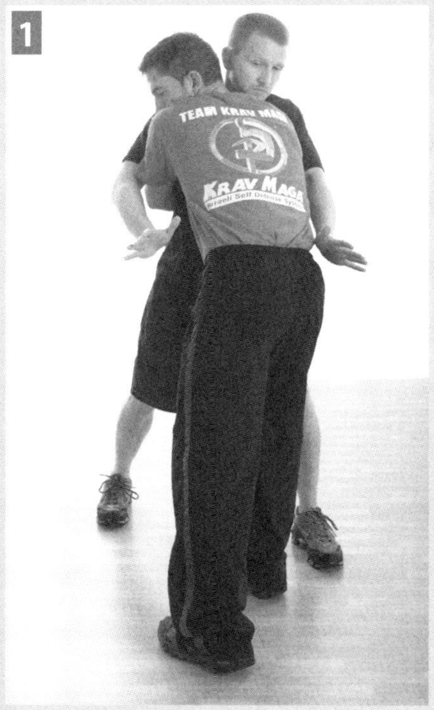

2

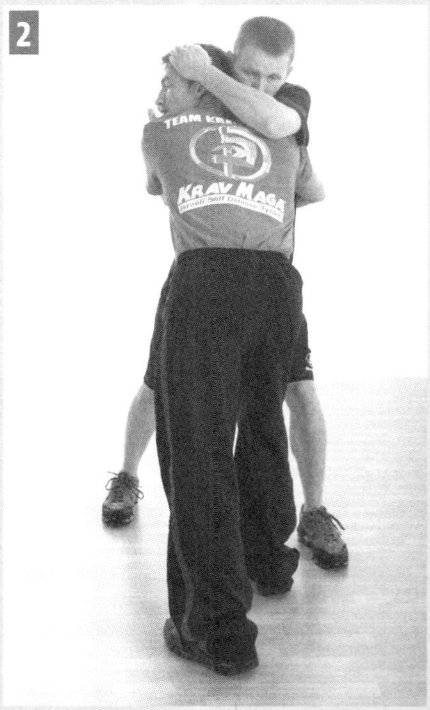

3 Das Gesicht des Angreifers wegdrehen, sodass sich sein Kinn vom Körper löst. Dazu kann man ihm auch den Handballen aufs Kinn legen und dagegendrücken.

4 Beim »Abpellen« des Angreifers einen Schritt nach außen machen, damit er zu Boden gehen kann. Mit Geraden oder Hammerfists kontern.

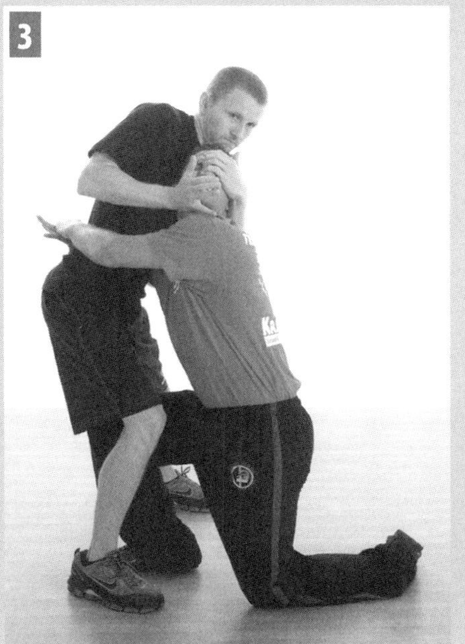

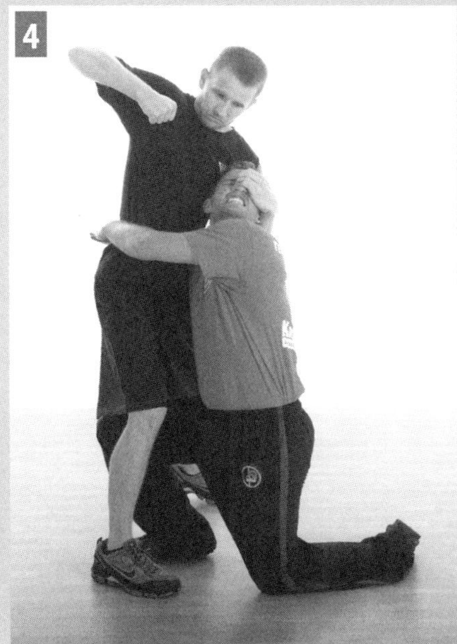

NEUTRALISIERUNG Weiterhin mit Schlägen, Hammerfists, Ellenbogen- und Kniestößen attackieren, bis keine Gefahr mehr besteht. Dann Distanz schaffen.

WICHTIGE HINWEISE

- Base & Space so gut es geht, auch wenn es in dieser Position schwierig ist;
- um den Kopf herumgreifen, sodass man den Nasenrücken und die Augenhöhlen des Angreifers erreicht;
- Kinn vom Körper »abpellen«, um den Angreifer per Halshebel zu Boden und zur Seite zu bringen;
- aggressiv mit Faustschlägen, Hammerfists und Ähnlichem kontern;
- auf Distanz gehen, sobald die Gefahr gebannt ist.

HÄUFIGE FRAGEN

Wann sollte ich diese Technik statt der einfacheren »Space & Base«-Defense anwenden?

Diese Technik sollten Sie immer dann einsetzen, wenn Sie keinen sicheren Stand finden und nicht einfach mit Kniestößen angreifen können.

Fortsetzung auf der nächsten Seite

Fortsetzung

Kann ich es vor der einfacheren »Space & Base«-Defense mit dieser Technik versuchen?

Ja, aber wie die Frage bereits impliziert, ist die andere Technik einfacher. Diese Defense dauert länger und ist riskanter, wenn der Angreifer vorhat, Sie zu Boden zu bringen.

Warum soll ich einen Schritt nach außen machen?

Wenn Sie diesen Schritt machen, können Sie den Angreifer zu Boden bringen, ohne dass er Ihnen gegen den Körper oder auf den Fuß fällt. Außerdem wird dadurch die »Abpell«-Bewegung kräftiger.

Was, wenn ich den Arm nicht um seinen Kopf herum kriege und sein Gesicht nicht erreiche?

Eine sehr gute Frage. Denken Sie daran: Krav Maga basiert auf Prinzipien. Das Prinzip besteht hier darin, einen Halshebel anzuwenden, um nicht zu Boden gerissen zu werden. Es gibt mehrere Möglichkeiten, einen solchen Halshebel zu erreichen, wie die folgenden Fotos zeigen:

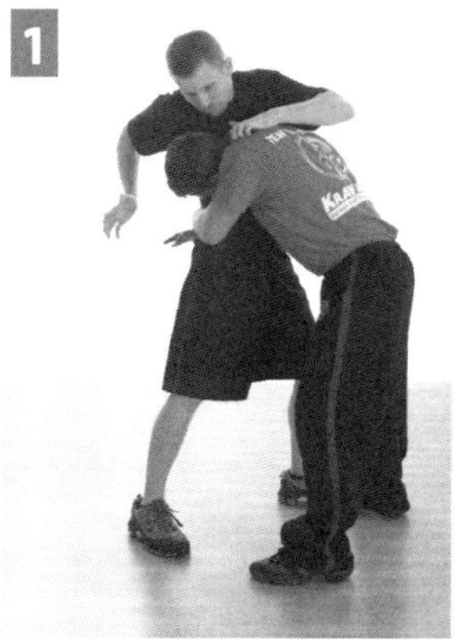

Foto 1: Presst Ihnen der Angreifer seinen Kopf gegen den Bauch, schieben Sie ihm die Hand (genauer: die Stelle zwischen Daumen und Zeigefinger) von unten gegen die Nase und helfen dann mit der anderen Hand nach.

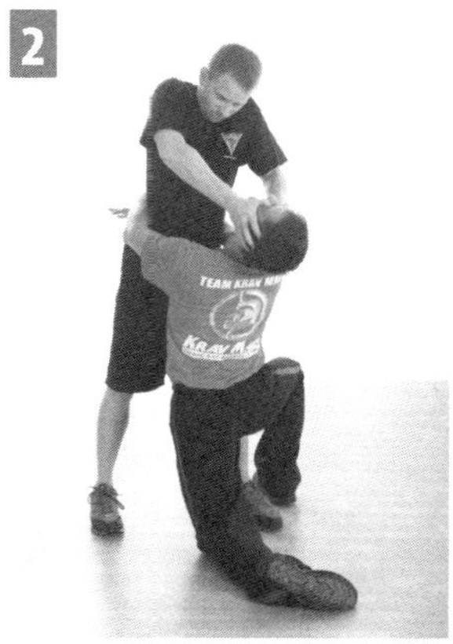

Foto 2: Presst Ihnen der Angreifer seinen Kopf mit dem Gesicht voran gegen den Brustkorb, drücken Sie ihm die Finger in die Augen.

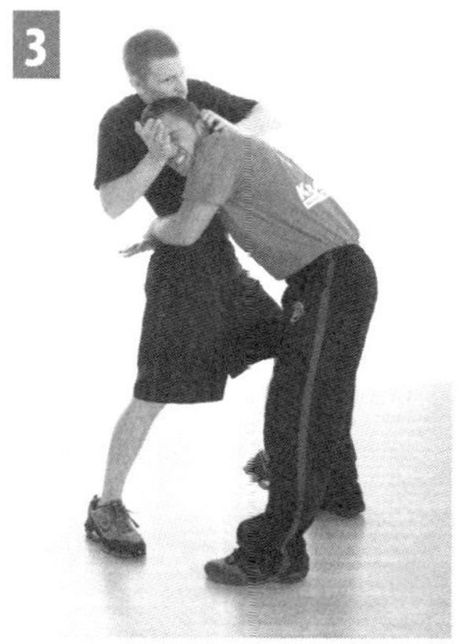

Foto 3: Presst Ihnen der Angreifer seinen Kopf seitlich gegen den Brustkorb, heben Sie mit der Hand auf der Seite, in die er schaut.

Es gibt noch mehr Möglichkeiten, aber wichtig ist nur, dass Sie ihm ins Gesicht packen und das Kinn kippen, sodass eine Hebelwirkung auf den Hals entsteht, die ihn in die Knie zwingt.

Tipp: Mit diesem Angriff wird der Verteidiger sehr leicht zu Boden gebracht. Als Vertreter von realistischer Selbstverteidigung weisen wir darauf hin, dass Sie wahrscheinlich schon auf dem Boden liegen, wenn der Angreifer dies will und den Spielraum schließt, bevor Sie reagieren. Deshalb trainieren wir ja auch Bodenkampf. Schaffen Sie es jedoch, Ihren Stand nur ein wenig nach hinten zu verlagern, können Sie den Takedown lange genug herauszögern, um den Halshebel anzusetzen.

BODENKAMPF

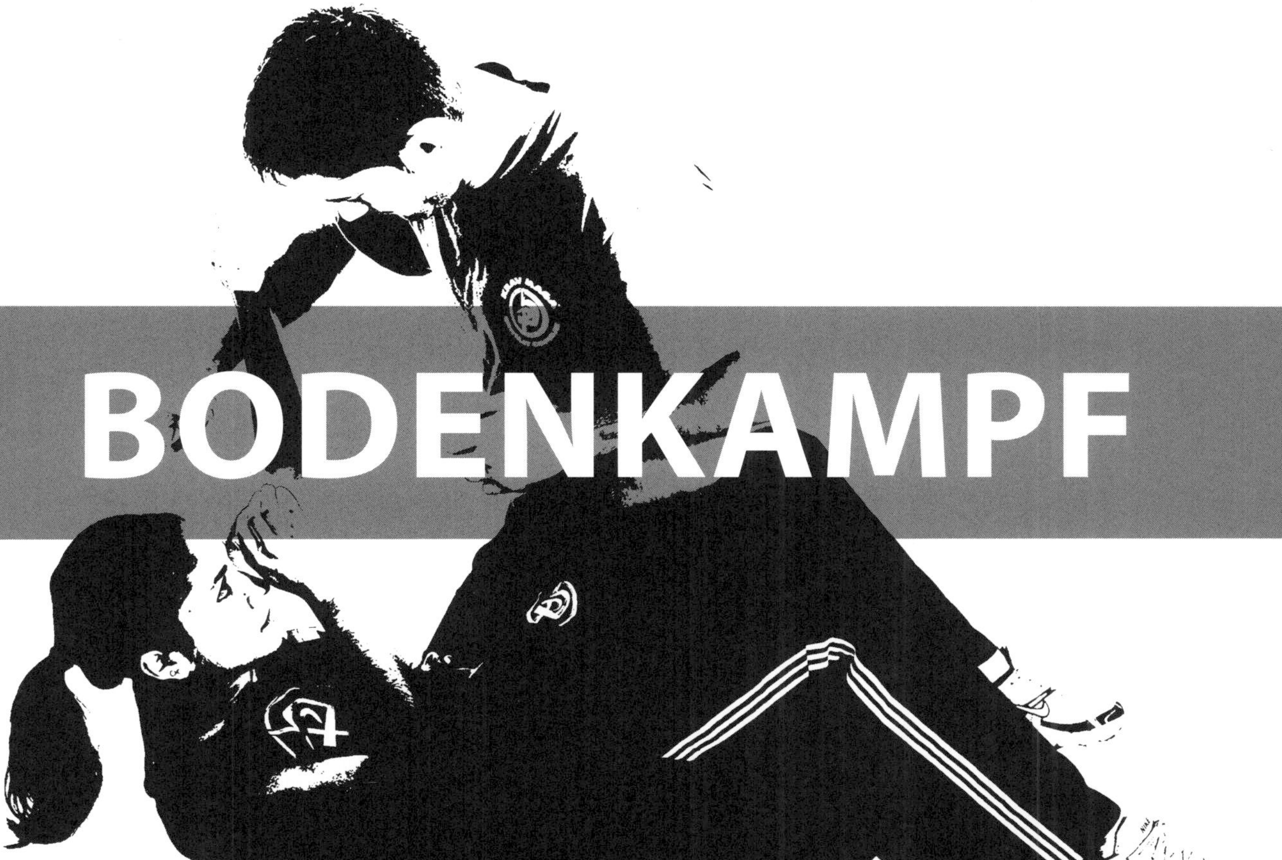

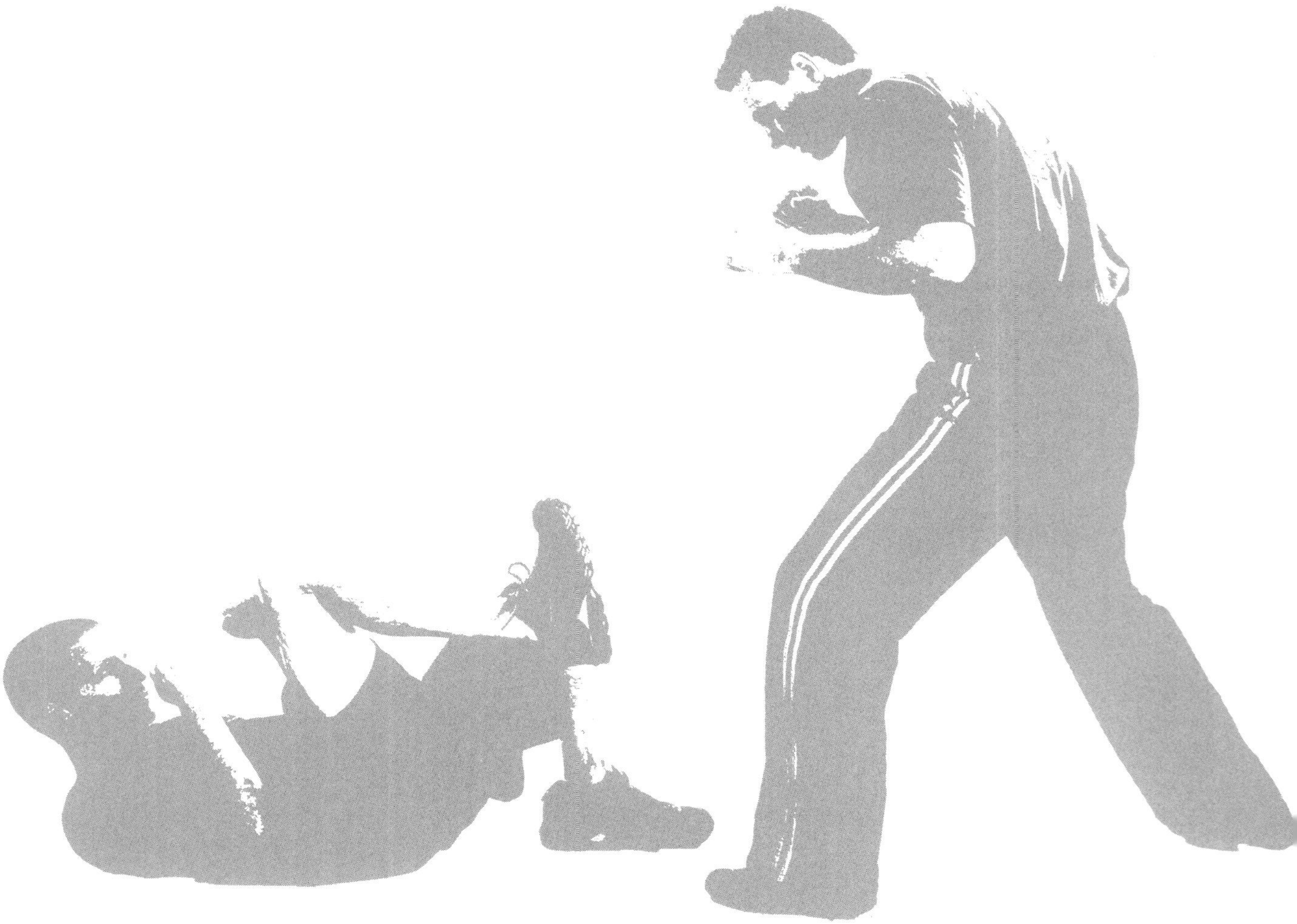

Übersicht: Bodenkampf

Der Übergang zum Bodenkampf ist aus mehreren Gründen eine schwerwiegende Veränderung der Selbstverteidigungssituation. Erstens sind die Handlungsmöglichkeiten auf dem Boden begrenzt. Man kann sich nicht mehr einfach losreißen und weglaufen – erst muss man aufstehen. Zweitens gibt es deutlich weniger Möglichkeiten zuzuschlagen, besonders in Rückenlage. Zum Problem können drittens auch die Kraft und das Körpergewicht eines Angreifers in Oberlage werden, die im Stehen schon wichtige Faktoren sind. Viertens führt die Beliebtheit von Sportarten wie MMA dazu, dass Angreifer möglicherweise Kenntnisse im Bodenkampf haben. Und fünftens und letztens ist die Bodenlage eine extrem ungünstige Position, wenn man es mit mehreren Angreifern zu tun hat, von denen einige möglicherweise stehen.

Zum Thema Beißen, Kratzen, Augenstechen

Manche Befürworter einer realitätsnahen und straßentauglichen Selbstverteidigung sehen in »schmutzigen« Techniken wie Beißen, Augenstechen und Kratzen wirksame Waffen im Kampf gegen erfahrene Bodenkämpfer. Damit haben sie recht, aber nur teilweise. Ein Ringer sucht immer den Kontakt mit Ihnen, um Sie unter Kontrolle zu halten. Ein Biss ist eine tolle Möglichkeit, ihn vom Körperkontakt abzuhalten. Aber viele Bodenkämpfer sind schlau und nutzen ihren Kenntnisvorsprung womöglich, um sich so zu positionieren, dass sie nicht gebissen oder gekratzt werden. Außerdem sollten Sie bedenken, dass er Sie ebenso gut beißen oder kratzen kann! Unterm Strich sollten Sie diese »schmutzigen« Techniken als ein wertvolles Werkzeug in Ihrem Werkzeugkasten betrachten, aber NICHT als Ersatz für solide, praxiserprobte Kenntnisse im Bodenkampf.

Aus diesen Gründen VERMEIDEN wir es, zu Boden zu gehen, wenn es sich irgendwie verhindern lässt, und stehen SO SCHNELL WIE MÖGLICH auf. Aber unser Bestreben, dem Bodenkampf aus dem Weg zu gehen, hält uns nicht von diesem Trainingsfeld ab. Eher im Gegenteil: Wir trainieren unsere Bodenkampf-Kompetenz, um entschlossen und wirksam mit der Situation umzugehen und dann auf die Beine zu kommen.

In diesem Kapitel lernen Sie, wie Sie sich in den Positionen Full Mount, Side Mount und Guard verhalten, sowohl defensiv als auch offensiv. Allerdings beginnen wir, um unserem Ziel, den Bodenkampf zu vermeiden, gerecht zu werden, mit einer einfachen Defense gegen den Takedown.

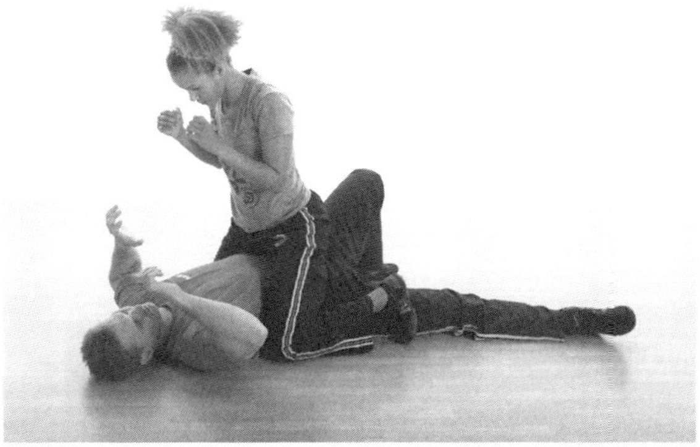

Full Mount, Seite 164

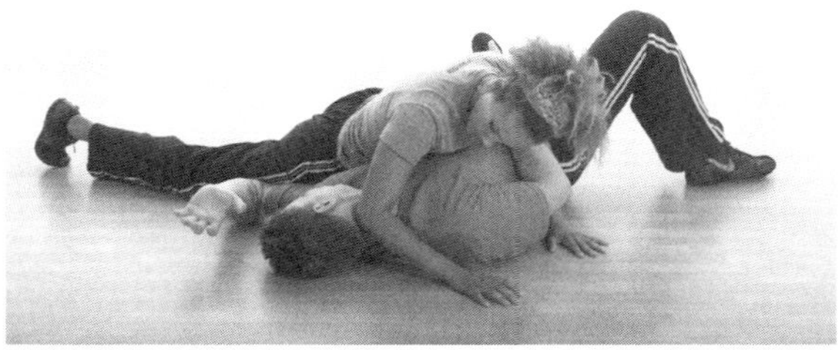

Side Mount, Seite 166

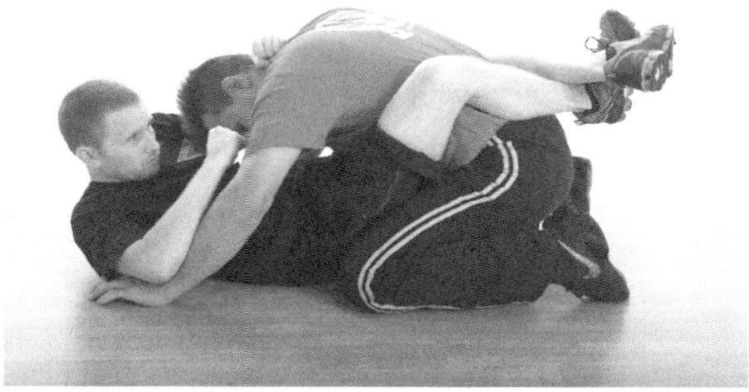

Guard, Seite 169

Einfache Technik

Wie schon zu Anfang gesagt, befasst sich dieses Buch hauptsächlich mit dem Stoff der gelben und der orangenen Gürtelgrade. Takedown-Techniken unterrichten wir eigentlich später im System, aus dem einfachen Grund, weil unsere Schüler gar nicht zu Boden gehen sollen, bevor sie sich dort nicht zu verteidigen wissen. Aber da in diesem Buch die Sprawl-Technik behandelt wird, möchten wir Ihnen auch einen einfachen Takedown beibringen, damit Sie den Sprawl in der Partnerübung gegen einen effektiven Angriff einsetzen können.

Der hier gezeigte Takedown ist eine sehr einfache Technik, die vom Prinzip her dem Tackle beim Football entspricht. In Darren Levines Buch Krav Maga: Das umfassende Handbuch mit über 230 Selbstverteidigungs- und Kampftechniken *kommt er als »einfacher Takedown« vor.*

Ausgangsposition: Kampfhaltung mit dem linken Fuß vorn, dem Gegner zugewandt.

1 Nah heran und tief runtergehen und die Beine des Angreifers umschlingen, dabei Kopf und/oder Schulter gegen seinen Bauch drücken. Hände entweder miteinander verschränken oder an den Beinen einhaken.

2 Die Beine des Angreifers an sich heranziehen und etwas hochheben. Gleichzeitig das eigene Gewicht mit den Beinen dem Angreifer in den Bauch bohren.

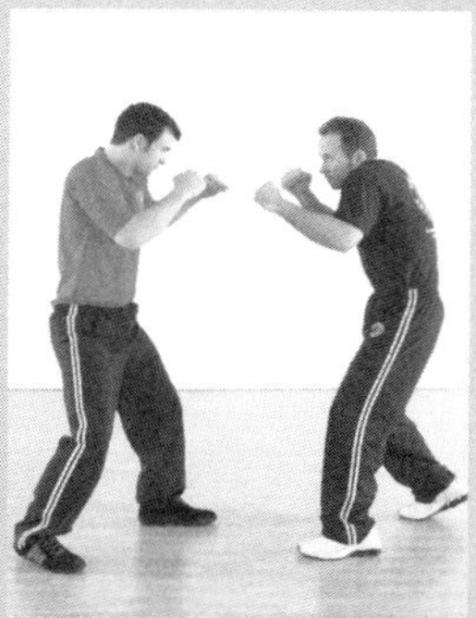

Ausgangsposition

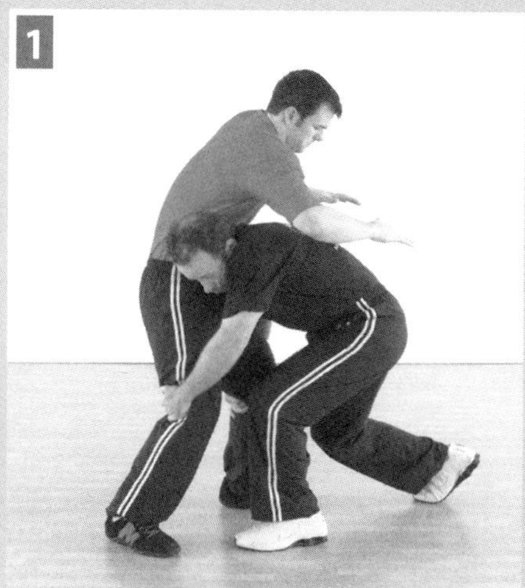

1

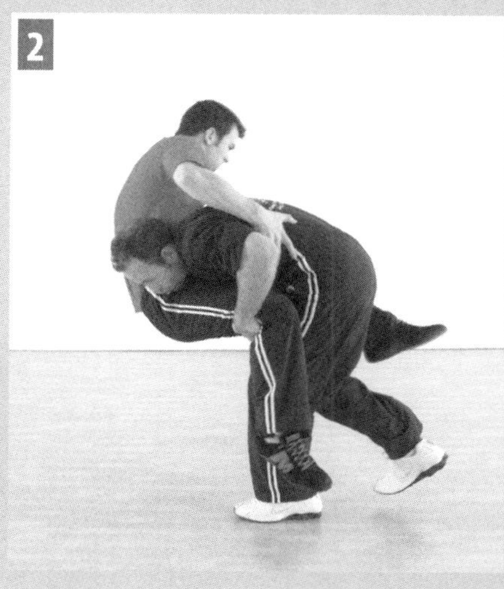

2

Tipp: Bei wirksameren Varianten dieses einfachen Takedowns wird das Becken so vorgeschoben, dass es unterhalb des Brustkorbs bleibt. Dann kann der Angreifer nicht einfach den Kopf niederdrücken. Diese Variante ist allerdings ein brauchbarer, einfacher Takedown, der beim Einüben des Sprawls hilft.

Defense gegen Takedown (Sprawl)

ANGRIFF Der Angreifer »geht rein«, um die Beine des Verteidigers zu umschlingen und ihn umzureißen.

HAUPTGEFAHR ***Keine (eventuell Aufprall).*** Ähnlich wie eine Umklammerung stellt der Takedown an sich keine große Gefahr dar, auch wenn bedacht werden muss, dass der Angegriffene bei manchen Takedowns unsanft landet.

NEBENGEFAHREN ***Takedown, mehrere Angreifer.*** Der Takedown ist keine Haltetechnik wie eine Umklammerung, denn der Angreifer hat nicht vor, in dieser Position zu verharren. Er will Sie sofort zu Boden bringen.

LÖSUNG UND ERSTER KONTER ***Sprawl, Konter.***

1 Sofort die Füße mit weit gespreizten Beinen nach hinten setzen. Becken nach unten und nach vorn schieben, dabei den Oberkörper aufgerichtet und den Blick auf den Kampf gerichtet halten. Diese Haltung (*Sprawl*) erschwert es dem Angreifer, tiefer reinzugehen und die Beine zu umschlingen. Gleichzeitig beide Arme auf einer Seite gegen Schulter und Nacken des Angreifers stemmen.

2 Sobald der Angriff abgewehrt und die Balance wiedergefunden ist, kontert man mit Kniestößen.

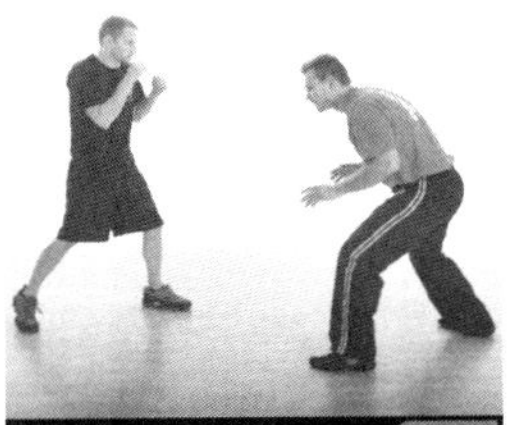
Ausgangsposition

1
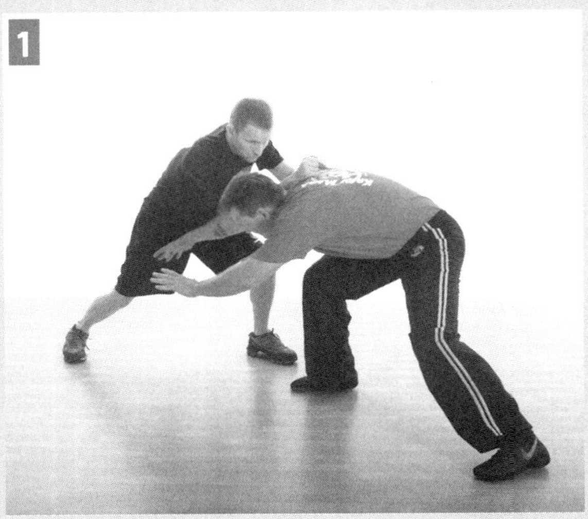

2
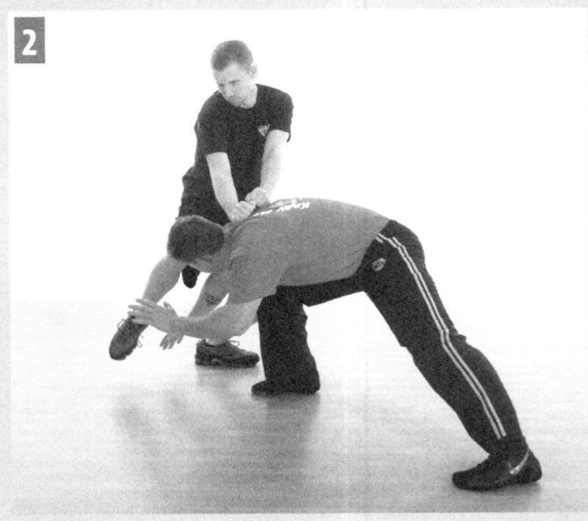

NEUTRALISIERUNG Kniestöße nachfolgen lassen und/oder den gegnerischen Kopf niederdrücken, sodass er zu Boden geht und man sich von ihm lösen und Distanz schaffen kann.

WICHTIGE HINWEISE

- Füße explosiv nach hinten stellen;
- Becken senken, aber Oberköper aufrecht halten;
- Arme gegen Schulter/Nacken des Angreifers stemmen;
- Kniestöße, bis der Stand sicher ist;
- losreißen, sobald die Gefahr gebannt ist.

HÄUFIGE FRAGEN

Warum ist es so wichtig, zuerst die Füße nach hinten zu setzen?

Ein Angreifer, der weiß, wie man »reingeht«, tut es schnell und sehr entschlossen. Sie müssen daher Ihre Beine und Füße möglichst weit vom Angreifer außer Reichweite bringen. Wenn Sie dazu neigen, zuerst mit dem Becken und dann mit den Füßen zurückzuschnellen, kriegt er sie zu packen.

Warum ist es so wichtig, das Becken zu senken?

Ein entschlossener Angreifer geht weiter rein, auch wenn Sie sich sicher wähnen. Indem Sie das Becken nach vorn und nach unten schieben, versperren Sie ihm den Weg zu Ihren Beinen. Und falls er Sie schon teilweise zu packen gekriegt hat, können Sie so seinen Griff lösen.

Wenn ich die Arme gegen den Angreifer stemme, sollen dann die Hände rechts und links vom Kopf oder auf einer Seite platziert sein?

Besser ist es, beide Arme auf einer Seite zu haben. So verhindern Sie einen versehentlichen Kopfstoß und können sich nachher besser lösen. Aber zuallererst geht es darum, seinen Vorstoß aufzuhalten, und da ist es besser als nichts, wenn die Hände beiderseits des Kopfes sind.

Tipp: Viele Bodenkampf-Experten empfehlen andere Armhaltungen, beispielsweise einen oder beide Arme senkrecht nach unten zu strecken, um den Angreifer nach dem Sprawl besser im Griff zu haben. Solche Varianten haben Vor- und Nachteile. Wir für unseren Teil bevorzugen diese Haltung (Ellenbogen runter, Hände hoch) einfach deshalb, weil sie der reflexartigen Reaktion auf einen tiefen gegnerischen Ausfall sehr nahekommt.

In der Mount bleiben

In der »Full Mount« befindet man sich, wenn man rittlings auf dem liegenden Gegner sitzt. Da es sich dabei um eine dominante Position handelt, sollten wir sie beibehalten, solange es taktisch angebracht ist. Um in der Full Mount zu bleiben, müssen wir jederzeit guten Bodenkontakt finden können.

1 Wenn der Angreifer versucht, Sie aus Ihrer oberen Position abzuwerfen, verlagert man den Körperschwerpunkt schnell nach hinten, lässt den Brustkorb auf den des Gegners fallen und stützt die Hände schräg nach vorn gespreizt auf.

2–3 Beim Abstützen kann es passieren, dass der Angreifer einen Arm fixieren will. Dann muss man sich sofort wieder aufrichten. Um den Arm freizubekommen, zieht man den Ellenbogen schnell zur Hüfte. Hebt man den Arm einfach vom Boden, kann der Gegner ihn festhalten.

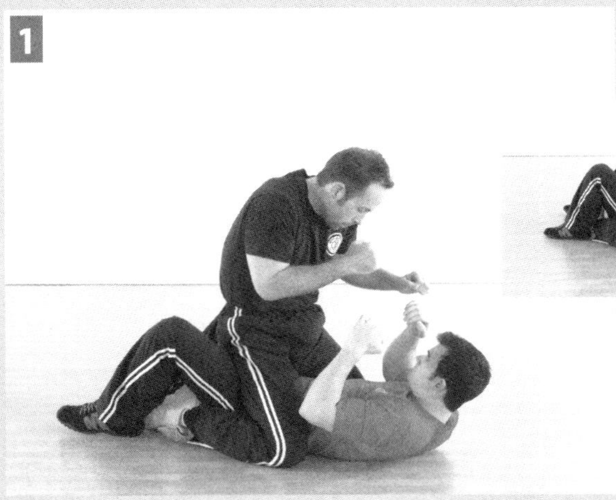

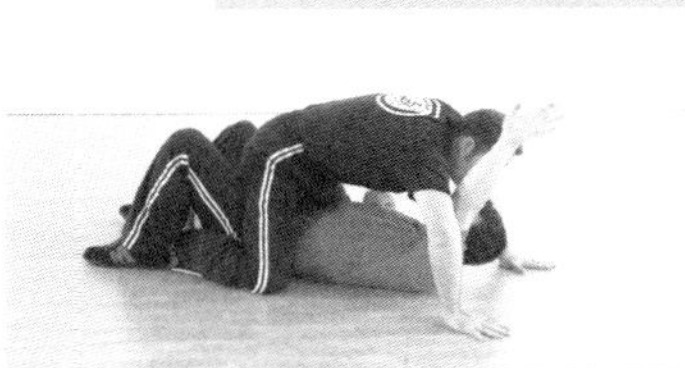

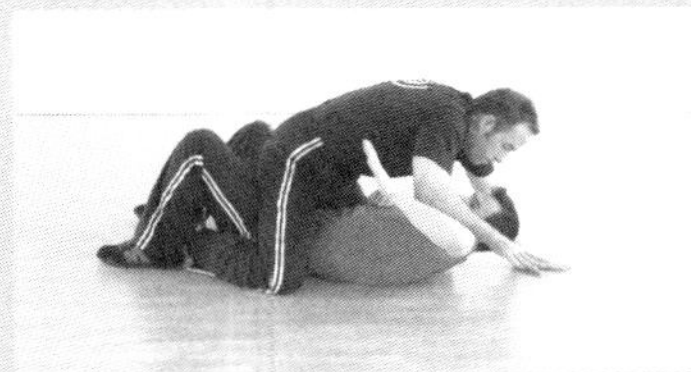

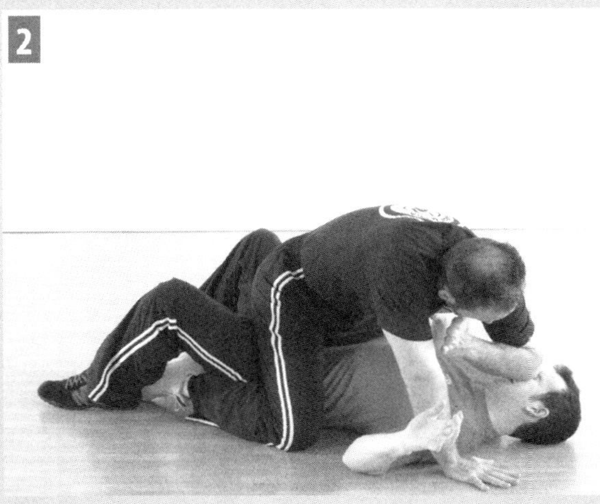

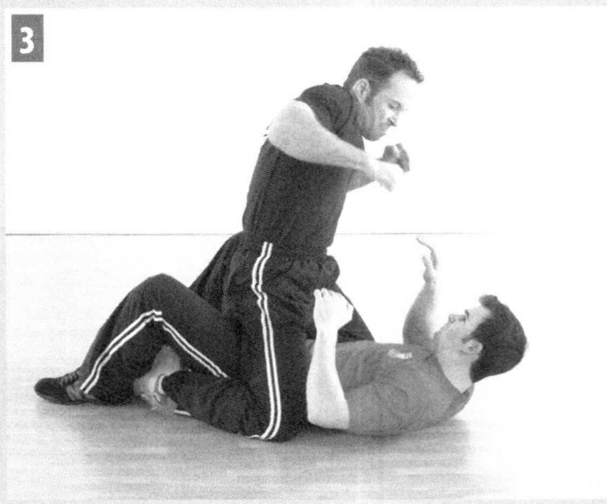

Combatives in der Full Mount

In der Full Mount sind mehrere Schlagtechniken möglich: gerade Schläge und Haken, Hammerfists und Ellenbogenstöße aus verschiedenen Richtungen, Augenstechen/Kratzen/Beißen und (möglicherweise) Kopfstöße. Hauptangriffsziele sind das Gesicht und die Kehle. Allerdings kann das Gleichgewicht zum Problem werden. Man darf nicht so viel Gewicht in den Angriff legen, dass man das Gleichgewicht verliert oder der unten liegende Angreifer die Oberhand gewinnen kann.

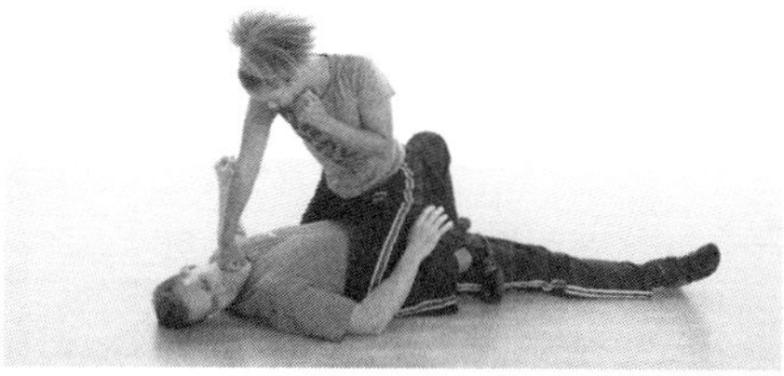

Rechte Gerade

Gerade Schläge

Beim Üben von Geraden (oder auch Handballenschlägen) legt man gerade so viel Gewicht in den Schlag, dass der Angreifer körperlichen Schaden erleidet. Dabei lässt man den Rücken relativ gerade und immer etwas Gewicht auf dem Becken.

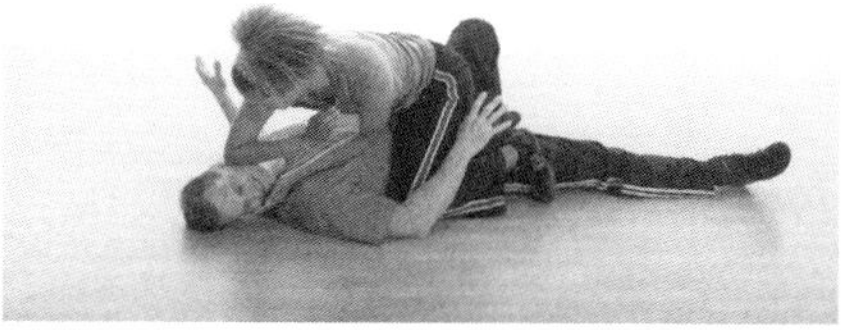

Ellenbogenstoß

Ellenbogenstöße

Auch wenn der Ellenbogen niedersaust, bleibt der Körperschwerpunkt hinten.

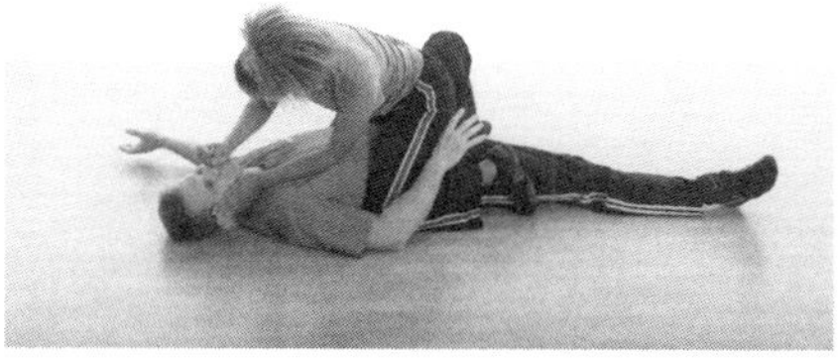

Hammerfist

Hammerfists

Wer Angst hat, mit Faustschlägen den Schädel und nicht das Gesicht zu treffen, kann Handballenschläge, aber auch Hammerfists einsetzen.

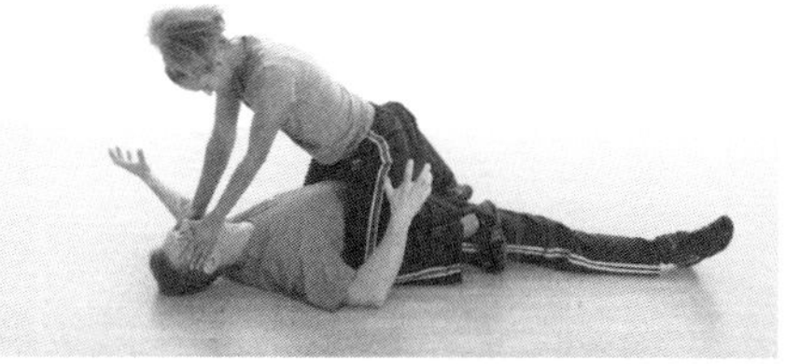

Augenstechen

Augenstechen/Kratzen/Beißen

Diese Techniken bieten sich hier an, besonders in Kombination mit anderen Combatives. Man kann dem Angreifer beispielsweise in die Augen stechen und dann, wenn er die Hände schützend vors Gesicht nimmt, einen Ellenbogenstoß auf Hände und Gesicht landen.

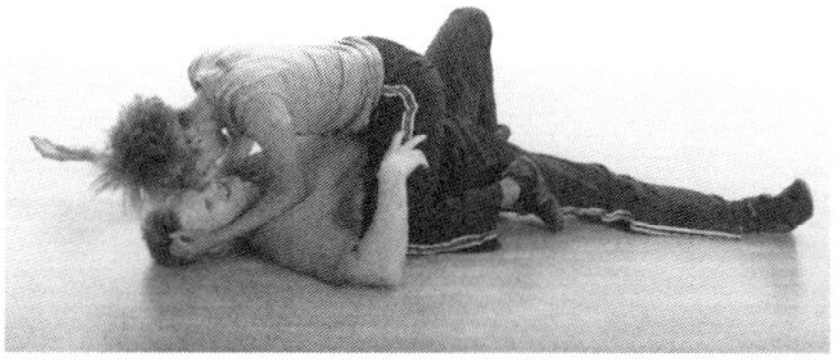

Kopfstoß

Kopfstöße

Kopfstöße sind in der Full Mount weniger praktikabel. Oft liegt der gegnerische Kopf tiefer als der eigene, sodass man Gefahr läuft, mit dem Gesicht den Schädel des Angreifers zu treffen. Bei günstiger Position und Körpergröße ist jedoch ein Kopfstoß ins Gesicht möglich.

Tipp: Wichtig ist, dass man nach dem Schema »Zuschlagen, abstützen, zuschlagen« trainiert. Variieren Sie dabei den Rhythmus, damit das Abstützen nicht vorhersehbar wird. Immer schnell aufrichten, damit der Angreifer nicht Ihre Arme fixieren und Sie kippen kann.

In der Side Mount bleiben

Die »Side Mount« ist in vielerlei Hinsicht eine noch günstigere Position als die Full Mount. Erstens ist es für den unten Liegenden noch schwieriger, die Oberhand zu gewinnen. Zweitens erweitert sich Ihr Waffenarsenal um Kniestöße. Es gibt zwei Varianten der Side Mount. In der einen hat man den Gegner besser im Griff, in der anderen kann man besser attackieren.

Variante Nr. 1

1 Oberkörper quer über den Rumpf des am Boden liegenden Gegners legen. Gewicht in den Brustkorb legen und die Ellenbogen fest gegen den gegnerischen Körper und Kopf pressen.

2 Das (vom Gegner aus) untere Knie so anziehen, dass es fest gegen seinen Körper gepresst wird, und das (vom Gegner aus) obere Bein so ausstrecken, dass die Hüfte auf dem Boden liegt.

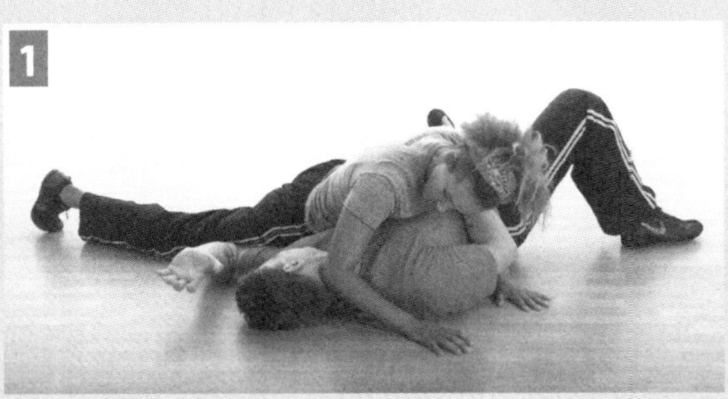

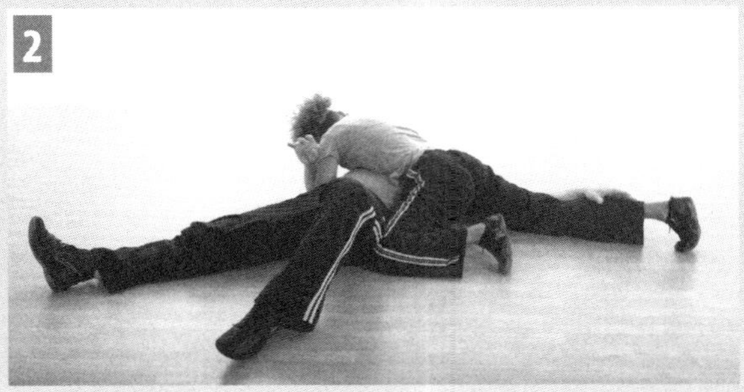

Variante Nr. 2

1 Oberkörper so wie in Variante Nr. 1 positionieren, aber *beide* Knie eng anziehen und die Ellenbogen gegen den Gegner pressen. Bei dieser Position wird der Gegner zwangsläufig etwas entlastet, sodass er etwas mehr Spielraum zum Entkommen hat. Dafür ist diese Position besser zum Zuschlagen geeignet. Den Angreifer rundum möglichst eng einklemmen, damit er so wenig Spielraum wie möglich hat!

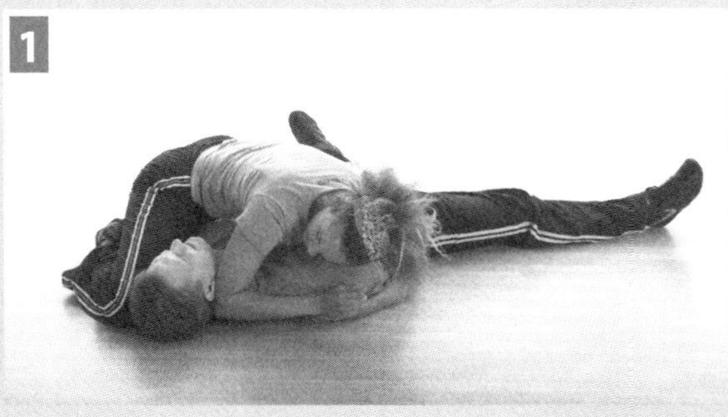

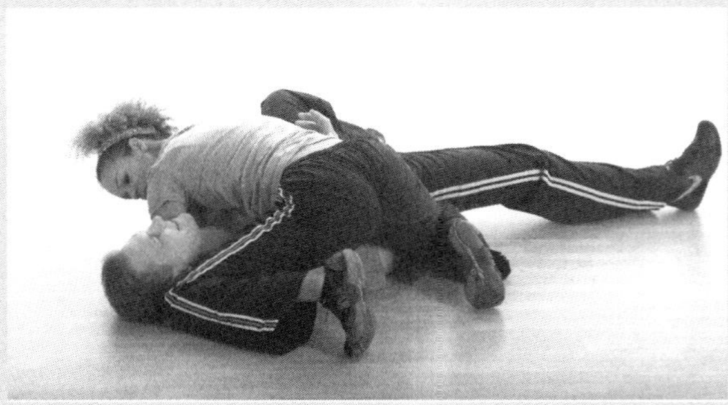

Combatives in der Side Mount

Bei allen aufgeführten Schlagtechniken muss man jederzeit bereit sein, in die Side Mount zurückzufallen, um den Gegner am Boden zu halten.

Gerade Schläge

Zu üben sind gerade Schläge (oder auch Handballenschläge) ins Gesicht, den Bauch und die Genitalien.

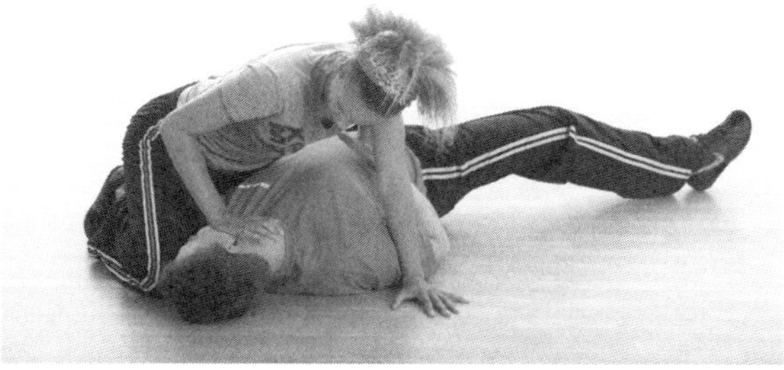

Handballenschlag

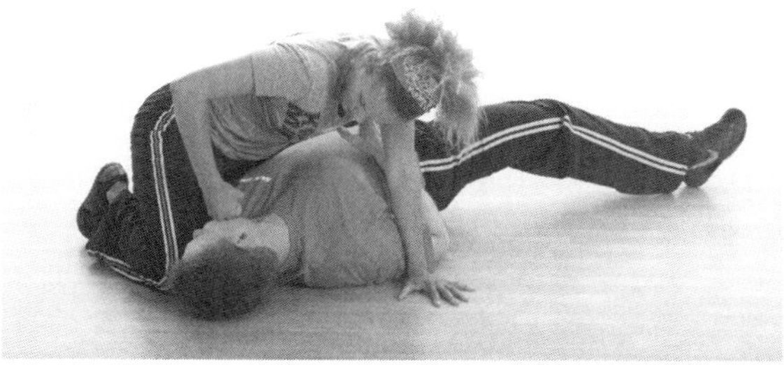

Rechte Gerade

Ellenbogenstöße

Wirksam sind auch Ellenbogenstöße seitlich gegen den Kopf oder senkrecht ins Gesicht.

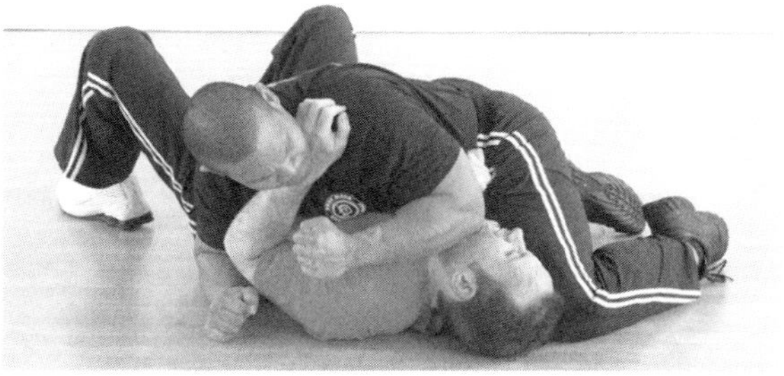

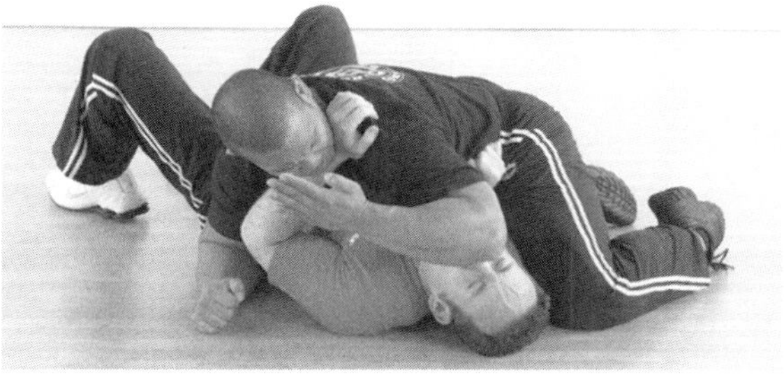

Hammerfists

In dieser Position sind auch Hammerfists möglich, wobei Ellenbogenstöße wahrscheinlich wirksamer sind.

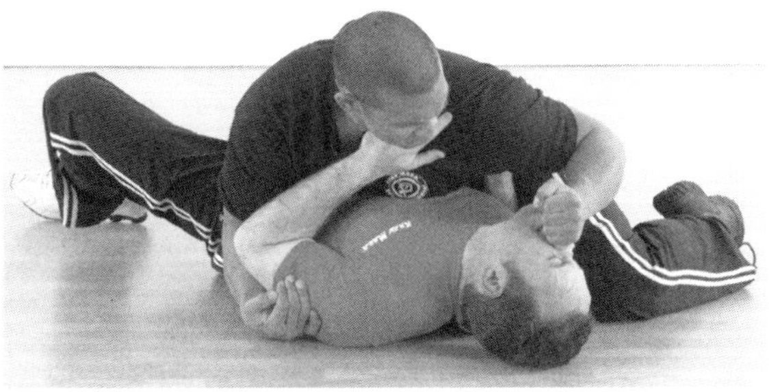

Fortsetzung der Techniken auf der nächsten Seite

Fortsetzung

Augenstechen/Kratzen/Beißen

Stech- und Kratzattacken ins Gesicht können hier extrem effektiv sein, vor allem, weil man mit dem Körper womöglich einen Arm oder beide Arme des Gegners fixiert. Sollte er einen Arm heben, um sich Spielraum zu verschaffen, kann man zubeißen.

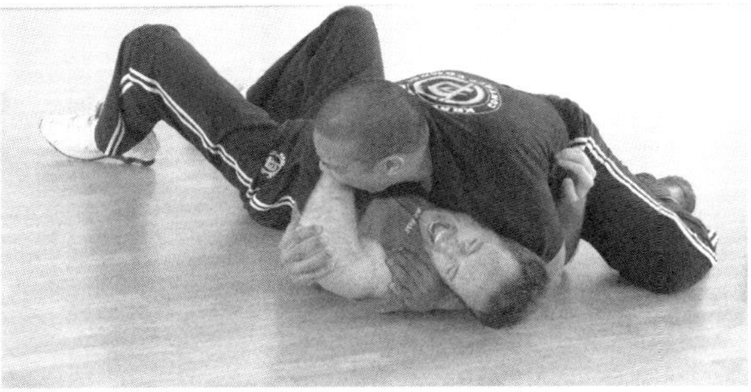

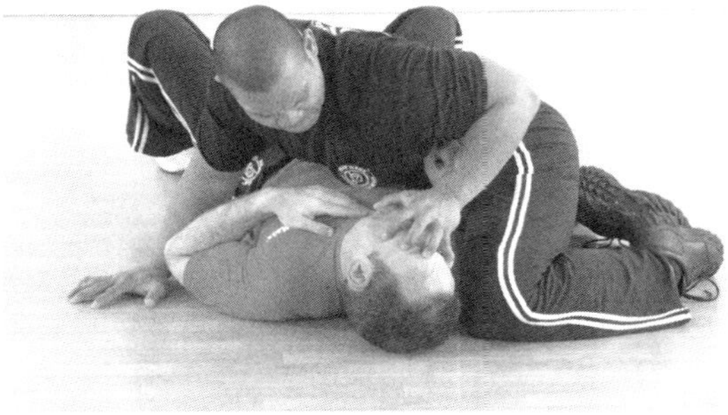

Kopfstöße

In dieser Position lassen sich Kopfstöße leichter ausführen als in der Full Mount, weil der eigene Kopf »tiefer« liegt als das Gesicht des Angreifers.

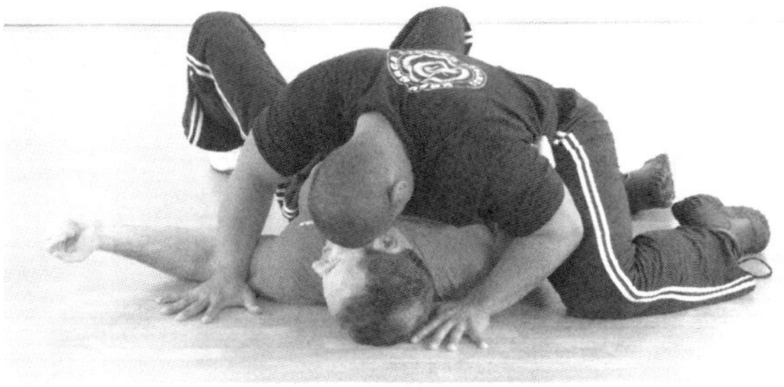

Kniestöße

Um Kniestöße gegen Kopf oder Oberkörper zu landen, hebt man das Bein vom Gegner weg und rammt das Knie explosiv gegen ihn.

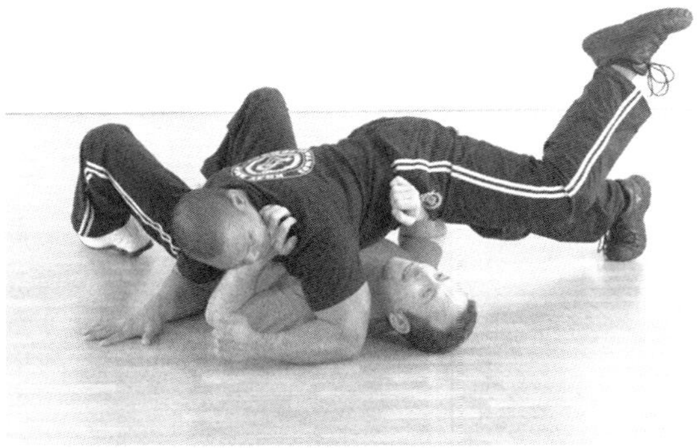

Tipp: Auch hier müssen Sie üben, sofort nach dem Zuschlagen wieder Ihre Position einzunehmen. Sobald Sie mit einem Arm oder Bein ausholen, entsteht Spielraum, den der Gegner zum Entkommen nutzen kann.

Umgang mit dem Gegner in der Guard

Von der »Guard-Position« spricht man, wenn man in Rückenlage die Beine um den Gegner geschlungen hat. Auch wenn es sich dabei um eine eher defensive Lage handelt, hat man es darin deutlich besser, als wenn der Angreifer in der Full Mount wäre, denn man hat ihn mit den Beinen einigermaßen im Griff. Später können Sie auch Submission-Techniken wie Armhebel oder Würgegriffe lernen.

Es gibt zwei Varianten der Guard-Position. In der **geschlossenen Guard** sind die Füße verschränkt und die Knie gespreizt. Mit dieser Haltung hat man den Gegner im Griff. Für die **offene Guard** stellt man die Füße auseinander und hält die Knie zusammen. So hat man mehr Möglichkeiten, den Gegner mit Tritten loszuwerden oder in Schach zu halten.

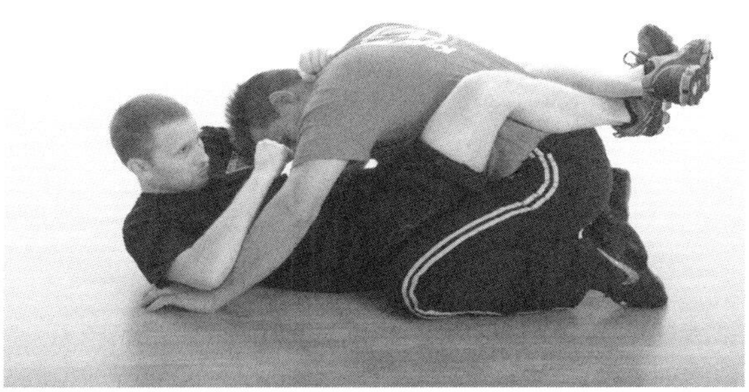

Geschlossene Guard

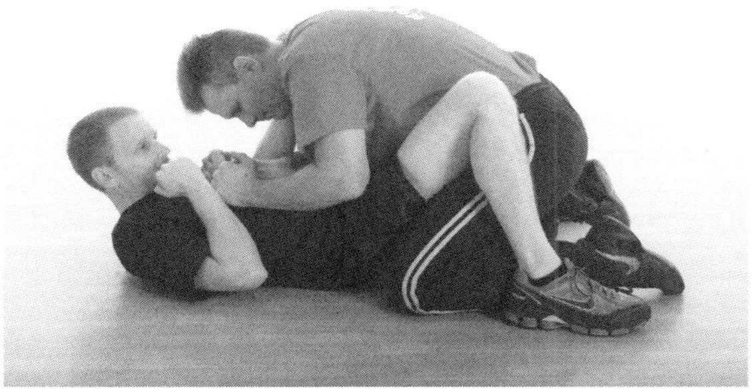

Offene Guard

Beinarbeit

Zunächst geht es vor allem darum, den Gegner möglichst unter Kontrolle zu halten. Lehnt er sich zurück, um zuzuschlagen, zerrt man ihn mit den Beinen näher heran. Kommt er näher, um Schläge zu verhindern, schiebt man ihn mit den Beinen und den Hüften weg. Generell sollte man durch wechselndes Ziehen und Schieben versuchen, ihn aus dem Gleichgewicht zu bringen.

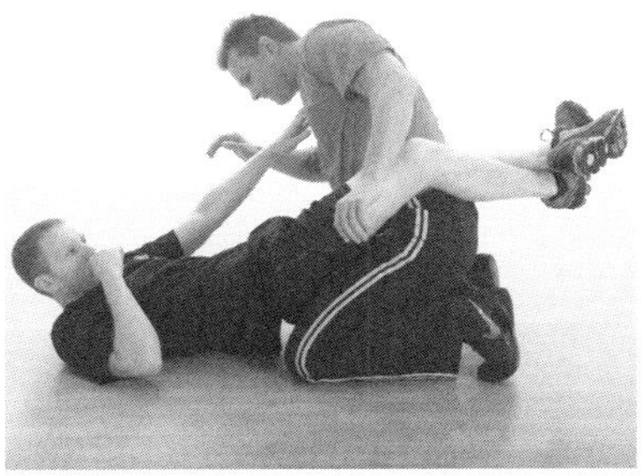

Gegner durch Wegschieben unter Kontrolle halten

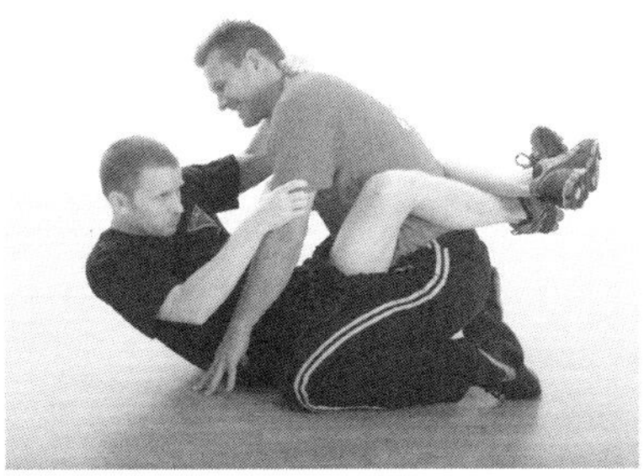

Gegner durch Heranziehen unter Kontrolle halten

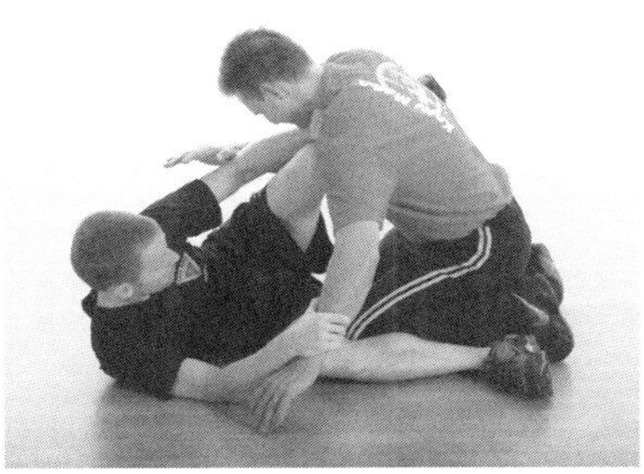

Mithilfe von Beinen und Hüften die Lage wechseln, entkommen oder angreifen

Combatives mit dem Gegner in der Guard

In Rückenlage zuzuschlagen kann schwierig sein, weil man schlechter ausholen kann. Dennoch sind bestimmte Schlagtechniken möglich.

Gerade Schläge

Ist das Gesicht des Angreifers ungedeckt, landet man eine Gerade. Dazu muss man unbedingt die Schulter eindrehen und Schlagkraft aus dem Becken heraus generieren. Da die Beine um den Angreifer geschlungen sind, nutzt man sein Körpergewicht als Anker, um Schlagkraft zu entfalten.

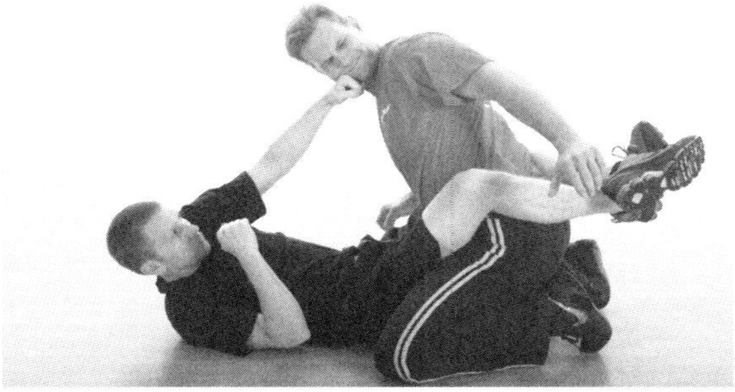

Gerader Schlag

Ellenbogenstöße

Manchmal kommt der Angreifer mit dem Kopf nah heran. Sehr wirksam sind dann Ellenbogenstoß Nr. 1 gegen den Kiefer oder Ellenbogenstoß Nr. 7 gegen den Hinterkopf oder das Schlüsselbein.

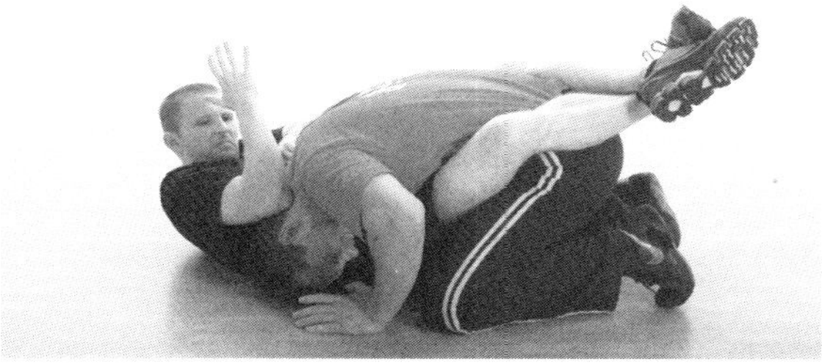

Ellenbogenstoß

Augenstechen/Kratzen/Beißen

Diese Techniken können sehr wirksam sein, wenn der Angreifer nah herankommt. Man kann ins Gesicht kneifen und in die Augen stechen oder den Angreifer am Haar (falls vorhanden) oder an der Haut packen und ihm den Hals verdrehen.

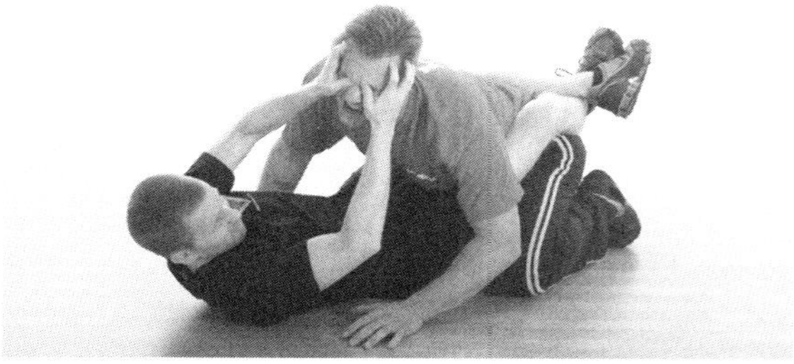

Augenstechen

Tipp: Es lohnt sich, Schläge aus jeder Position heraus zu üben. Aber wie schon gesagt sind Schlagtechniken in Rückenlage viel schwieriger. Wenn Sie weiter Krav Maga trainieren, werden Sie Submission-Techniken lernen, die in dieser Position erfolgversprechender sind.

Raus aus der Guard mit Tritten

Eine einfache Fluchtmöglichkeit, wenn man auf dem Rücken liegt und den Gegner in der Guard hat.

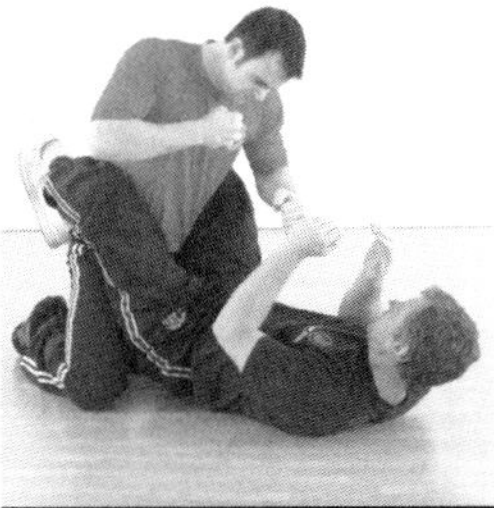

Ausgangsposition

Ausgangsposition: Rückenlage mit dem Angreifer in der Guard.

1 Gewicht auf eine Hüfte verlagern und das obere Knie eindrehen, sodass das Schienbein gegen den gegnerischen Oberkörper drückt. Hände oben lassen, um das Gesicht zu decken.

2–3 Mit dem unteren Fuß gegen die Hüfte des Angreifers treten, um Spielraum zu schaffen. Dann mit dem oberen Fuß dem Angreifer gegen den Brustkorb oder ins Gesicht treten. Bei beiden Tritten unbedingt das Hüftgelenk strecken. Aufstehen und Distanz schaffen.

1

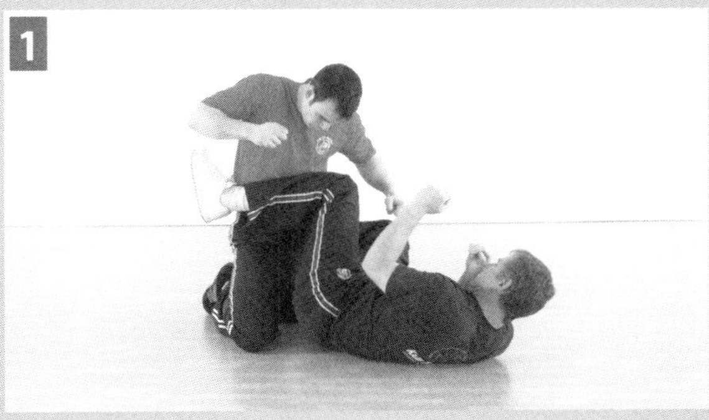

2

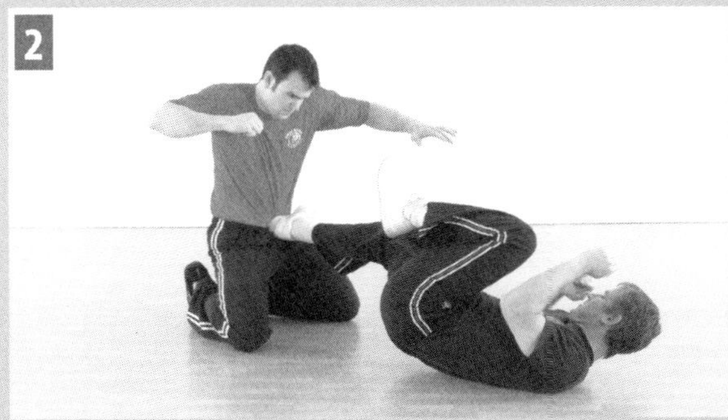

3

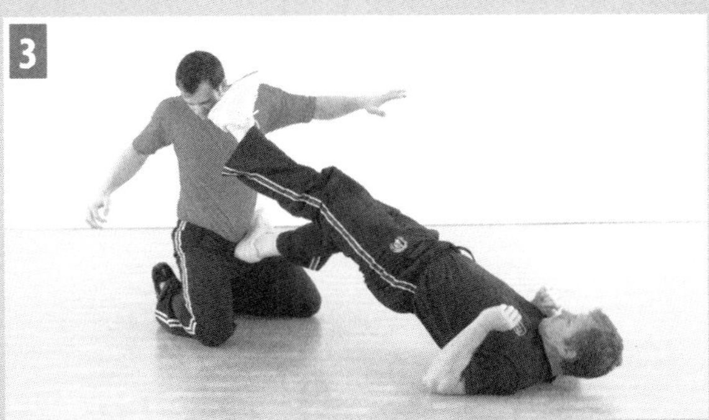

Tipp: Um diese Technik auszuführen, müssen Sie das Gewicht auf die eine Hüfte verlagern, insbesondere dann, wenn es Ihnen an Beweglichkeit fehlt. Wenn Sie sich auf die Seite drehen, bekommen Sie das obere Knie leichter vor den gegnerischen Körper, was Ihnen mehr Spielraum für den zweiten Tritt verschafft.

Verhalten in der gegnerischen Guard

So wie wir einen Gegner, den wir in der Guard halten, mit den Beinen steuern, versucht auch der Angreifer, uns zu manipulieren, wenn wir uns in seiner Guard befinden. Als fortgeschrittener Bodenkämpfer werden Sie diverse Techniken lernen, um in der Guard zu attackieren und aus ihr zu entkommen. In den Anfängergraden beschränken wir uns auf einfache und wirksame Techniken, mit denen Sie den Angreifer neutralisieren und unversehrt davonkommen können.

Variante Nr. 1: Grundposition (nah dran)

Sollten Sie in die Guard des Angreifers geraten, müssen Sie als Erstes die Grundposition einnehmen, um nicht geschlagen oder gekippt zu werden.

1 Beine in einen ziemlich weiten Kniestand bringen. Zehen anwinkeln, sodass die Fußballen (und nicht die Schnürsenkel) Bodenkontakt haben. Oberkörper und Kopf auf den Brustkorb des Angreifers pressen und die Hände auf seine Oberarme legen, um ihn von Schlägen oder anderen Angriffen abzuhalten.

1

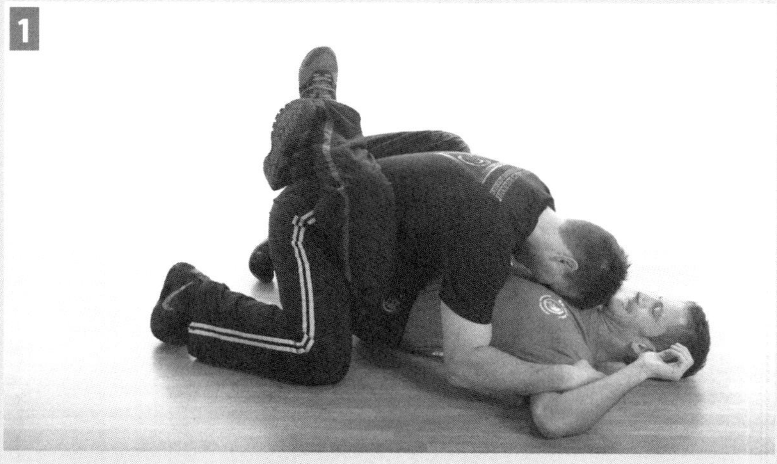

Variante Nr. 2: Aufrechter Sitz

1 Um in eine Position zu gelangen, von der aus man wirksamer zuschlagen kann, lehnt man sich in der Guard zurück, wobei man das Gewicht auf den Füßen lässt. Ellenbogen eng am Körper halten und mit den Händen den Gegner an oder neben der Gürtelschnalle festhalten.

2 Aus dieser Position heraus ins Gesicht oder in die Genitalien schlagen.

1

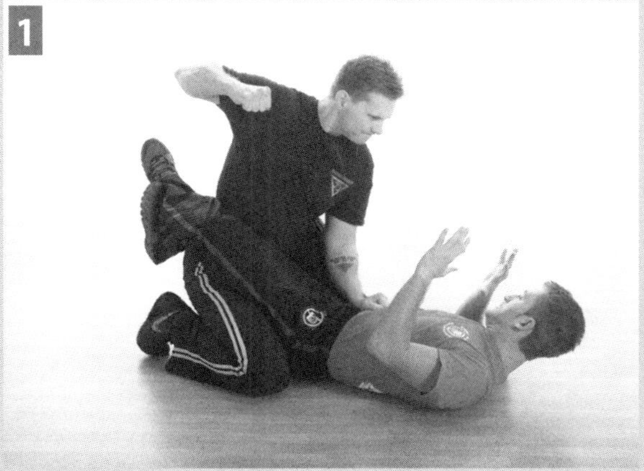

2

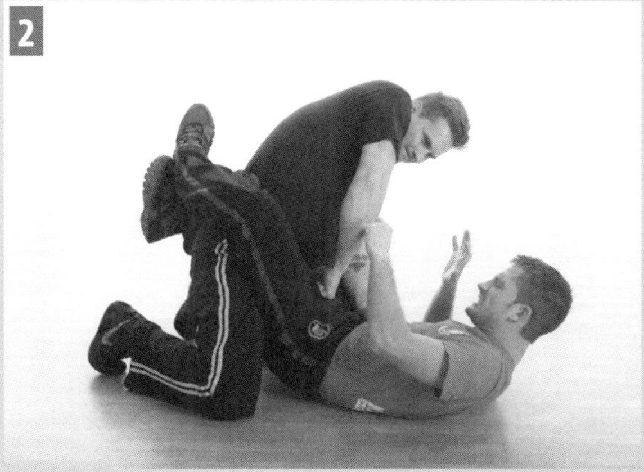

Tipps: Gehen Sie entweder ganz nah ran oder ganz weit weg. Auch wenn Sie sich mit Submission-Techniken wie Armhebeln oder Würgegriffen noch nicht auskennen, sollten Sie sich ein paar Prinzipien angewöhnen, die Sie vor solchen Attacken schützen. Eines dieser Prinzipien lautet: Entweder ganz nah ran oder ganz weit weg.

Wenn Sie ran an den Gegner wollen, gehen Sie *ganz nah* heran, sodass Ihr Kopf an seinem Brustkorb oder seiner Schulter liegt, Ihre Arme und Schultern tief unten sind und Ihre Hüften fest gegen seine Oberschenkel drücken. So bekommt er die Beine und das Becken nicht so leicht hoch genug, um Sie anzugreifen.

Wollen Sie dagegen Abstand vom Angreifer, dann gehen Sie ganz weit weg, bis Sie mit den Ellenbogen unter seiner Gürtellinie und mit Kopf und Schultern weit über ihm sind. So kann er Sie nur schlecht erreichen und Sie können ihm leichter entschlüpfen, falls er so etwas wie eine Submission versucht.

Combatives in der Guard

Wie bei den bereits erläuterten Bodenkampfpositionen kommen auch hier die bekannten Schlagtechniken infrage: gerade Schläge, Ellenbogen- und Kopfstöße, Kratzen/Beißen/Augenstechen und Hammerfists.

Beim Zuschlagen in der Guard muss man genau wie in der Full Mount sehr aufs Gleichgewicht achten. Ein schlauer Angreifer wird, sobald man zum Schlag ansetzt, mit den Beinen stoßen oder ziehen, um einen aus dem Gleichgewicht zu bringen. Deshalb sollte man nur mit sicherem Bodenkontakt angreifen und diesen Bodenkontakt nie aufs Spiel setzen.

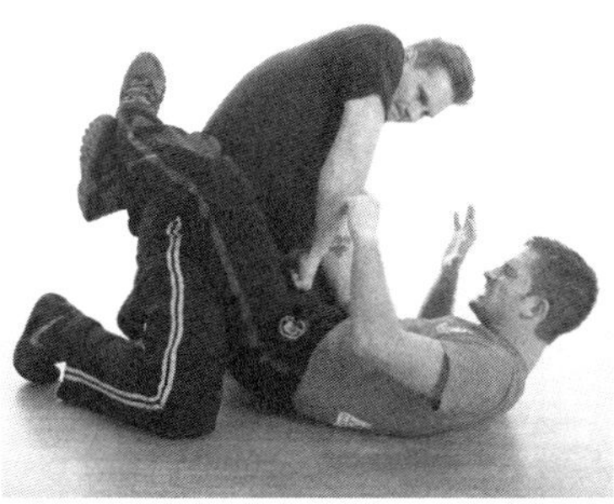

Rechte Gerade

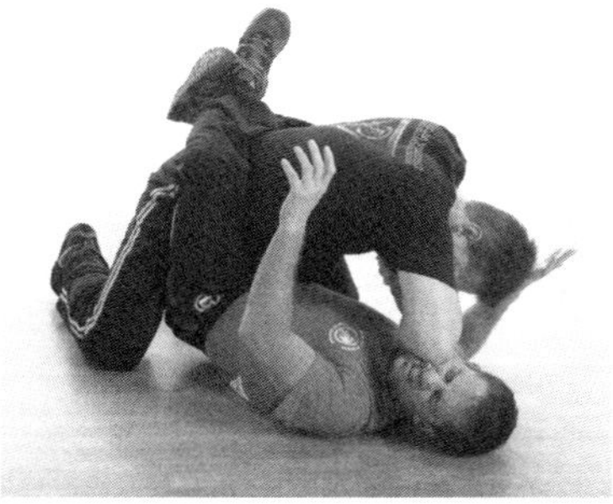

Ellenbogenstoß

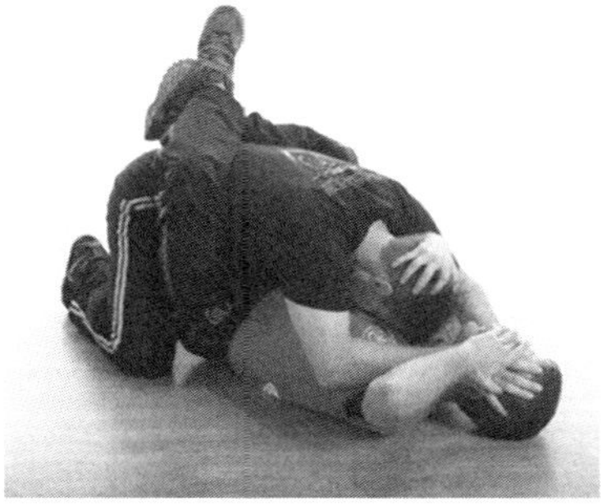

Augenstechen

Tipp: Strecken Sie bloß nie die Arme aus. Eine der einfacheren Attacken aus der Unterlage heraus ist der Armhebel, bei dem der Gegner einen Arm zu fassen kriegt und ihn womöglich bricht. Sie bieten dem Gegner einen Armhebel an, wenn Sie Ihren Arm so weit ausstrecken, dass er ihn zu fassen kriegt. Üben Sie, die Schlaghand schnell zurückzuziehen, und halten Sie die Ellenbogen immer eng am Körper; dann ist der Armhebel nur sehr schwer durchzuführen.

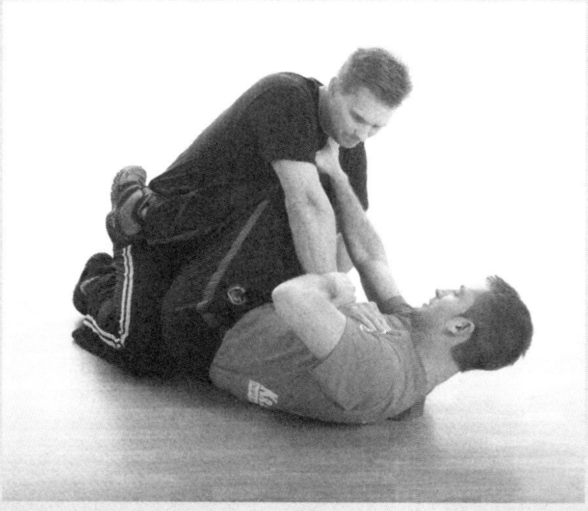

Raus aus der Guard

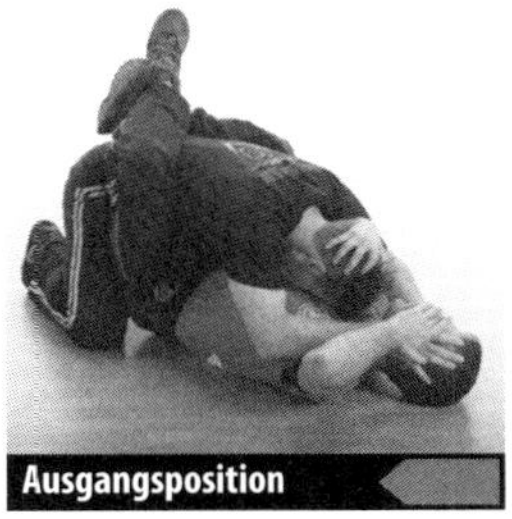

Ausgangsposition

Es gibt raffinierte Techniken, um aus der Guard zu entkommen, aber in diesem Buch konzentrieren wir uns auf die Grundlagen. Die einfachste Art, aus der Guard zu entkommen ist, sich zurückzulehnen und dem Angreifer zwischen die Beine zu schlagen.

Ausgangsposition: Oberlage in der Guard, der Angreifer verhindert Schläge durch Heranziehen und Festhalten.

1 In die Augen stechen, kratzen und beißen, um Distanz zu schaffen.

2 Oberkörper aufrichten, Rücken strecken und dem Angreifer in die Genitalien schlagen.

3 Sobald der Angreifer die Knie anzieht, um seine Genitalien zu schützen, weicht man noch weiter zurück und legt ihm die Hände auf die Beine, um Tritte zu verhindern.

4 Aufstehen und zurückweichen, um Distanz zu schaffen.

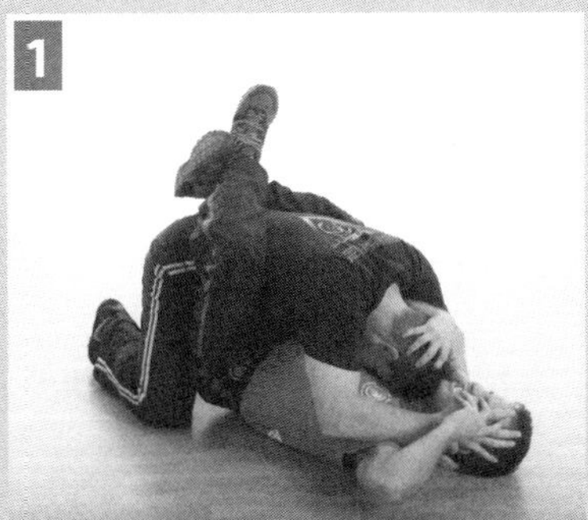

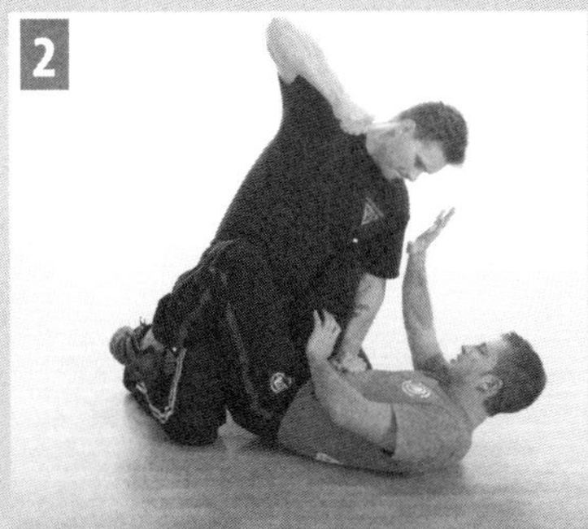

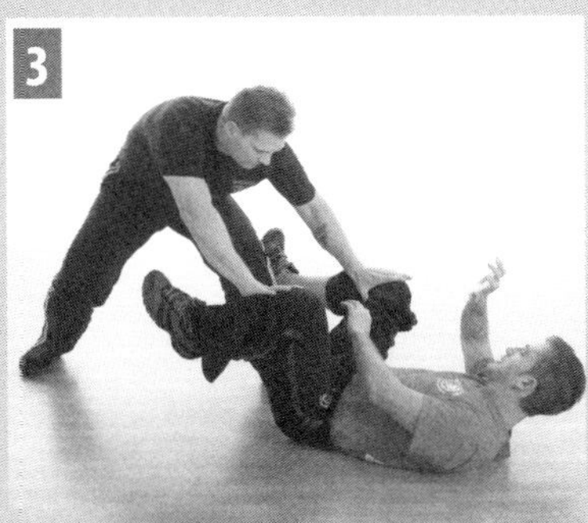

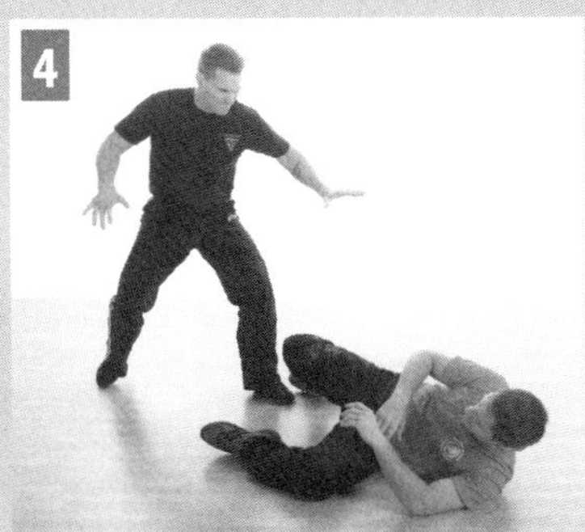

Tipps: Egal, ob Sie nah rangehen oder weit hinten sitzen, der Gegner hat in der Unterlage zwei Möglichkeiten: die offene oder die geschlossene Guard.

Wählt der Angreifer die offene Guard, müssten Sie zurückweichen, Abstand schaffen und entkommen können.

Wählt er dagegen eine geschlossene Guard, hindert er Sie mit verschränkten Füßen daran, ihm zu entweichen. Hält er allerdings die Füße verschränkt, ist sein Genitalbereich ungedeckt. Wenn Sie nun kräftig dorthin schlagen, dann öffnet er normalerweise die Guard und zieht die Knie zum Schutz der Genitalien ein. An diesem Punkt können Sie aufstehen und entkommen.

Umgang mit dem Gegner in der Unterlage

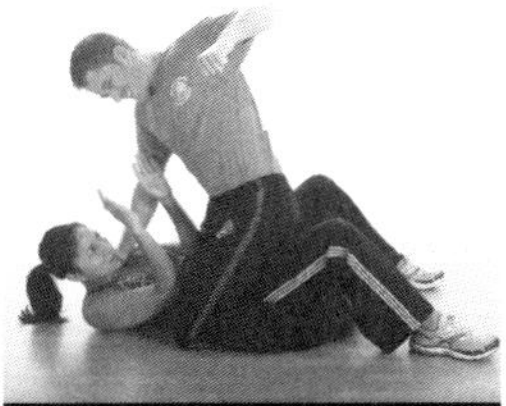

Ausgangsposition

Wie man in der Full Mount oben bleibt, haben wir schon erläutert. Nun geht es darum, sich in der Unterlage zu verteidigen. Dazu gibt es grundsätzlich zwei Möglichkeiten.

Ausgangsposition: Der Angreifer hat die Full Mount inne.

1 Die Ellenbogen dem Angreifer in die Oberschenkel drücken und die Hände zum Schutz des Gesichts oben halten. Füße eng an den Po ziehen. Ziel ist, den Angreifer weit unten auf dem Becken sitzen zu lassen, wo er den Körperbewegungen ausgesetzt ist. Auf keinen Fall den Angreifer auf den Brustkorb hochrutschen lassen, sodass seine Knie in den Achselhöhlen landen. Dadurch wird alles viel schwieriger: Die Arme sind fixiert und dem Angreifer ist mit Beckenbewegungen nicht beizukommen.

Sollte der Angreifer doch hochrutschen, kann man die Ellenbogen gegen seine Oberschenkel stemmen und sich unter ihm hervorwinden, bis er wieder auf Beckenhöhe sitzt.

Tipp: In dieser Position sollten Sie Ihre Arme generell nicht in die Höhe strecken, da Sie sie so verschiedenen Submission-Techniken wie dem Armhebel aussetzen. Lassen Sie Ihre Ellenbogen gebeugt und nah am Körper.

1

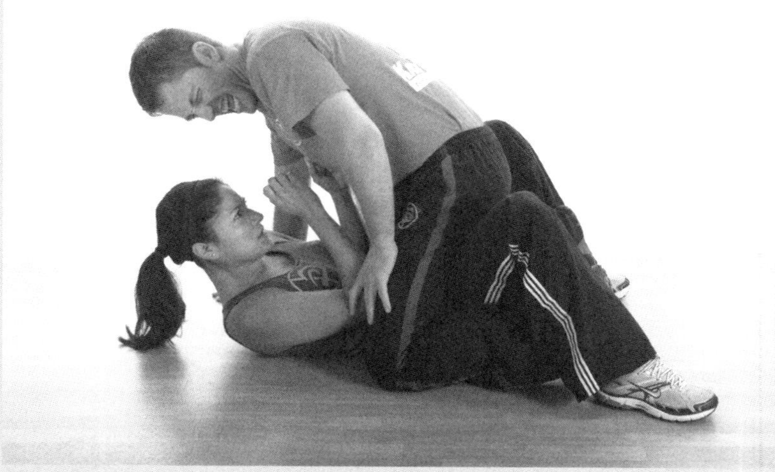

Abwehr von Schlägen

Für die Abwehr von Schlägen gelten hier dieselben Prinzipien wie im Stehen.

Kinn an die Brust ziehen und den Kopf vom Boden heben. Gerade Schläge und von außen kommende Haken blockt man am besten mit einer Innen-Defense oder 360°-Defense. Stößt der Angreifer mit dem Ellenbogen zu, wehrt man den Angriff eher mit zwei Händen ab.

Zusätzlich sollte man mit dem Becken buckeln. Immer wenn der Angreifer zum Schlag ansetzt, bäumt man das Becken auf, um ihn aus dem Gleichgewicht zu bringen. Zumindest schwächt man dadurch seinen Schlag ab. Und bestenfalls bringt man ihn dazu, Halt zu suchen, sodass er erst seine Haltung wiedergewinnen muss, ehe er erneut zuschlagen kann.

Tipp: Probieren Sie diese einfache Übung: Ihr Partner sitzt in der Full Mount und versucht Sie zu schlagen. Immer wenn er zum Schlag ansetzt, buckeln Sie mit dem Becken. Versuchen Sie, sich genau in dem Moment aufzubäumen, in dem der Gegner mit der Faust zuzuschlagen beginnt, dann erzielen Sie die größte Wirkung. In einem echten Kampf ist dies schwieriger, aber es lohnt sich, das Gefühl fürs Timing in dieser Position zu schulen.

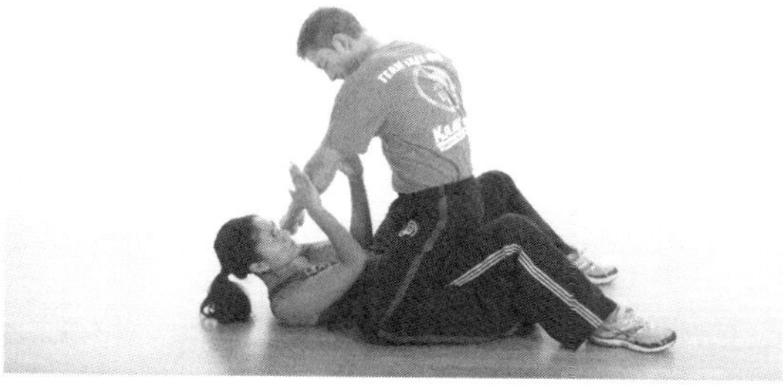

Innen-Defense

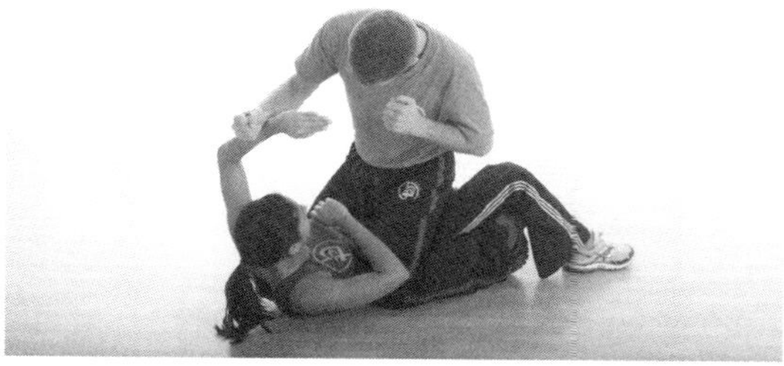

360°-Defense

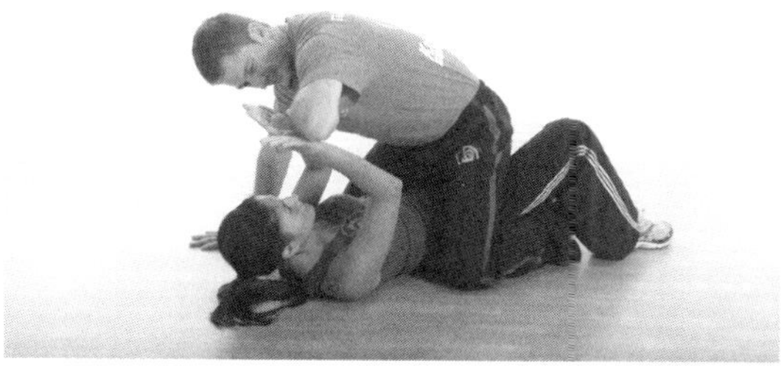

Ellenbogenstoß mit beiden Armen abwehren

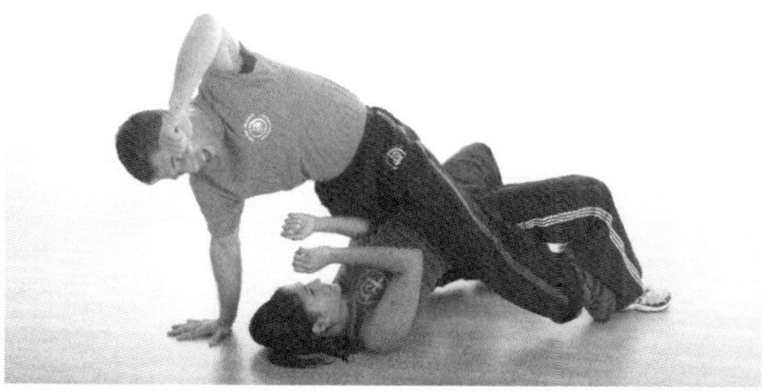

Angreifer durch Buckeln aus dem Gleichgewicht bringen

Raus aus der Mount (Trap-and-Roll)

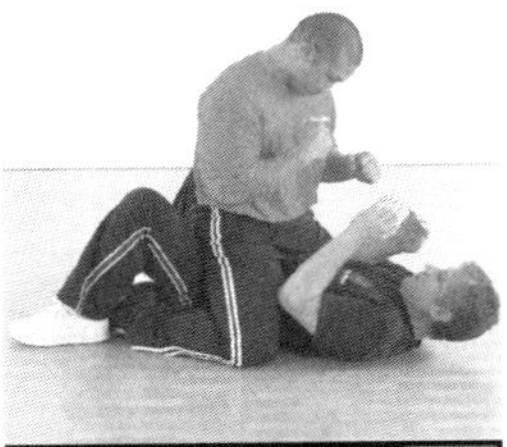

Ausgangsposition

Ausgangsposition: Der Angreifer hat die Full Mount inne.

1 Mit dem Becken buckeln, damit der Angreifer Halt sucht.

2–3 Einen Arm ausstrecken, um den gegnerischen Arm zu fixieren. Dazu über den Arm (von innen nach außen) oder unter den Arm (von außen nach innen) greifen. In der Regel hat man einen besseren Halt, wenn man über den Arm greift, aber das kann länger dauern. Auf jeden Fall den Arm oberhalb des Ellenbogens fixieren, damit der Gegner ihn nicht so leicht herausziehen kann.

4 Auf derselben Seite das gegnerische Bein mit dem Fuß fixieren – möglichst gleichzeitig mit dem Griff nach dem Arm. Erneut mit dem Becken buckeln und den Gegner über den Kopf stoßen.

1

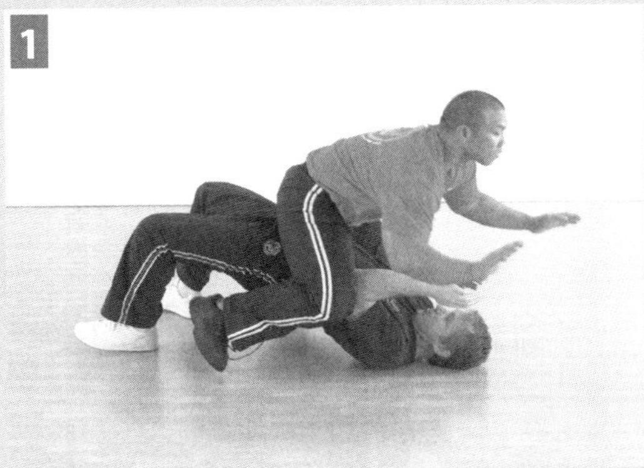

2

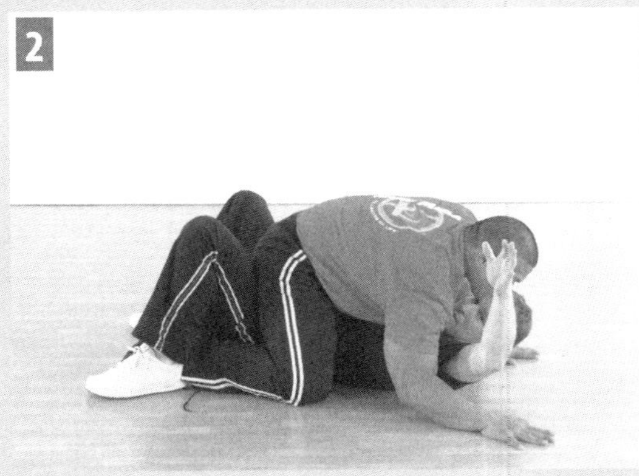

3

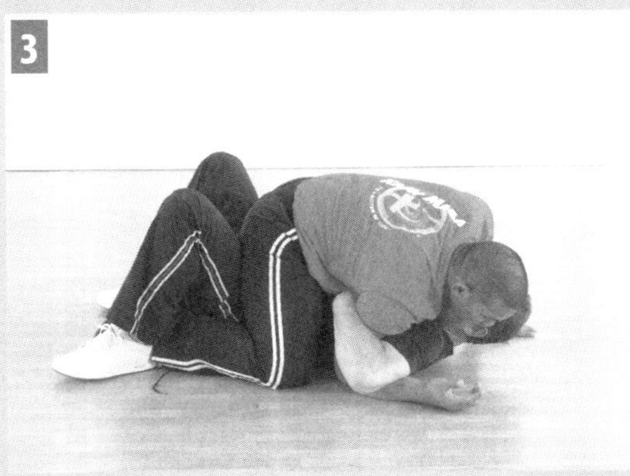

4

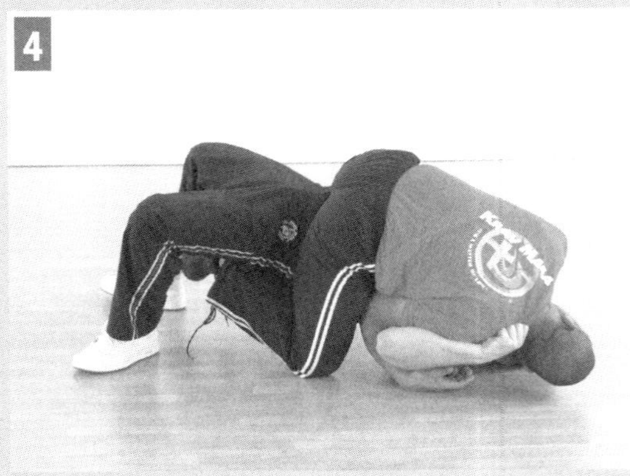

5–7 Am Ende der Buckelbewegung das Becken zu der Seite hin kippen, auf der der Gegner fixiert ist. Die Füße gegen den Boden stemmen, um auf den Angreifer hinaufzurollen. Dabei zuschlagen, am besten mit einem Ellenbogenstoß ins Gesicht. Sollte der Angreifer dies vereiteln, greift man seinen Genitalbereich an.

Tipps: Das Aufbäumen des Beckens sollte explosiv geschehen. Der Angreifer darf keine Zeit zum Reagieren oder Ausgleichen haben. Sie dürfen auch NICHT seitwärts buckeln. Stoßen Sie den Angreifer mit dem Becken in Richtung Ihres Kopfes und rollen Sie ihn dann über die Schulter zur Seite. Wenn Sie ihn zur Seite stoßen, haben Sie nicht die gleiche Kraft und den gleichen Bewegungsspielraum.

Um den Arm zu fixieren, gibt es mehrere Möglichkeiten. Zwei davon sind hier beschrieben, aber letzten Endes ist es egal, wie Sie den Arm festhalten. Wenn der Angreifer dicke Kleidung trägt, können Sie sich daran festkrallen und seinen Arm zu sich ziehen. Hält er die Hand in der Luft, schnappen Sie einfach mit beiden Händen zu. Wie Sie den Arm fixieren, ist nicht wichtig; Hauptsache, Sie fixieren ihn!

Indem Sie den Arm fixieren, verhindern Sie, dass der Angreifer sich darauf abstützt, sobald Sie sich auf ihn rollen wollen. Gelingt es ihm, sich abzustützen, kann er die Rollbewegung verhindern, und dann sind Sie wieder da, wo Sie waren.

Letzten Endes müssen Sie sich bewusst machen, dass Sie in einer schwierigen Lage sind. Womöglich brauchen Sie mehrere Versuche, bis Sie seinen Arm erfolgreich zu fassen kriegen. Bleiben Sie ruhig, aber geben Sie nicht auf. Immer wenn er zuschlägt, müssen Sie buckeln. Zumindest bringen Sie ihn damit aus dem Gleichgewicht und erschweren ihm das Zuschlagen. Im besten Fall schaffen Sie damit eine neue Gelegenheit zum Trap-and-Roll.

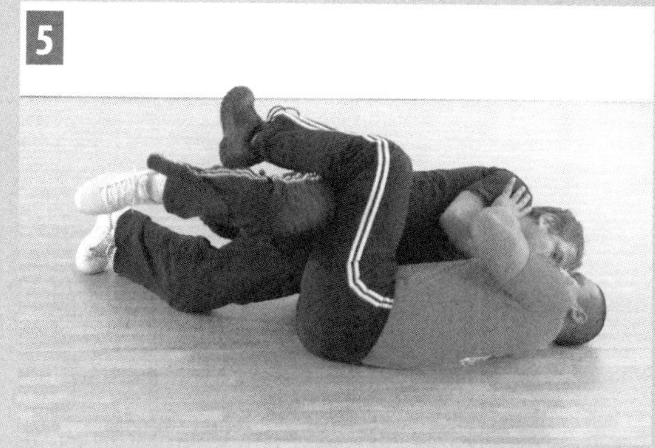

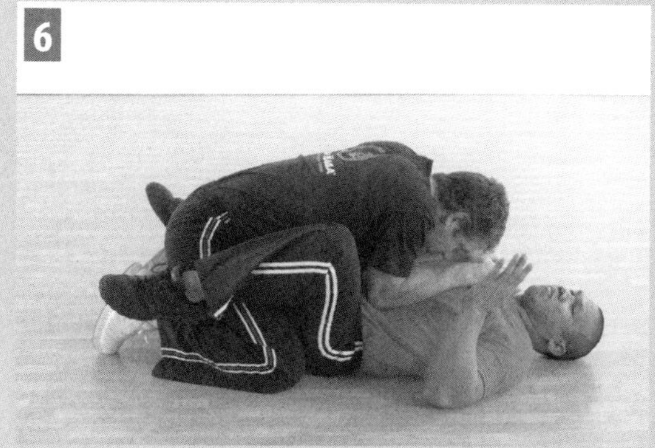

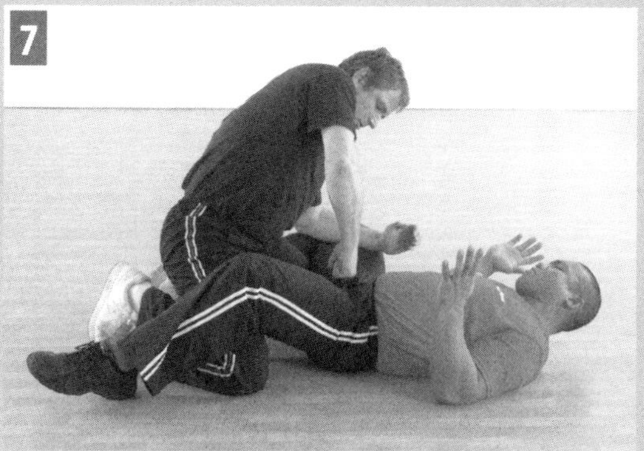

Raus aus der Mount (Shrimping)

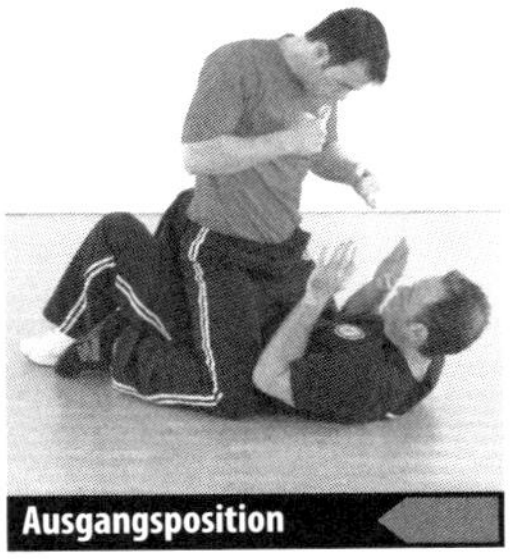

Bei dieser Technik wird der Angreifer nicht umgedreht, sondern man entkommt aus der Full Mount in die günstigere Guard-Position. Der Einfachheit halber gehen wir von einer ersten Drehung nach links aus. Natürlich kann man sich ebenso gut zuerst nach rechts drehen.

Ausgangsposition: Der Angreifer hat die Full Mount inne.

1 Gewicht auf die linke Hüfte verlagern und den linken Ellenbogen zwischen den eigenen Körper und das rechte Knie des Angreifers keilen, um dort Spielraum zu schaffen. Mit der rechten Hand kann man dabei den Angreifer nach oben wegstoßen.

2 Linkes Bein ausstrecken und den rechten Fuß gegen den Boden stemmen, dann das Becken nach rechts schieben (Ringer sprechen hierbei von *shrimping*). Mit den Bauchmuskeln das Becken hochziehen, raus aus dem Schoß des Angreifers. Die rechte Hand kann mithelfen, indem sie das rechte Knie des Angreifers wegschiebt.

3 Zwischen dem Körper und dem gegnerischen Knie müsste inzwischen Platz sein. Jetzt das linke Bein anwinkeln und hervorholen (es darf unter dem rechten Bein des Angreifers durchrutschen). Das Bein flach auf dem Boden lassen, dam t es nicht am Bein des Angreifers hängenbleibt.

1

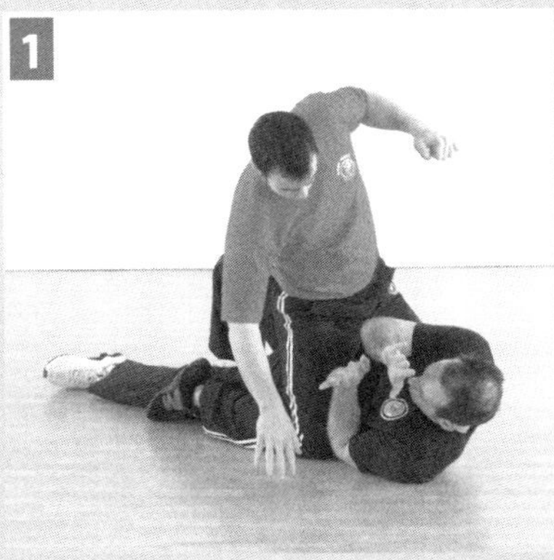

2

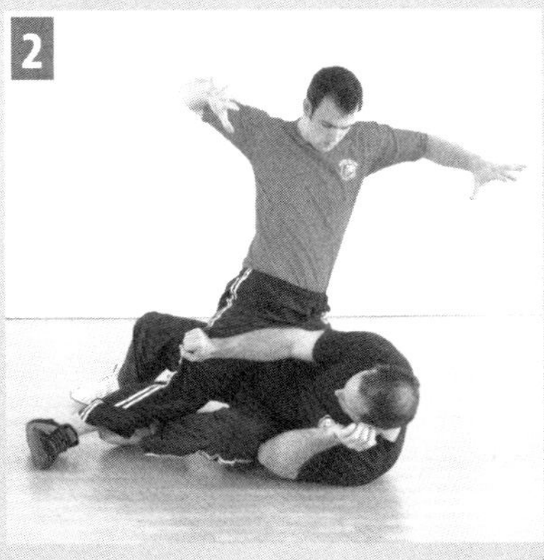

3

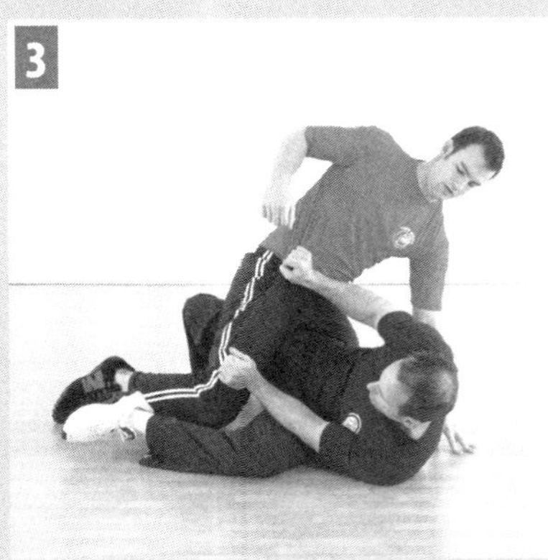

4 Mit dem befreiten linken Bein sofort das rechte Bein des Angreifers fixieren, dann das Becken in die andere Richtung rollen.

5–6 Mit der gleichen Bewegung das rechte Bein hervorholen und den Angreifer mit beiden Beinen umschlingen. Nun ist er in der Guard. Sollte man mit dieser Technik reichlich Spielraum geschaffen haben, kann man den Angreifer auch wegkicken, anstatt ihn in die Guard zu nehmen.

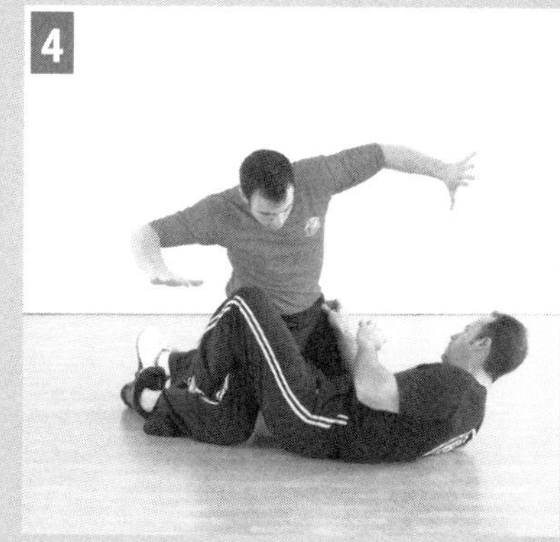

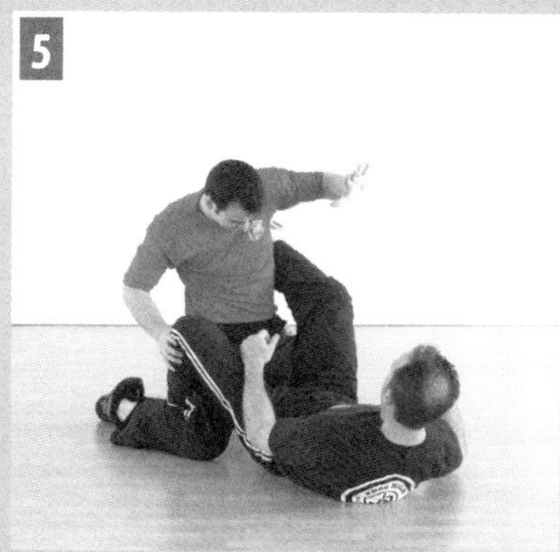

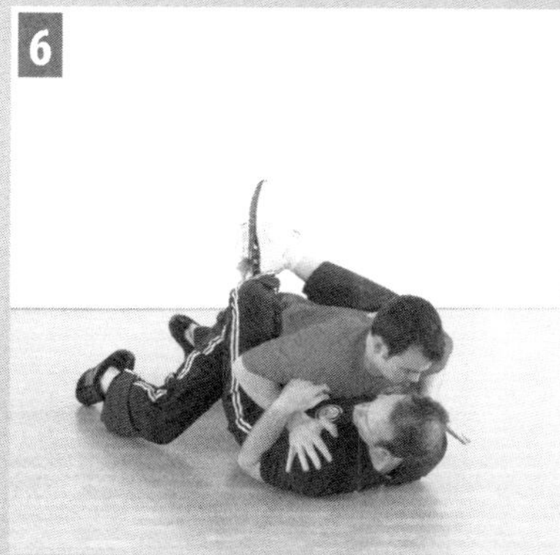

Tipp: In der Anleitung steht, man solle den linken Ellenbogen zwischen sich und das gegnerische Knie keilen. Aber wenn es Ihnen lieber ist, können Sie auch die linke Hand nehmen.

Spielraum schaffen Sie hier mit zwei Aktionen gleichzeitig: mit dem Wegstoßen des gegnerischen Knies und mit dem Rausziehen des Beckens. Sie müssen auf jeden Fall beides tun.

Schieben Sie das gegnerische Knie von sich weg und nicht nach oben, denn dazu ist der Gegner möglicherweise zu schwer. Aber wenn sich sein Knie etwas anhebt, lässt sich das Bein leichter rausziehen.

Würgegriff in der Mount

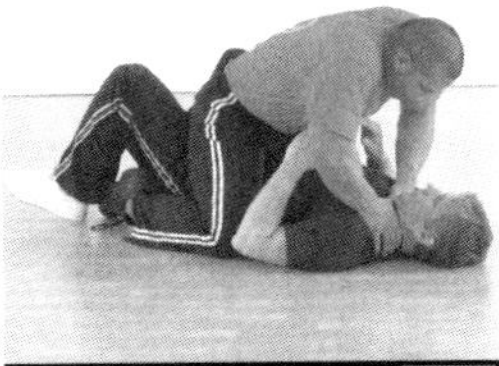

Ausgangsposition

Ein Angreifer, der die Full Mount innehat, attackiert möglicherweise nicht mit Faustschlägen, sondern mit einem Würgegriff. Abwehren lässt sich ein solcher Angriff mit zwei bereits erläuterten Techniken: Da wäre erstens die Pluck-Defense gegen einen Würgegriff im Stehen und zweitens das bekannte Trap-and-Roll-Manöver.

Ausgangsposition: Der Angreifer hat die Full Mount inne und setzt zum Würgen an.

1–2 Die würgenden Hände des in Oberlage befindlichen Angreifers mit einem Pluck vom Hals wegreißen und an den Schultern fixieren. Gleichzeitig einen Fuß anziehen, um damit das eine Bein des Angreifers zu fixieren.

3–4 Mit dem Becken buckeln, sodass der Angreifer hoch und nach vorn geworfen wird. Dann den Angreifer über die Schulter kippen (auf der Seite, auf der sein Bein fixiert ist). Weiterhin mit den Händen seine Hände gegen die Schultern fixieren, damit er sich nicht abstützen kann.

5 Den Angreifer auf den Rücken rollen und sofort mit einem Ellenbogenstoß ins Gesicht oder anderen Combatives kontern. So bald wie möglich losreißen und aufstehen.

Tipp: Am Boden haben Sie möglicherweise weniger Bewegungsspielraum für den Pluck. Dennoch müssten Sie den Druck auf die Kehle so weit verringern können, dass ein Trap-and-Roll möglich wird.

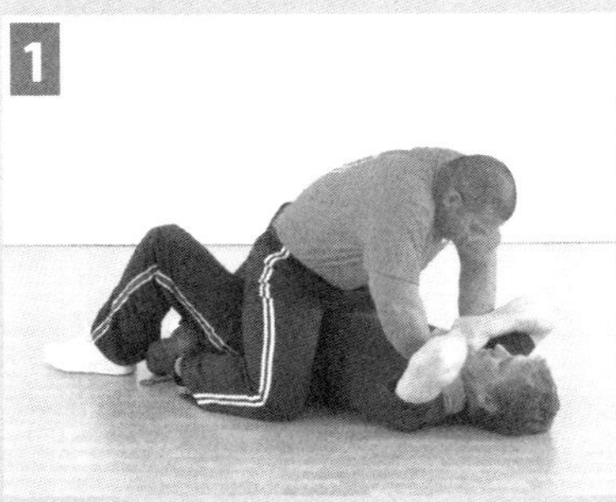

1

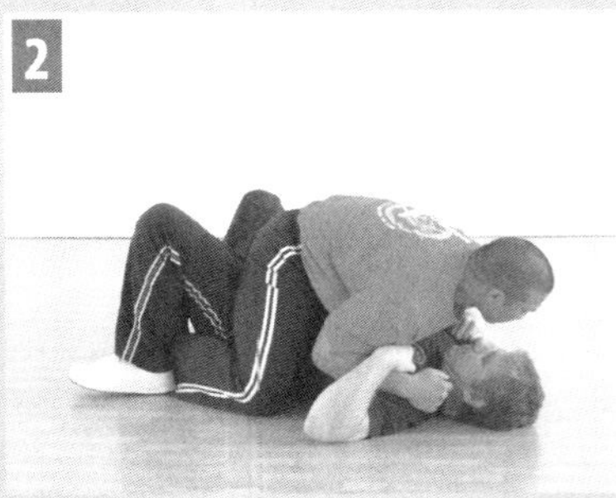

2

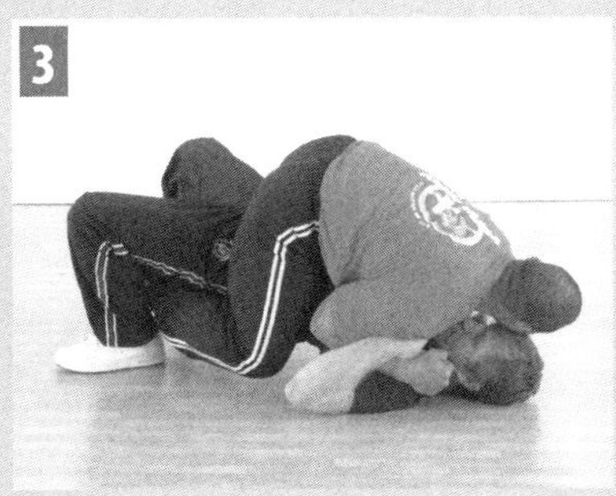

3

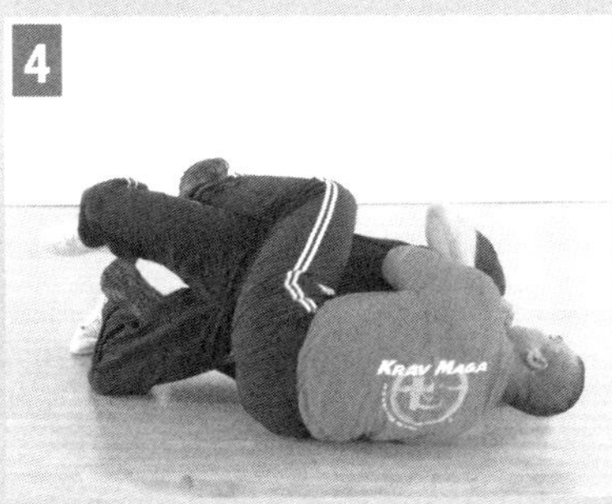

4

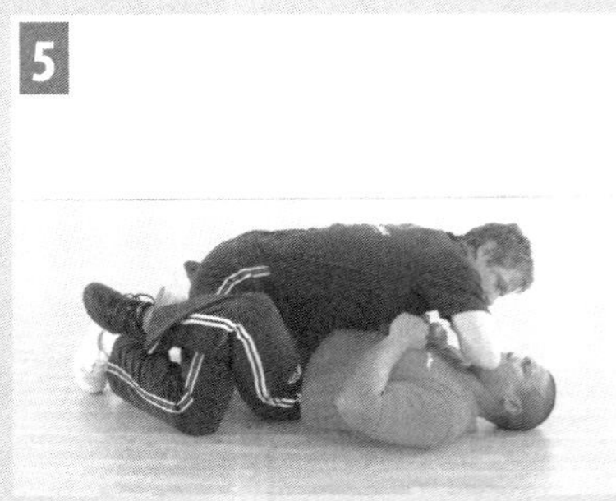

5

Schwitzkasten in der Mount

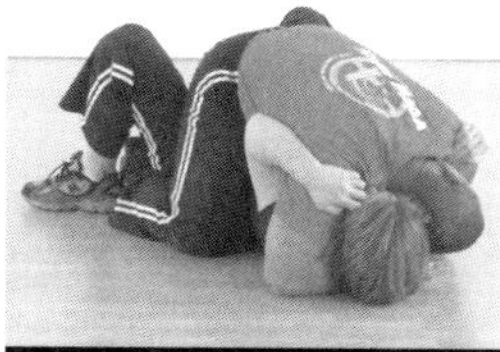

Ausgangsposition

Ein Angreifer, der die Full Mount innehat, würgt möglicherweise vornübergebeugt und mit angewinkelten Armen oder versucht einen Schwitzkasten. Aufgrund der körperlichen Nähe ist dann ein Pluck nicht möglich.

Ausgangsposition: Der Angreifer hat die Full Mount inne und nimmt den Verteidiger in den Schwitzkasten.

1–3 Einen Arm des nah herankommenden Angreifers umschlingen und fixieren. Bei einem Schwitzkasten den Arm fixieren, der um den Hals gelegt ist. Auf derselben Seite das gegnerische Bein mit dem Fuß fixieren und den Angreifer per Trap-and-Roll kippen. Höchstwahrscheinlich landet man in der gegnerischen Guard. Falls es sich bei der Attacke um einen Schwitzkasten handelt, ist der Hals möglicherweise noch umschlungen.

4–6 Mit der Unterarmkante über das Gesicht des Angreifers fahren (*Crossface*), damit er loslässt, dann kontern

Tipp: Am besten kippen Sie den Angreifer zu der Seite, auf der Sie sein Gewicht am meisten spüren. Allerdings braucht man etwas Zeit und auch Erfahrung, um das richtige Gespür dafür zu bekommen. Merken Sie sich als Faustregel, dass Sie bei einem Schwitzkasten den Arm fixieren, der Ihren Hals umschlingt; werden Sie dagegen aus nächster Nähe gewürgt, fixieren Sie den Angreifer auf der Seite, auf der sich sein Kopf befindet.

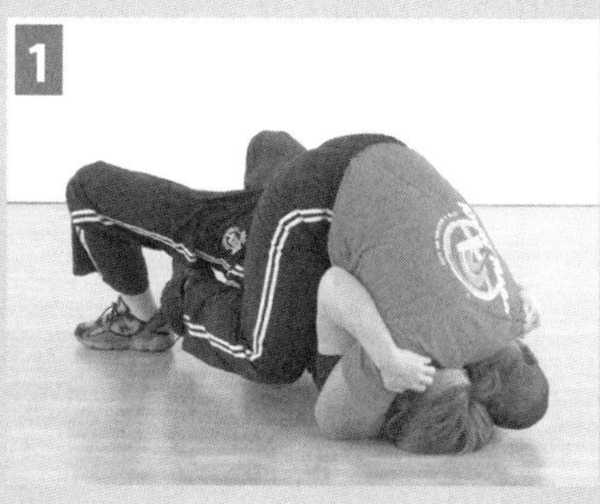

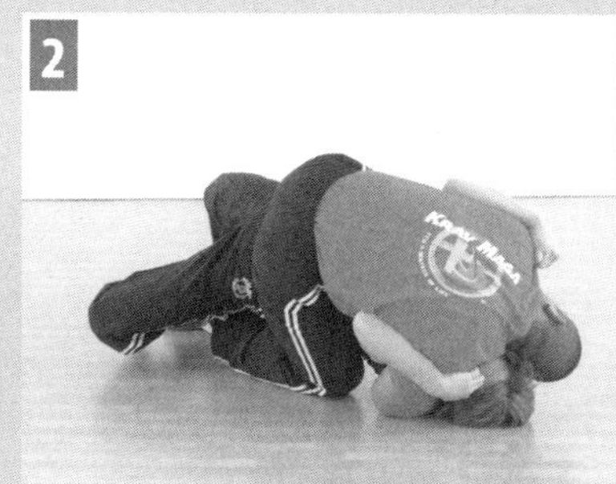

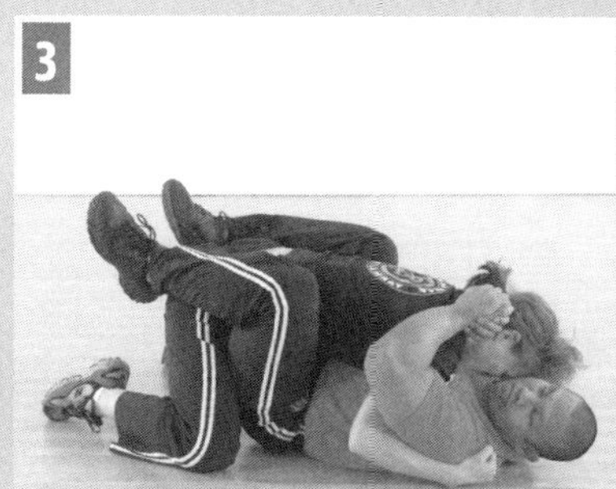

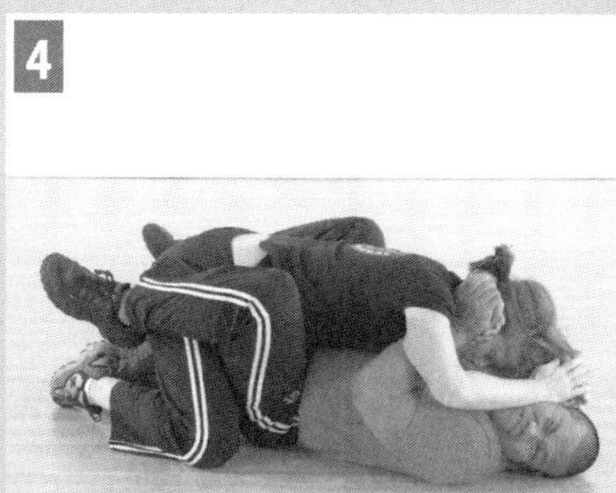

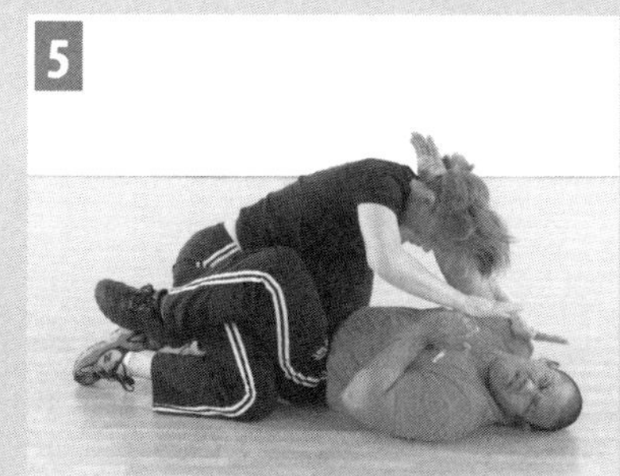

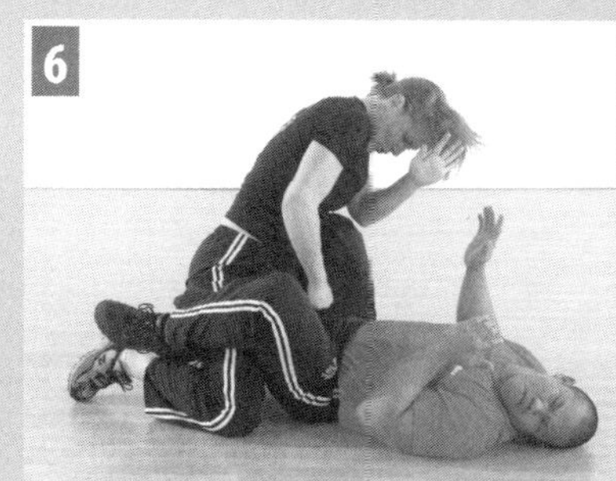

Aufstehen

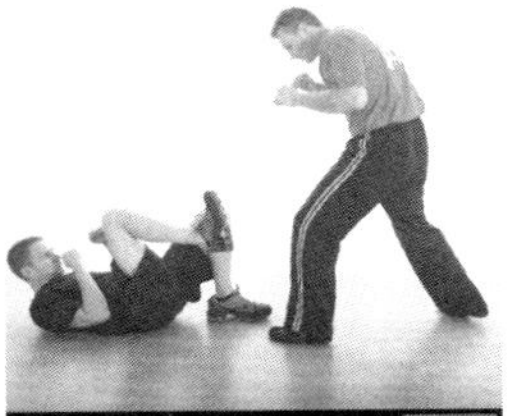

Ausgangsposition

Alle hier aufgeführten Bodenkampf-Techniken führen zu dem Punkt, an dem man so schnell wie möglich aufstehen sollte. Die folgende Technik zeigt, wie man sicher aus der Rückenlage hochkommt. Sie stellt sicher, dass man beim Aufstehen sowohl defensive als auch offensive Optionen hat.

1 Vorausgesetzt, dass der Angreifer etwa aufgrund eines Trittes zurückgewichen ist, richtet man sich auf, bis eine Art Sitzhaltung erreicht ist, dabei bleibt der Standfuß auf dem Boden, der Trittfuß und eine Hand auf derselben Seite wie der Standfuß bleiben in Abwehrhaltung erhoben. Die andere Hand auf dem Boden aufstützen. Der erhobene Fuß sollte bereit zum Treten sein.

2–4 Mit dem aufgestellten Fuß und der aufgestützten Hand das Becken vom Boden heben. Den Trittfuß schnell unter den Körper hindurchschwingen (die Hüfte dabei schräg nach hinten ziehen). Darauf achten, dass der Fuß nicht unter dem Körper, sondern ein gutes Stück dahinter abgesetzt wird.

1

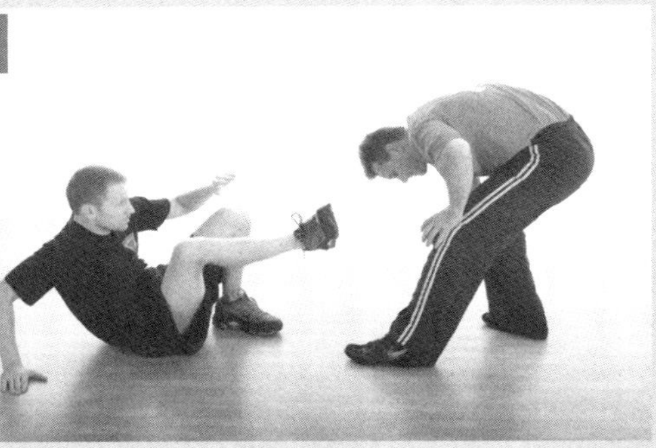

2

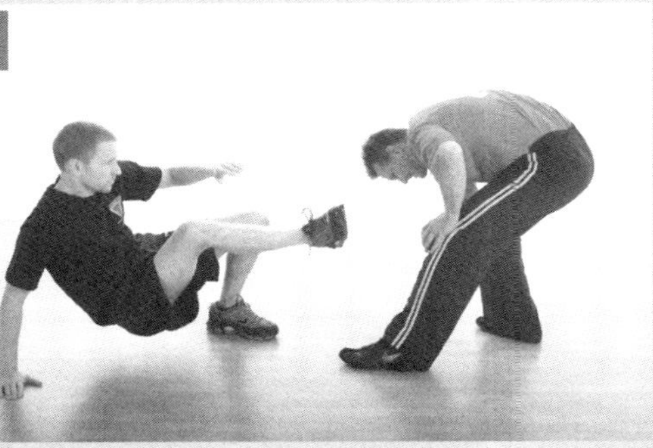

3

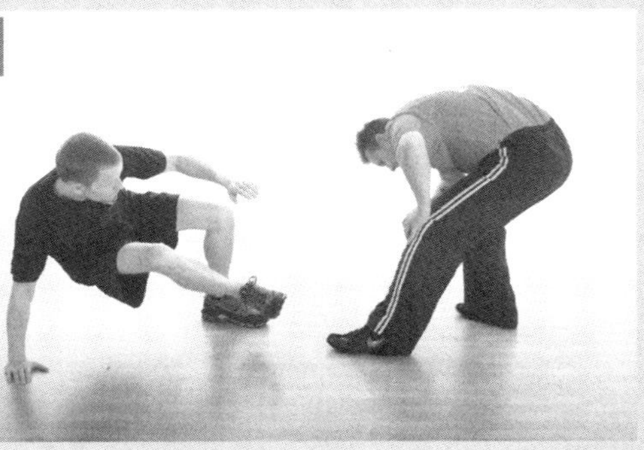

4

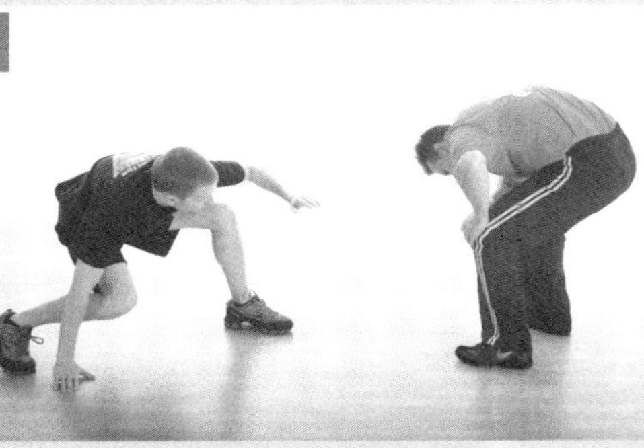

5 Beim Aufstehen zurückweichen, um Distanz aufzubauen.

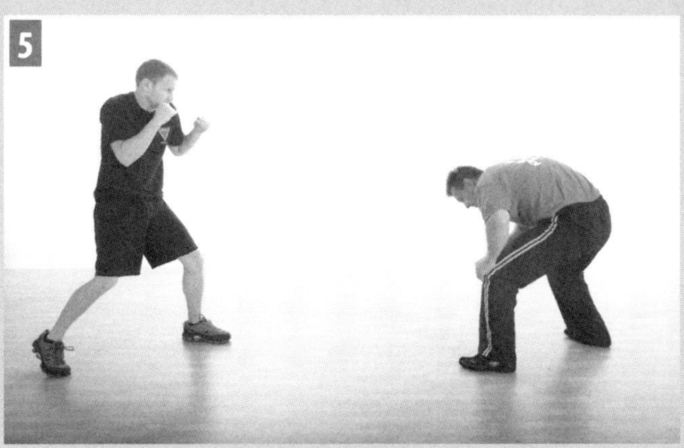

Tipps: Wie gesagt schwingen Sie den Trittfuß lieber nicht gerade, sondern schräg nach hinten, denn das erfordert weniger Beweglichkeit. Falls Sie das Becken mit einer aufgestützten Hand nicht vom Boden bekommen, können Sie auch beide Hände aufstützen. Allerdings sind Sie dann nicht so gut gedeckt.

Vorsicht: Wenn der Angreifer zu nah steht, kann er Sie beim Aufstehversuch treten oder schlagen. Achten Sie darauf, dass wenigstens ein bisschen Distanz besteht, bevor Sie versuchen aufzustehen.

Glossar

Außen-Defense **–** Eine den Angriff umleitende Defense, bei der der abwehrende Arm (oder das Bein) sich von der Körpermitte weg nach außen bewegt.

Äußerer Arm oder äußeres Bein **–** Derjenige Körperteil, der vom Angreifer weiter entfernt ist. Auch: äußere Hüfte, äußerer Fuß und so weiter.

Burst-in **–** Explosive Bewegung (meistens vorwärts, in den Gegner hinein) der Füße. Ausfälle setzen wir bei der Abwehr von Schuss- und Hiebwaffen ein.

Dead-Side **–** Diejenige Körperseite, von der aus man weniger leicht angreifen kann. In Kampfhaltung mit dem linken Fuß vorn und erhobenen Händen ist die linke Seite die Dead-Side.

Defense **–** Technik zur Abwehr eines Angriffs.

Guard **–** Eine Position im Bodenkampf, bei der ein Kämpfer auf dem Rücken liegt und der andere sich auf ihm, aber zwischen seinen Beinen befindet. In diesem Fall spricht man davon, dass der obere Kämpfer in der Guard des unteren ist.

Innen-Defense **–** Eine den Angriff umleitende Defense, bei der der abwehrende Arm (oder das Bein) sich nach innen zur Körpermitte hin bewegt.

Innerer Arm oder inneres Bein **–** Derjenige Körperteil, der dem Angreifer näher ist. Auch: innere Hüfte, innerer Fuß und so weiter.

Live-Side **–** Diejenige Körperseite, von der aus man am leichtesten angreifen kann. In Kampfhaltung mit dem linken Fuß vorn und erhobenen Händen ist die rechte Seite die Live-Side.

Mount **–** Eine Position im Bodenkampf, bei der ein Kämpfer auf dem Rücken liegt und der andere sich rittlings auf seinem Bauch oder Brustkorb befindet, entweder sitzend (Full-Mount) oder quer in Bauchlage (Side-Mount).

Oberlage **–** Obere Position im Bodenkampf.

Pluck **–** Explosives Abreißen eines Würgegriffs mit hakenförmig gebogenen Händen.

Sprawl **–** Explosives Zurückschnellen von Becken und Beinen zur Abwehr eines Takedowns.

Submission-Techniken **–** Angewendete Techniken, um ein schnelles Ende des Kampfes herbeizuführen und den Gegner zu unterwerfen.

Takedown **–** Eine Kampftechnik, die den Gegner zu Boden bringt.

Unterlage **–** Untere Position im Bodenkampf.

Über die Autoren und den Fotografen

Darren Levine trägt den schwarzen Gürtel 6. Grades, ist Gründer der gemeinnützigen Krav Maga Association und Geschäftsführer und Cheftrainer bei Krav Maga Worldwide. Er hat weltweit Tausende von Zivilisten und Hunderte von Polizei- und Militärangehörigen unterwiesen. Außerdem arbeitet er als Ermittler bei der Staatsanwaltschaft und wurde für seine Leistungen mehrfach ausgezeichnet. Levine ist überregional als Dozent zum Thema polizeiliche Gewaltanwendung bekannt und wird von vielen Polizisten als Experte geschätzt. In der Bezirksstaatsanwaltschaft von Los Angeles ist er leitendes Mitglied einer »CAPOS« (Crimes Against Peace Officers Section) genannten Eliteeinheit, die in Fällen von Mord oder versuchtem Mord an Polizisten ermittelt. In seiner Doppelrolle als Krav-Maga-Cheftrainer und Ermittler hat er sein Leben dem Schutz von Menschenleben gewidmet.

John Whitman ist als Schwarzgürtelträger 4. Grades der ehemalige Vorsitzende von Krav Maga Worldwide. Er besitzt Trainerlizenzen sowohl von der Krav Maga Association of America als auch von der israelischen Wingate-Sporthochschule und hat außerdem beim israelischen Militär Personen- und Objektschutz gelernt. Seit 1994 unterrichtet Whitman Krav Maga und hat schon Tausende von Zivilisten sowie Polizei- und Militäreinheiten unterwiesen, darunter auch Sondereinsatzkommandos der Air Force und der japanischen Armee. Daneben hat Whitman bereits mehrere Abenteuerromane veröffentlicht. Er ist Mitgründer und Geschäftsführer der Firma Focus Self Defense and Fitness.

Ryan Hoover ist Inhaber eines der sechs regionalen Trainingszentren von Krav Maga Worldwide. Daneben betreibt er mehrere Trainingszentren (»Ryan Hoover's Extreme Karate« und »Fit to Fight«) in North Carolina. Seit 2001 lehrt er Krav Maga und gehört inzwischen zu einer kleinen Gruppe von Trainern, die Krav-Maga-Kursleiter ausbilden und zertifizieren dürfen. Er ist der Erste, der von KMW mit dem »Fighting Spirit«-Preis ausgezeichnet wurde. Außerdem ist er Mitglied des Lizensierungskomitees und trägt den Titel »KMW Advanced Force Training Instructor«.

Andy Mogg ist ein bekannter und gefragter Fotograf. Er wurde 1954 in England geboren, arbeitete als Berater, dann als Autor und Fotograf. Mit 17 zog er von London nach Belgien, reiste von Job zu Job durch ganz Europa und ließ sich vor 20 Jahren in den USA nieder. Heute betreibt er ein florierendes Fotostudio im kalifornischen Oakland. Mehr von ihm finden Sie auf seiner Website www.dancingimages.com.

Register

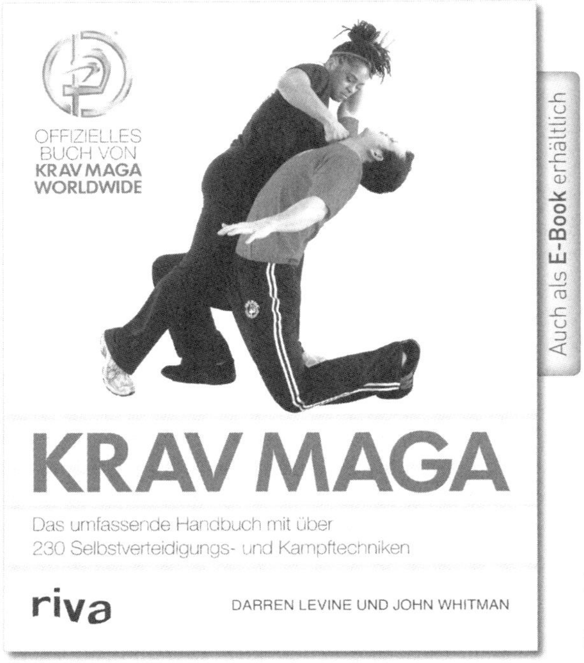

352 Seiten
19,99 € (D) | 20,60 € (A)
ISBN 978-3-86883-297-6

Darren Levine
John Whitman

Krav Maga

Das umfassende Handbuch mit über 230 Selbstverteidigungs- und Kampftechniken

Ob Mann oder Frau, Jung oder Alt – jeder kann Krav Maga trainieren und anwenden, um sich selbst und andere zu verteidigen. Dieses Buch lehrt sowohl schnelle Befreiungs- und Abwehrtechniken als auch kraftvolle Gegenangriffe. Es zeigt eine Fülle von Übungen vom Anfänger- bis zum Fortgeschrittenenlevel und ist die perfekte Ergänzung zur Trainingspraxis. Alle Verteidigungs- und Kampftechniken – vom gelben Gurt für Anfänger bis zum braunen Gurt für sehr weit Fortgeschrittene – werden Schritt für Schritt in Bild und Text erklärt.

riva